方集出版社

古籍之美

古籍的版刻

讀書做學問需要瞭解版本，

收藏圖書更需要瞭解版本，

本書細述古籍刊刻的過程與版刻的知識，

研讀古籍與藏書人不可不知。

張圍東——著

自 序

　　我國古代經濟和文化一直處於世界的領先地位，其中以漢、唐兩個時期尤為顯著。在這兩個時期，高度的封建中央集權，政治統一，國家強盛，帶來了經濟文化的繁榮和科學技術的高度發達。早在漢代就產生了造紙術。造紙術的發明，是文化史上最早的偉大貢獻，為印刷術的發明打下了堅實的物質基礎。

　　在印刷術沒有出現之前，所有書籍全靠抄寫流傳，費時費力，量少質劣，易於出現錯漏，貽誤讀者。由於抄寫圖書很費功夫，所以每一種書在短時間內很難抄出較多的複本。人們要想讀書，只有借抄；著書人要想傳播自己的著作，也只有依靠抄寫，需要多少本，就得抄多少遍，書的篇幅越大，抄寫所費的時間就越長。由於抄書費時費力，成本又高，因此書的複本稀少，很難滿足人們的需求，自然也影響圖書的流傳。唐宋以前，許多重要的著作失傳，原因之一，就是因為古代的圖書全憑手抄，少有複本流傳的緣故。

　　印刷術發明後，情況就大為改變。一本書能夠比較容易地印刷出許多複本，複本既多，流傳遂廣，知識得到普及，圖書也較難亡佚。由於印刷的書籍具有省時省力、製作容易、複本量多、便於收藏和利於流通等優點，因此極大地促進了人類文化和整個人類社會的進步。有了印刷術，圖書才可以不斷發展的印刷出版事業，知識才得以廣為傳播，珍貴的典籍方可千載流傳。印刷術的不斷發展，促使更多的著作大量發行問世，有力地推動了教育的普及和知識的交流。

　　讀書做學問需要瞭解版本，收藏圖書同樣需要瞭解版本，兩者既有共通之處，各自的側重點也有不同。本書據此分為五章。首先，從版本學的範疇，進行概念性的內涵與外延，並針對版本以圖文方式做詳細的解說。對於所論及的每一種版本形態，提供具體的圖書樣本，選配適當的書影與

圖片，做為最典型的例證。其次，對於版刻的歷史，由唐五代至清，分類歸併，梳出頭緒，理順脈絡，從而確定篇目，這一結構框架能夠完整體現出版的全景。第三，對於歷代版刻特點的敘述，除了參考古代及近代專家學者的論著外，還利用原本做鑒定，本書對於愛書、藏書的讀者，或許更有現實的借鑒意義。

　　圖書典籍是社會進步、科學文化發展的記錄和總結。社會的進步，科學文化的發展，促使圖籍著述日益增多。反之，圖籍著述的增多也促進了社會、科學、文化的新發展。在這個相互依存、共同發展的過程中，一方面，科學文化向著更高階段發展；另一方面，圖籍著述種類和數量愈益繁多。這樣，整理和研究圖籍文獻的工作也就隨之而提上了日程。在雕版印刷術發明以前，圖籍的複製，只靠手寫傳抄一途，無論是簡冊還是卷子，都不例外。而傳抄過程中是難免魯魚亥豕的錯誤的。雕版印刷術發明之後，複製手段發生了根本的變化。但由於寫樣、上版，雕鐫和刷印等步驟的增多，雖幾經核校，終難消除脫漏和訛謬。加之雕版材料本身特質的局限，如刷印數量過多，版片必致漫漶不清，且版片又極易遭到兵燹水火的毀損，所以同一圖籍，就有了不同時期、不同地區、不同學人編纂校訂的不同刻本。這樣，不僅某一刻本會有脫漏訛謬，就是刻本與刻本之間也會產生差異。因此，在整理和研究文獻時，不但要分析各種著述的淵源，即所謂考鏡源流，辨章學術著錄其卷數多少，而且要廣搜眾本，校勘其字句異同和訛謬脫漏。

　　在古籍版本鑒定上，古籍一般是指較早的木刻線裝本、傳抄本。其時間則指宋、元、明、清刻本、抄本等。這樣豐富的文化典籍，在長期的流傳過程中，經過多次的傳抄與版印，出現了許多不同的寫本和印本，即版本，是很自然的。因此，在版本上自然就有早晚、寫刻、精劣之分。這就是遠在漢代，儘管那時還處於寫本時代，像現代版本學的一些研究物件還沒有出現，在收藏保管和整理典籍上，就有了類似「善本」的概念的原因。據此，可知當時是很重視「版本」的考究的。及至版印盛行的宋代「善本」一語就正式出現在文獻記錄上了。在寫本時代，雖傳寫有早晚之

分，但其「善」與否，主要在於字句異同和脫漏訛謬上，故考究的方法是「精於讎對」。印本書出現以後，其「善」與否，除各本之間有字句異同、脫漏訛謬外，還出現了刻印的精粗之分。因此在版本的考究上，在「精於讎對」之外，還須看其刀法字體，紙張墨色，加以書籍在流傳過程中，極易遭到毀損而殘闕亡佚，以致精善善本漸漸稀少。這就大大增加了「善本」作為學術研究資料和工藝製品遺存的重要性。尤其是作為文物遺存，其價值就顯得更為重要。書肆間為了牟取高利，常在稀少的版本上作偽。至此，版本的考究，在異同脫訛、版刻精劣之外，又須辨別其真贗。

古籍版本鑒定，或一般地說版本鑒定，當會隨著圖籍日益豐富和研究整理文獻工作的發展，而日益擴展其研究內容。也就是說，它是不會局限在目前著重於宋元明清各代版刻和寫本的狹窄範圍之內的。

古籍版本鑒定，是在版本學發展到一定階段才發展起來的，其重要性隨著典籍的發展和研究工作的需要而增強。就現階段來說，為了給予學術研究和整理文獻提供準確可靠的資料，古籍版本鑒定在發揮其鑒別版本、區分時代、辨識真偽的作用方面，是有其一定的重要意義的。

我國古籍，不但品種繁多，就是同一種書，也有原刻、重刻、翻刻、轉版、官刻、私刻、坊刻、甲刻、乙刻、初印、後印、補版、遞修的區別。如屈原《楚辭》，司馬遷《史記》，曹霑、高鶚《紅樓夢》等，都有多種版本。據知見傳本，《楚辭》有三十多種，《史記》有六十多種，《紅樓夢》有三、四十種。不僅上舉三種書經過不同時期的傳抄和刻印，有多種不同版本行世，就是其他圖籍類似的情況也不少。如唐代李白、杜甫、韓愈、柳宗元的詩文集；宋代歐陽修、蘇東坡、王安石等人的著述，都有多種版本行世。對於這樣眾多的版本，其時代早晚，刻印精劣，都有鑒別的必要。對於不同的版本差異，加以鑒別辨識，確為學術研究和整理文獻之必要。

還有一些刻本，由於刻書家妄加刪改，或坊肆為了牟利，對原刻增刪改動，草率從事，校勘粗糙而失原意。做好古籍版本鑒定工作，不僅為了說明書籍產生的歷史情況，而且關係著書籍的內容和品質。那麼，我們究

竟應該怎樣理解古籍版本鑒定在版本學體系裡的地位呢？我們知道，版本學是研究各種版本的內容、紙張墨色、刀法字體、刻印源流等各個方面錯綜複雜現象的規律的學科。而對規律的認識，在於以之來審訂考究書籍版本之精劣真偽等，以保證古籍對科研和文物保護上的價值。據此，可以說古籍版本鑒定在版本學體系裡是居於致用的位置的。也就是說，對於版本各個方面的探索所認識的規律，是古籍版本鑒定的根據，古籍版本鑒定則是以這些規律的認識為武器去實際運用。規律的探索是根，實際的運用是果。在現階段，這種運用對於宋、元以來以至明、清流傳下來的日漸稀少的典籍版本，更有著重要的現實意義。本書就是試圖從版本各個方面的規律認識，來研究怎樣實現古籍版本鑒定的目的。

　　本書可以提供古籍版刻教學的參考，惟因本書撰稿時間倉促，且筆者學識有限，見聞狹隘，恐多有疏誤之處，尚祈同道，不吝賜正，無紉感謝。

張圍東 謹識

於新北市中和

2022 年 2 月

目　次

圖表目次

第一章 導論

第一節 古籍版本的涵義

　　中國古籍在其千百年的流傳過程中形成了眾多的版本。今存古籍，一般以雕版印刷文獻為主要形式。在雕版印刷出現以前，圖書曾以手寫、石刻等形式製作和流傳，其中手寫文獻按其載體又有竹、木、帛、紙之分；在雕版印刷之後，又出現了活字印刷，而活字按製成材料又有泥、土、銅、鉛之分。因此，中國古籍版本包括了各種製作方法所形成的圖書。從簡帛書寫到紙書寫，從石鐫摹拓到雕版，活字排版以至近代鉛字印刷的出現，形成了中國古籍版本的演化發展歷史。

　　讀古籍必須講求版本，講求版本有助於瞭解某一時期的學術潮流，可以探討圖書製成情況和發展演變過程，從而探求文化發展的狀況，講求版本也是我們順利地讀書和研究的重要條件之一。書籍之入藏於圖書館也，舉凡登錄編目，莫不於版本一項，作詳確之著錄。蓋版本之所以著錄者，不僅表明其刊印年代而已；甚且涉及書之內容與其價值，因之著錄時所用版本名稱遂有不間之定名矣。

　　然此不同之定名，為數甚繁，溯其淵源，其來有自者固屬不少；揣摩附會者，亦未嘗無有也。惟沿用既久，無大軒輊者，類皆成為固定之名稱，隨手拈來，凡得六、七十種。因而勞搜羣籍，益以考證，以期就正於從事登錄編目者。

　　考書籍版本名稱之由來，始自刊本盛行，所以別於鈔本也。石經摹拓，裝訂成冊，著之於錄，亦以一種版本名之。至於刊版字體不同，印刷之精粗不同；於是刊本之名稱亦異。復以刊版之時代，形式，裝訂，內容增減，以及附刻殘闕，種種分別，則版本名稱亦隨之變化。其後，石板，

玻璃板，逐漸輸入國內，印刷之術益精，版本之名稱亦夥。

　　所謂古籍版本，是指一種古籍在生產、流通過程中形成的不同本子，即「同書異本」。查閱古籍版本對於整理古代文化遺產，讀書治學都有重要意義，所謂「讀書不知要領，勞而無功，知某書宜讀而不得精校精注本，事倍功半[1]。」

　　歷代版本學家對於版本學的說法紛紜，莫衷一是：清葉德輝認為：「私家之藏，自宋尤袤遂初堂、明毛晉汲古閣、及康雍乾嘉以來各藏書家，斷斷于宋元本舊鈔，是為版本之學[2]。」《辭海》認為：「研究版本的特徵和差異，鑒別其真偽和優劣，是為版本學[3]。」謝國楨認為：「說明書籍刊刻和抄寫流傳下的源流，叫做版本學[4]。」周連寬稱：「研究各種版本的起源及其發展全過程，是謂之版本學[5]。」施廷鏞也認為：「研究各種版本的起源及其發展全過程，是謂之版本學[6]。」嚴佐之認為：「鑒定版本時代也好，考訂版本源流也好，其最終目的還在於比較、確定版本內容的優劣，在於研究版本，在反映原書內容的特殊作用上。從這一意義上講，版本學乃是以研究版本文獻價值為主的一門科學[7]。」李致忠認為：「中國古書版本學是以中國古代圖書為對象，以版本鑒定為核心，以考訂為主要方法，憑藉多學科知識、借助校勘學、利用目錄學完成全面揭示圖書任務；並忠實地為中國古代社會各學科研究服務的輔助性科學[8]。」程千帆認為：「版本學所研究的內容無不與書的物質形態有關，因此可以概括地說，版

1　(清)張之洞著、范希曾補正，《書目答問補正》〈略例〉，上海市：上海古籍，2019 年 5 月。
　　https://cread.jd.com/read/startRead.action?bookId=30602052&readType=1

2　(清)葉德輝撰，《書林清話》〈卷一：板本之名稱〉，百家諸子中國哲學書電子化計劃
　　https://ctext.org/wiki.pl?if=gb&res=826861

3　辭海編輯委員會編，《辭海》，上海：上海辭書出版社，1980 年，頁 1475。

4　謝國楨〈明清時代版本目錄學概述〉，《齊魯學刊》，1981(3)。

5　周連寬〈論古典目錄學、校讎學、版本學三者的關係〉，《廣東圖書館學刊》，1984 (4)。

6　施廷鏞著，《中國古籍版本概要》，天津：天津古籍出版社，1987。

7　嚴佐之著，《古籍版本學概論》，上海：華東師範大學出版社，1989。

8　李致忠著，《古書版本學概論》，北京：北京圖書館出版社，1990。

本學是研究書的物質形態的科學，是校讎學的起點[9]。」顧廷龍認為：「依我看來，版本的含義實為一種書的各種不同的本子，古今中外的圖書，普遍存在這種現象，並不僅僅限於宋、元古籍……有了許多不同的本子，就出現了文字、印刷、裝幀等等方面的許多差異。研究這些差異並從錯綜複雜的現象中找出其規律，這就形成了版本之學[10]。」

郭松年稱：「古籍版本學是從古籍的版本源流和相互關係中，研究古籍版本的異同優劣，鑒定古籍版本的真偽，評定古籍版本的功用價值，並從中總結工作的規律性和方法的一門科學[11]。」曹之認為：「古籍版本學是研究古籍版本源流以及古籍版本鑒定規律的一門學科[12]。」上述諸說，反映了歷代學者對版本學本質認識的多元性，也可看出人們對版本學的認識經歷了一個由淺入深，由表及裡的過程。

版本學是研究中國圖書版本的學科。版，指雕印書的木版，本來是中國古代圖書形制的一種，又名方，用木製作，形狀為長方形，登錄錢糧品物，唐代發明雕版印刷術，刻書的版與古代的方版相似，故借用其辭以專指雕版；雕版有時代的先後，例如宋版、元版等等；本則是考察書的源流依據，包含刻本、寫本，例如影宋鈔、鈔本、覆宋刻本等等。本是經，版是緯，由版與本經緯交織成若干相關的問題都是版本學研討的對象。版本學研究的範圍頗廣。狹義的版本學，僅研究歷代出版的情形、一書的源流、以及版本鑒別的方法；廣義的版本學，凡涉及圖書的歷史、與印刷的技術等，也都是版本學研究的領域。

版本學的歷史，至少已經有兩千多年了。它研究的內容，隨著社會的進步，科學文化的發展，圖籍著述的增多而日益豐富起來。那麼，版本學是一門什麼樣的學科呢？簡而言之，它是以各種圖籍的抄本、批校評注本、稿本和印本等作為研究對象的學科；細緻地說，它是以這些版本，特

---

[9]　程千帆、徐有富撰，《校讎廣義・版本編》，濟南：齊魯書社，1991。

[10]　顧廷龍著，〈版本學與圖書館〉，《四川圖書館》，1978(11)。

[11]　郭松年著，〈古籍版本與版本學〉，《吉林省圖書館學會會刊》，1980(4)。

[12]　曹之撰，《中國古籍版本學》，武漢：武漢大學出版社，1992。

別是以印本的紙張、墨色、字體、刀法、藏章印記、款識題跋、刻印源流、行款版式、封面牌記、何者精善、古今真贋以及傳抄情況等，作為研究對象的。

　　「版本」一語的來源，是在印本書出現以後產生的。在印本出現以前，只有「本」的說法。「本」的使用，是從西漢開始的。《北齊書》卷四十五中載：「遜乃議曰，按漢中壘校尉劉向，受詔校書，每一書竟，表上，輒言：臣向書、長水校尉臣參書，太史公、太常博士書、中外書合若干本，以先比較，然後殺青。」「即欲刊定，必藉眾本[13]。」可見「本」之使用，在劉向校書中秘就已經產生了。證以李善注《文選·魏都賦》引《風俗通》云：劉向在《別錄》中有「讎校，一人讀書，校其上下，得謬誤，為校。一人持本，一人讀書，若怨家相對，故曰讎也[14]。」而他所藉的眾本，有所謂中書、外書、太常書、太史書、臣向書、臣某書等本。由此可知，「本」即一書的不同寫本。「本」的命名之意，是說「殺青治竹所書，改治已定，略無訛字，上素之時，即就竹簡繕寫，以其為書之原本，故名之曰「本」，其後竹簡既廢，人但就書卷互相傳錄，於是「本」之名，遂由竹移之紙，而一切書皆可稱「本」矣」。對於「本」的意義，葉德輝在《書林清話》卷一有這樣一段話，他說：「書之稱本必有所因，《說文解字》云：『木下曰本』。而今人稱書之下邊曰『書根』，乃知『本』者，因根而計數之詞。……赫蹏紙，顏師古注，今書本赫字或作擊，是書本之稱，由來已久。至宋，刻板大行，名義遂定[15]。」唐、五代後，鏤板盛行，一書刻成，相率模印，與殺青上素之義頗相符合，故稱為「版本」。

　　版本一語，開始見於文獻的，就所知見，葉夢得《石林燕語》卷八說：

---

[13] (唐)李百藥撰，《北齊書》卷四十五、列傳三十七〈樊遜〉，明萬曆十六年(1588)南監刊本。

[14] (唐)李善注，《文選》〈賦丙-魏都賦〉，百家諸子中國哲學書電子化計劃 https://ctext.org/wiki.pl?if=gb&chapter=592340

[15] (清)葉德輝撰，《書林清話》，百家諸子中國哲學書電子化計劃 https://ctext.org/wiki.pl?if=gb&res=826861

唐以前，凡書籍皆寫本，未有摹印之法，人以藏書為貴。不多有，而藏者精於讎對，故往往皆有善本。學者以傳錄之艱，故其誦讀亦精詳。五代時馮道奏請官鏤六經板印行；國朝淳化中，復以史記、前後漢付有司摹印。自是書籍刊鏤者益多，士大夫不復以藏書為意。學者易於得書，其誦讀亦因滅裂。然板本初不是正，不無訛誤。世既一以版本為正，而藏本日亡，其訛謬者遂不可正。甚可惜也[16]。

至南宋岳珂《九經三傳沿革例》有：

今以家塾所藏唐石刻本、晉天福銅板本、京師大字舊本、紹興初監本、監中見行本、蜀大字舊本、蜀本重刊大字本、中字本、又中字有句讀附音本、潭州舊本、撫州舊本、建大字本、俞韶卿家本、又中字凡四本、婺州舊本，併興國于氏建安余仁仲凡二十本，又以越中舊本注疏、建本有音注疏、蜀注疏，合二十三本，專屬本經名士，反復參訂[17]。

　　這是「版本」一語見於較早的文獻記錄的情況。由此我們可以看出「版本」已從專指刻本而言的內涵在逐漸擴大，如唐石刻本、晉天福銅版本。換句話說，「版本」的內涵已經具有了非雕版印本和雕印本的意義。到了近代，「版本」的含義更為廣泛，它把非雕版的影印本、石印本、拓印本、鉛印本、曬印本、鈐印本、油印本等也包括在內了。古籍版本學研究的內容也就是研究雕版印刷發明以後，經過不斷的雕版，刻印工藝不斷改進，產生了許多不同的本子，因此出現了文字、印刷、裝幀等方面的許

---

[16] (宋)葉夢得撰，《石林燕語》卷八，《欽定四庫全書》本。百家諸子中國哲學書電子化計劃 https://ctext.org/library.pl?if=gb&file=5910&page=12

[17] (宋)岳珂撰，《九經三傳沿革例》，清光緒三年湖北崇文書局刊本，百家諸子中國哲學書電子化計劃 https://ctext.org/library.pl?if=gb&file=107069&page=9

多差異，研究這些差異，並從錯綜複雜的現象中找出規律來。

綜理上述所言，早期的古籍載於金石、簡牘、縑帛，漢代開始書於紙張。鈐印和碑拓的普遍運用加速了印刷術的發明，由此產生了「版本」之稱。「版本」本義是指雕版印本，而廣義的古籍版本，包括歷代抄寫本、刻本、排印本、拓本在內的所有古書的不同本子。

第二節　古籍版本的類型

我國古籍，不但品種繁多，就是同一種書也有原刻、重刻、翻刻、轉版、官刻、私刻、坊刻、甲刻、乙刻、補版、遞修、初印、後印的區別。再加上歷代封建統治者任意禁毀、妄加刪改和各個書坊唯利是圖、粗製濫造，古籍自然形成了各種各樣的版本。例如《史記》有 60 多種版本，歷代編注刻印成書的杜甫詩集多至 500 餘種版本。所以說，查閱古籍時，首先要弄清其版本。熟悉古籍版本的各類名稱，是鑒定古籍版本的一項基本功。

從圖籍產生以來，尤其是版刻圖籍產生以來，版本的類型和稱謂非常多，按照寫刻的不同情形，可分為稿本、寫本、抄本、影抄本、刻本、活字本、套印本、石印本、彩繪本等。

稿本：已經寫定尚未刊印的書稿，稱為稿本。其中，由作者親筆書寫的為手稿本。由書手抄寫又經著者修改校定的為清稿本（圖 1）。修改稿本指的是在謄清的本子上作者又進行修改。稿本因其多未付梓，故受人重視，尤其是名家手稿及史料價值較高的稿本，一向為藏書家珍愛[18]。

---

[18] 薛冰著，《版本雜談》，濟南市：山東畫報出版社，2010 年 3 月，頁 1。

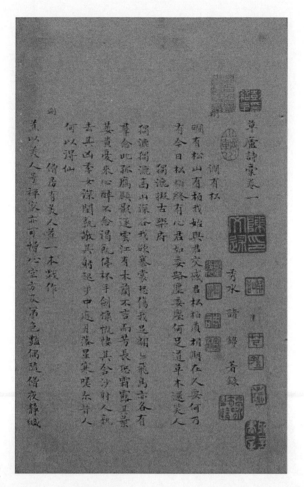

圖 1：《草廬詩稿》，清乾隆間（1736-1795）著者手定底稿本（國家圖書館藏品）

　　寫本：早期的圖書，都依賴於抄寫流傳，雕版印刷術普及之後，仍有不少讀書人以抄寫古籍為課業，所以傳世古籍中有相當數量是抄寫本（圖2）。宋代以前，寫本與抄本、稿本無較大區別，但宋元以後著名學者及名家繕寫、歷代繕寫的佛道經卷等均稱寫本；歷代中央政府組織編纂繕寫的巨帙原本[19]，如明輯《永樂大典》、清修《四庫全書》以及歷朝實錄。

---

[19] 蘭德生、趙萍著，《古今圖書收藏指南》，天津：天津古籍出版社，2005-01，頁 72。

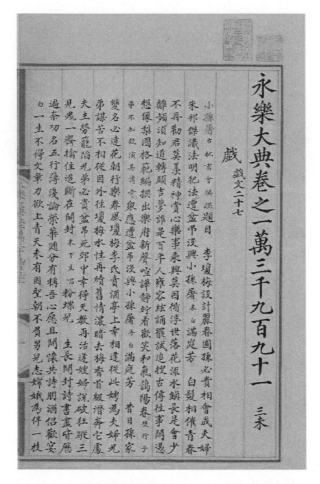

圖 2：《永樂大典》，明嘉靖隆慶間（1522-1572）內府重寫本（國家圖書
　　　館藏品）

　　抄本：泛指用墨筆傳寫的書本（圖 3）。以某一傳本為底本，抄寫而成
的書本。習慣上對元及元以後抄寫的書本稱為抄本。其中抄寫精美，字體
工整的稱為精抄本[20]。

---

[20] 趙國璋、潘樹廣主編，《文獻學大辭典》，揚州市：廣陵書社，2005 年 12 月，頁 527。

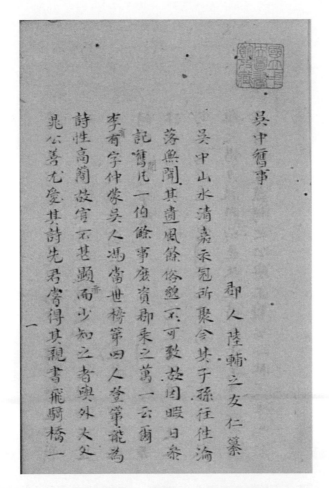

圖 3：《吳中舊事》，舊鈔本（國家圖書館藏品）

影抄本：也稱影寫本。以某一傳本為底本，按照底本文字的行款格式、版框大小、文字內容，一一摹抄，其版面形象與底本惟妙惟肖，故名（圖 4）。明清時期，宋元本非常難得，一些喜好者索求不到，便想辦法借來原刻本，雇請抄手，用優良紙墨，照樣臨摹，滿足自己的心願。其中以汲古閣毛氏影宋寫本最為著名[21]。

---

[21] 趙國璋、潘樹廣主編，《文獻學大辭典》，揚州市：廣陵書社，2005 年 12 月，頁 1075。

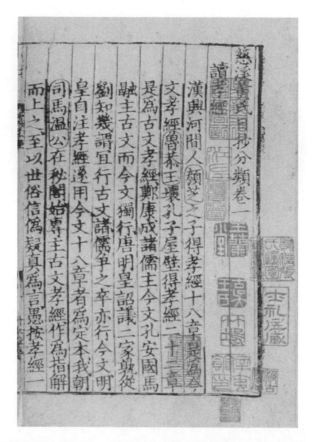

圖4：《慈溪黃氏日抄分類》，宋紹定二年刊本配補影抄本（國家圖書館藏品）

批校本： 是一個籠統地概念，實際上包括著在書頁空白處寫下的批（批評性文字）、注（解釋性文字）、點（標點、圈點）、校（校訂、勘正）等多種內涵[22]。有些傳世古籍經過歷代學者、藏家之手，書上有時會留下他們的批語、校記，述及書的內容、版刻時代和流傳情形。這不僅對考辨版本有重要作用，也提升了該本的史料價值和市場價格。

刻本： 雕版印本的簡稱。指雕刻木板，製成陽文反字印版，而後敷墨覆紙刷印而成的書本（圖5）。我國雕版印刷唐代已經開始流行，宋代大興，至於清代，延續千餘年，從時代劃分，刻本分為宋、遼、西夏、金、

---

[22] 薛冰著，《版本雜談》，濟南市：山東畫報出版社，2010年3月，頁19。

元、明、清刻本；從地域劃分，有蜀刻本、浙刻本、閩刻本等，細分還可以有杭州本、越州本、衢州本、建陽本、麻沙本、平水本、眉山本等；從出資人或主刻人的角度劃分，可以分為官刻、私刻、坊刻，細分又可以分為內府本、監本、公使庫本、各路儒學本、經廠本、藩府本、殿本、局本等等；從書的形態又可以劃分為大字本、小字本、巾箱本等；因墨色又分為墨印本、朱印本、藍印本；從刊刻先後刷印早晚看，又分成初刻本、重刻本、覆刻本、初印本、後印本、重修本、增修本、三朝本、遞修本等，名目繁多[23]。

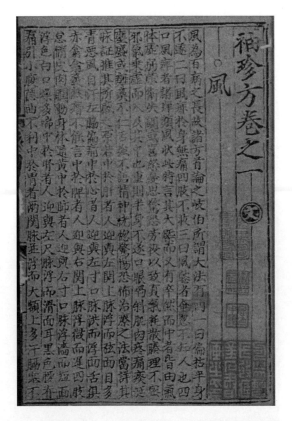

圖 5：《袖珍方》，明初刻本（國家圖書館藏品）

---

[23] 趙國璋、潘樹廣主編，《文獻學大辭典》，揚州市：廣陵書社，2005 年 12 月，頁 674。

　　活字本：活字印本的簡稱。選用單體活字，按照書的內容，擺成印版，敷墨覆紙印成的書本（圖 6）。按照活字製作材料的不同，分為泥、木、銅、錫、鉛活字等。據沈括《夢溪筆談》記載，活字印刷是宋仁宗慶曆時（1041—1048）畢昇所發明，用膠泥製字，火燒使堅，擺版印刷。元代王禎又用木活字排印了《農書》，但均未見存本。明清時期活字本較多，明弘治五年華燧以銅活字排印了《錦繡萬花谷》，弘治八年又排印了《容齋隨筆》和《古今合璧事類備要》等書。清雍正年間，內府以銅活字排印了一萬卷的《古今圖書集成》。乾隆間又以棗木活字排印了《武英殿聚珍版叢書》。此外，流傳到我國的還有朝鮮和日本活字本[24]。

圖 6：《五百家註音辯昌黎先生文集》，日本舊活字本（國家圖書館藏品）

---

[24] 趙國璋、潘樹廣主編，《文獻學大辭典》，揚州市：廣陵書社，2005 年 12 月，頁 781。

　　彩繪本：以兩種或兩種以上顏色繪寫的圖書（圖 7）。多用於插圖或地圖較多的圖書，如民間流傳的《推背圖》等[25]。

圖 7：《歷代名人圖像》，舊彩繪本（國家圖書館藏品）

　　套印本：套色或套版印成的書本，包括套色印本和套版印本兩種（圖 8）。早期為一版分色套印，即在一塊雕好的版片上，刷不同的顏色印刷，稱為敷彩印法。元代以後發展成兩版或多版分色套印。現存最早的敷彩印法的實物是元至元六年資福寺刻的無聞和尚《金剛經注解》，明代的《花史》、《程氏墨苑》等將敷彩印刷法推向巔峰的餖版和拱花。十六世紀末到十七世紀中葉，浙江凌、閔兩家將套印技術推進到新的階段。精美的三色、四色套印，直到乾隆內府的五色套印、道光年間涿州盧坤的六色套印，套印技法把印刷水準和印刷效果提高到新的階段[26]。

---

[25] 趙國璋、潘樹廣主編，《文獻學大辭典》，揚州市：廣陵書社，2005 年 12 月，頁 972。

[26] 薛冰著，《版本雜談》，濟南市：山東畫報出版社，2010 年 3 月，頁 83-84。

圖8：《周禮》明吳興凌杜朱墨套印本（國家圖書館藏品）

　　鈐印本：鈐蓋印章而成的書本（圖9）。現存最早的鈐印本印譜當推明隆慶年間顧從德所輯《集古印譜》六卷，它為後來印譜的編制體例、用箋規格、釋文考證諸方面奠定了基礎。鈐印本印譜不但具有較高的藝術價值，還具有重要的學術價值，它為歷史地理、職官制度、古文字及藝術史研究提供了寶貴資訊。從中我們不僅可以看到千姿百態的篆書書法藝術和眾多的名人邊款題跋，而且還能領略到巧奪天功的鐫刻技藝。

圖 9：《坤皐鐵筆》，清乾隆乙亥二十年（1755）至己亥四十四年（1779）
雲間鞠氏鈐印本（國家圖書館藏品）

　　石印本：用石版印製的圖書（圖 10）。這也是晚清時傳入我國的一種
現代印刷方法。採用藥墨寫原稿於特製紙上，覆於石面，揭去藥紙，塗上
油墨，然後用沾有油墨的石版印書[27]。石印本與鉛印本均是油墨印刷，與水
墨印書的刻本古籍有區別，而且石印本多為手寫軟體字，易於辨認。

---

[27] 薛冰著，《版本雜談》，濟南市：山東畫報出版社，2010 年 3 月，頁 95-100。

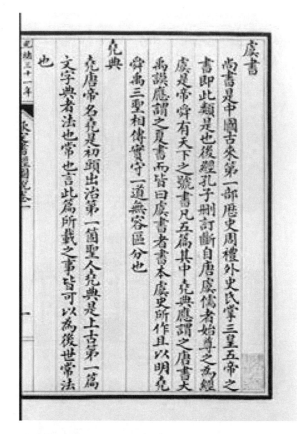

圖 10:《欽定書經圖說》,清光緒三十一年(1905)內府朱墨石印本

鉛印本:採用現代鉛印技術排印的古籍。清道光二十三年(1843)上海成立了我國最早的鉛印出版機構──墨海書館,咸豐七年(1857)出版了最早的漢文鉛印本《六合叢談》。此後,不少古籍也採用鉛印法。晚清及民國鉛印古籍多採用線裝,與刻本外觀形式相似,但用紙多是當時的「洋紙」,而不是刻本所必用的宣紙,要注意鑑別。

按照從出資人或主刻人的角度、刊刻先後次序等因素劃分的刻本類型:

官刻本:指由官府刻印的書本。五代以來,歷朝中央和地方官府均有刻書之舉,但所設機構不同,所以官刻本又有各種不同名稱,如宋代公使庫、郡學,元代各路儒學,明代藩府、國子監,清代武英殿、官書局等。

　　公使庫本：兩宋地方官府動用公使庫錢刻印的圖書（圖 11）。公使庫為地方負責招待往來官員的機構，經費有餘，多用於刻書，所刻書有時注明為公使庫刻印，因而得名[28]。

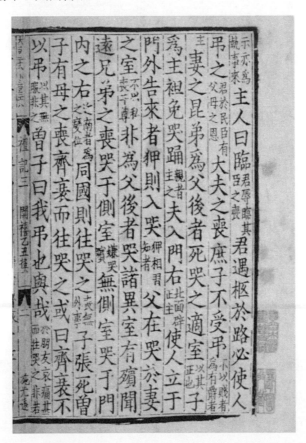

圖 11：《禮記》，宋淳熙四年（1177）撫州公使庫刊紹熙至淳祐間遞次修補本（國家圖書館藏品）

　　經廠本：明代司禮監所轄經廠刻印的圖書（圖 12）。多《五經》、《四書》、《性理大全》等常見古籍。特點是書品寬大，字大如錢，但由於主持其事的是宦官，因而校勘不精，錯訛較多[29]。

---

[28] 趙國璋、潘樹廣主編，《文獻學大辭典》，揚州市：廣陵書社，2005 年 12 月，頁 215。

[29] 趙國璋、潘樹廣主編，《文獻學大辭典》，揚州市：廣陵書社，2005 年 12 月，頁 707。

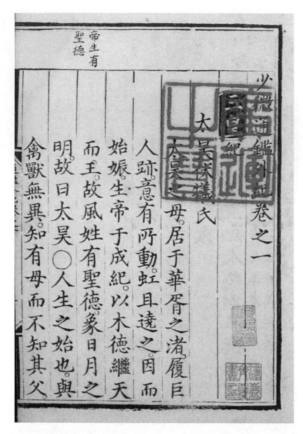

圖 12：《少微通鑑節要》，明正德九年（1514）經廠刊本（國家圖書館藏品）

　　監本：歷朝國子監刻印的書本（圖 13）。國子監是古代最高教育機關，據文獻記載，從五代開始，國子監刻印有九經，北宋承其遺制，繼續刻印經史。南宋時，舊版不存，遂徵調地方版片至京師國子監印書，稱舊版為「舊監本」，新版為「新監本」。明朝有南北兩監，北京國子監稱北監，南京國子監稱南監，都刻印了《二十一史》等書，因而又有「南監本」和「北監本」的區別。國子監所刻書籍主要是各種儒家經典、文史名著[30]。

---

[30] 趙國璋、潘樹廣主編，《文獻學大辭典》，揚州市：廣陵書社，2005 年 12 月，頁 823。

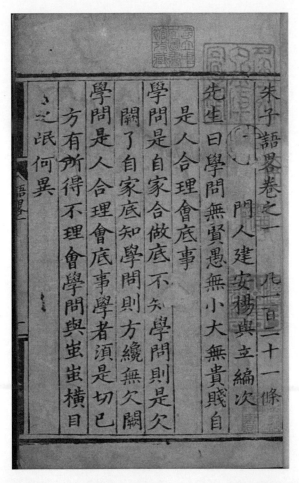

圖 13：《朱子語略》，翻刻明弘治四年（1491）南京國子監本（國家圖書
館藏品）

　　內府本：明清兩代內廷刻印的書本（圖 14）。明內府刻書主要是經廠
本，清內府刻書多殿本。內府刻書往往不惜工本，講求形式，但清內府本
校勘亦精。《嘯亭雜錄》續錄有內府刻書目錄。

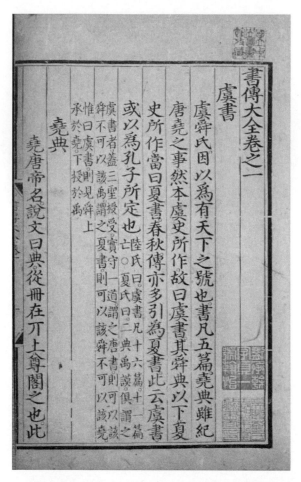

圖 14：《書傳大全》，明內府刊本（國家圖書館藏品）

　　殿本：清康熙間武英殿刻印的書本。清康熙間於武英殿設修書處，乾隆四年（1739）又設刻書處，派親王、大臣主持校刻圖書。所刻之書稱為殿本。殿本校刻精緻，紙墨上佳，堪與宋刻本相媲美。所刻《二十四史》、《通典》、《通志》、《文獻通考》等書，一向被列為清刻善本[31]。

　　聚珍本：清乾隆年間選刻《四庫全書》珍本，武英殿採用活字印刷，共刻木活字 25 萬餘個，乾隆定名為「聚珍版」，所印圖書遂稱武英殿聚珍本（圖 15）。後來各地官書局也仿聚珍版印書，被稱為「外聚珍」，而武英殿活字本被稱為「內聚珍」[32]。

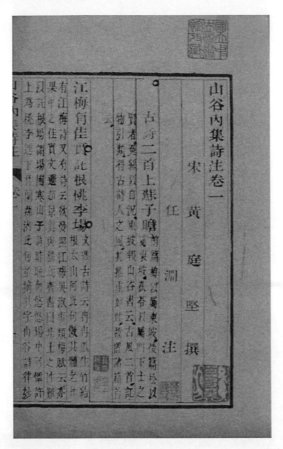

圖 15：《山谷內集詩注》，清乾隆四十七年（1782）武英殿聚珍本（國家圖書館藏品）

　　局本：清同治光緒時各地書局刻印的書本（圖 16）。清同治間，由曾國藩提倡，江西、江蘇、浙江、福建、四川、安徽、兩廣、兩湖、山東、

---

[32] 趙國璋、潘樹廣主編，《文獻學大辭典》，揚州市：廣陵書社，2005 年 12 月，頁 1059。

山西、直隸先後創立官書局，所刻圖書稱為「書局本」或「局本」[33]。

圖 16：《意林》，清湖北崇文書局刊本（國家圖書館藏品）

　　藩府本：明朝各地藩王刻印的書本（圖 17）。藩府刻書存世及可考者，據今人之統計，約有 300 種之多。就其內容來分析，大抵為道家修鍊養生之作，濟世的醫典，琴棋藝事的譜錄，當地先賢的著述，以及詩文總別集，獨於經史致用之學，傳刻較少，蓋藩王多捨棄而不講求也。明中葉

---

[33] 趙國璋、潘樹廣主編，《文獻學大辭典》，揚州市：廣陵書社，2005 年 12 月，頁 259-260。

以後之書刻，率喜竄亂舊章，為世所詬病；書帕坊本，校勘不謹，人多輕之。唯諸藩刻書，尚多精本，蓋以其被賜之書，多有宋元善本，可以翻雕，故時有佳刻，如楚府刻的《說苑》、《新序》，秦藩的《史記》，德藩的《漢書》，魯府的《抱朴子》，遼藩的《昭明文選》，咸稱善本。蓋藩王有招賢之力，故校勘亦較審慎，而版式多存古意，頗足發思古之幽情[34]。

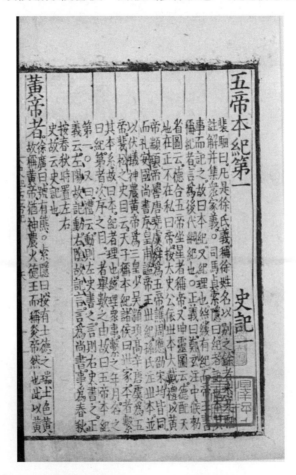

圖 17：《史記》，明嘉靖十三年（1534）秦藩刊庚戌二十九年（1550）修補本（國家圖書館藏品）

---

[34] 盧賢中著，《古代刻書與古籍版本》，合肥：安徽大學出版社，1995 年 12 月，頁 51。

　　私刻本：即私人出資刻印的圖書，其中不以營利為目的的私家刻書稱為家塾本或家刻本。自宋代以來，私家刻書持續不衰，有的以室名相稱，如宋廖瑩中「世彩堂本」、余仁仲「萬卷堂本」、明范欽「天一閣本」、毛晉「汲古閣本」、清納蘭性德「通志堂本」、鮑廷博「知不足齋本」、黃丕烈「士禮居本」也有以人名相稱，如宋「黃善夫本」，「吳勉學本」。

　　坊刻本：歷代書坊、書肆、書鋪、書棚刻印的圖書。坊刻本以營利為目的，刻印較差，往往校勘不精。惟宋代坊肆刻書，如臨安陳氏、尹氏書籍鋪等，所刻圖書與官刻本、家塾本不相上下[35]。

　　麻沙本：南宋福建建陽縣麻沙鎮書坊刻印的書本（圖 18）。建陽及建甌兩地刻的書又稱建本。建陽縣屬下的兩個市鎮麻沙和崇化，在宋元時代均以刻書著名，當地人世代以刻書為業，有圖書之府的美稱[36]。

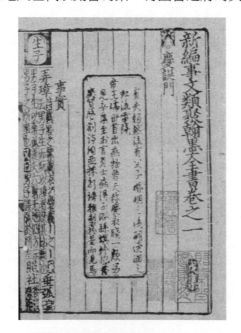

圖 18：《新編事文類聚翰墨全書》，元泰定元年（1324）
麻沙吳氏友于堂刊配補明刊本（國家圖書館藏品）

---

[35] 趙國璋、潘樹廣主編，《文獻學大辭典》，揚州市：廣陵書社，2005 年 12 月，頁 500。

[36] 趙國璋、潘樹廣主編，《文獻學大辭典》，揚州市：廣陵書社，2005 年 12 月，頁 921-922。

　　書棚本：南宋臨安書坊刻印的書本（圖 19）。為陳起、陳思父子經營的書坊。他們擁有刻坊，刻印的書籍頗受當時人們歡迎。後稱書棚本。傳世的書棚本大都為唐人文集，如《常建詩集》、《王建詩集》、《張司業詩集》、《周賀詩集》等，均為歐體字，10 行行 18 字，白口，左右雙欄。此即書棚本之特色[37]。

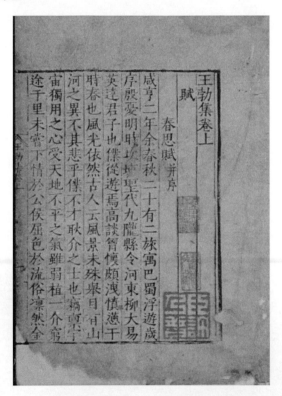

圖 19：《王勃集》，明嘉靖間（1522-1566）覆刊宋書棚本（國家圖書館藏品）

　　初刻本：或稱原刻本。初次刻印的圖書。原刻本是相對於重刻、翻刻而言的。一般說來，原刻本內容與形式更接近原稿，而重刻、翻刻本難免出現錯訛脫漏現象。所以原刻本特別受到古籍整理者和研究者的重視。

---

[37] 趙國璋、潘樹廣主編，《文獻學大辭典》，揚州市：廣陵書社，2005 年 12 月，頁 263。

重刻本：據原刻本重新刻印的圖書。其中凡版式、行款、字體依照原刻本摹刻的，稱為仿刻本、翻刻本、覆刻本、影刻本對原刻本內容進行增刪校訂或添加評注的，則稱增刻本、刪刻本、評注本。

精刻本：指校勘嚴審、字體工整、紙墨優良的刻本。其中請名人書寫上版的刻本稱為寫刻本。

寫刻本：由作者或書法名家、書手摹寫端楷上板刊刻者，稱之為寫刻本。寫刻本照例要把書寫人的姓名刻再版口、框外或卷尾，或見於序跋題識。宋代刻書，多歐陽詢、柳公權、顏真卿字體，人爭寶之，宋廖瑩中世綵堂刻本《韓柳文》，即為精寫付刻之典型寫刻精本[38]。

修補本、遞修本：將舊存書版重新修整、補配之後印出的圖書稱為修補本或重修本（圖 20）。用經過兩次或兩次以上修補過的舊版刷印而成的書本，則稱遞修本。宋代的雕版，經宋元兩代修補後在元代刷印成的書本稱宋元遞修本，或經元明兩代修補在明代刷印成的書本稱元明遞修本，或經宋元明三代修補在明代刷印成的書本稱宋元明遞修本，亦稱三朝遞修本。如宋版眉山七史，多經宋、元、明三朝修補，稱為三朝遞修本或三朝本。

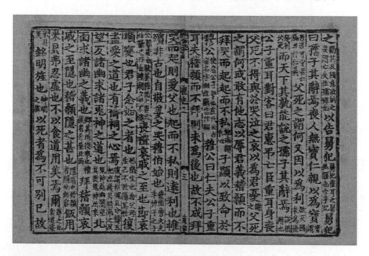

圖 20：《禮記》，宋淳熙四年（1177）撫州公使庫刊紹熙至淳祐間遞次修補本（國家圖書館藏品）

---

[38] 趙國璋、潘樹廣主編，《文獻學大辭典》，揚州市：廣陵書社，2005 年 12 月，頁 383。

百衲本：利用零散不全的版本配成一部完整的書，如同僧人的百衲衣，故稱為百衲本。清初人宋犖彙集宋元三種版本印成百衲本《史記》，近代又有百衲本《資治通鑑》和《二十四史》。其中商務印書館於 1930－1937 年影印的百衲本《二十四史》最為著名[39]。

邋遢本：古代書版因印刷多次，已經模糊不清，印出的書被稱為邋遢本。如著名的宋眉山七史到明代還在使用，印出的書字跡迷漫，被稱為「九行邋遢本」（ 因眉山七史均九行 18 字）[40]。

巾箱本：也稱袖珍本。巾箱即古人放置頭巾的小箱子，巾箱本指可置於巾箱之中開本很小的圖書（圖 21）。宋戴埴《鼠璞》載：「今之刊印小冊，謂巾箱本，起于南齊衡陽王手寫《五經》置巾箱中。」由於這種書體積小，攜帶方便，可放在衣袖之中，所以又稱為袖珍本[41]。古代書商還刻印有一種儒經解題之類小冊子，專供科舉考生挾帶作弊之用，這種袖珍本則稱為挾帶本。

兩截本：有的書在版面中增加一條橫線，使之分為上下兩塊，稱為兩截本或兩節本。常見於圖文並茂的小說戲曲便覽大全之類圖書[42]。

根據流傳情況和珍貴程度，古籍又可分為足本、節本、殘本、通行本、稀見本、孤本、珍本、善本等。

足本：凡醫書有多種版本，一般指內容完整無缺的圖書。

---

[39] 趙國璋、潘樹廣主編，《文獻學大辭典》，揚州市：廣陵書社，2005 年 12 月，頁 417。

[40] 趙國璋、潘樹廣主編，《文獻學大辭典》，揚州市：廣陵書社，2005 年 12 月，頁 1108。

[41] 趙國璋、潘樹廣主編，《文獻學大辭典》，揚州市：廣陵書社，2005 年 12 月，頁 70、880。

[42] 趙國璋、潘樹廣主編，《文獻學大辭典》，揚州市：廣陵書社，2005 年 12 月，頁 523-524。

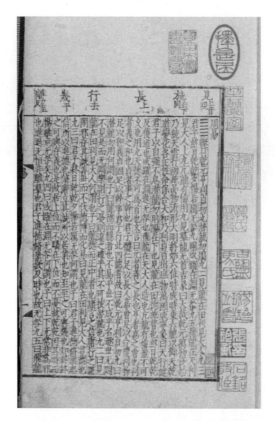

圖 21：《五經》，明覆宋刊巾箱本（國家圖書館藏品）

節本：因原書篇幅過巨，刻印時只節取其中一部分，或是因為其他原因予以刪節，稱為節本或刪節本（圖 22）。如宋呂祖謙《十七史詳節》、宋魏了翁《五經要義》等均是[43]。

殘本：指內容殘缺的圖書。古籍在流傳過程中，由於各種原因造成殘缺，有的僅是缺卷、缺冊，經過抄配，仍能補全；有的殘缺過甚，只能作為他書的配本。一般說來，殘本較足本的價值要降低許多。

通行本：指刻印較多、流傳較廣、年代較晚的古籍版本。

稀見本：刻印較少，流傳不多的古籍。如明刻方志，歷代族譜、家譜，均不多見。

---

[43] 趙國璋、潘樹廣主編，《文獻學大辭典》，揚州市：廣陵書社，2005 年 12 月，頁 265。

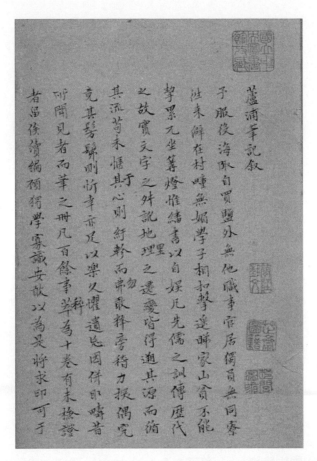

圖 22：《蘆浦筆記》，原書十卷，此是節錄本（國家圖書館藏品）

孤本：指一書世傳只有一部的書本，或指一書的某一版本世傳只有一部的書本（圖 23）。往往不見於諸家著錄。國內單傳者，稱為海內孤本；全世界單傳者，稱為海內外孤本。

珍本：寫刻年代較早，流傳很少，研究價值較高的古籍，通常指宋元刻本，內府寫本、精刻本，有史料價值的稿本及名人批校本。

普本：普通版本的簡稱，相對善本而言。指具有一定歷史、學術和藝術價值的書本。

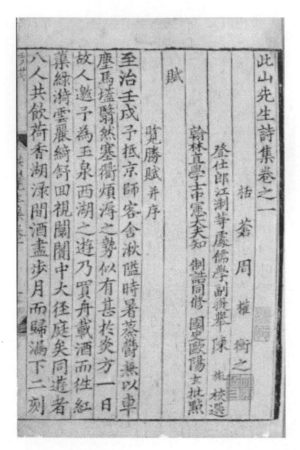

圖 23：《此山先生詩集》元至正間（1341- 1368）刊本，是海內外僅存的孤本（國家圖書館藏品）

　　善本：最早是指校勘嚴密、刻印精美的古籍，後含義漸廣，包括刻印較早、流傳較少的各類古籍。由於歷代藏書家著錄方式不同，確定善本的標準也不統一。在不少人的觀念中，善本肯定是舊本，而那些抄寫、刻印年代較近的只能是普通本，如晚清藏書家丁丙就將此藏書範圍規定在其《善本書室藏書志》的編例中。

　　按照刻書地域區分，則有浙本、建本、蜀本、平陽本、外國本（日本本、高麗本、越南本）等。

　　浙本：宋代浙江地區刻印的圖書。宋代兩浙路經濟文化比較發達，刻

書數量大，品質高，杭州、衢州、婺州、溫州、明州、台州、紹興等地均刻印圖書，因而又有杭本、衢本、婺本、溫本、明本、臺本、紹興本的區分[44]。

　　建本：又稱閩本，為宋元明福建地區刻印的圖書（圖 24）。宋代福建刻書集中於建甯、建陽兩地，建陽麻沙鎮盛產榕木竹紙，易於雕印圖書，因而書坊林立，一些著名書坊歷宋元明三代未衰，所印圖書又稱為麻沙本[45]。

圖 24：《易占經緯》，明嘉靖戊申二十七年（1548）閩庠刊本（國家圖書　　　　館藏品）

---

[44] 趙國璋、潘樹廣主編，《文獻學大辭典》，揚州市：廣陵書社，2005 年 12 月，頁 865。

[45] 趙國璋、潘樹廣主編，《文獻學大辭典》，揚州市：廣陵書社，2005 年 12 月，頁 703。

蜀本：五代及兩宋時期四川地區刻印的圖書。以成都、眉山較發達，成都在北宋初刻印了著名的《開寶藏》，眉山則刻有《宋書》、《南齊書》、《梁書》、《陳書》、《魏書》、《北齊書》、《周書》七史及《資治通鑒》等書。蜀本又分大字、小字兩種[46]。

平陽本：又稱平水本，金元時期山西平陽又叫平水，今山西臨汾地區刻印的圖書（圖 25）。金滅北宋以後，將北宋開封的刻工掠至這裡，又設立刻書機構，從此平陽成為北方刻書中心[47]。

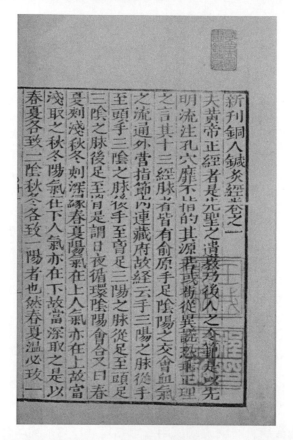

圖 25：《新刊銅人鍼灸經》，明山西平陽府刊本（國家圖書館藏品）

---

[46] 盧賢中著，《古代刻書與古籍版本》，合肥：安徽大學出版社，1995 年 12 月，頁 29-30。

[47] 嚴佐之著，《古籍版本學概論》，上海：華東師範大學出版社，1989 年 10 月，頁 44-45。

　　日本本：又稱東洋本，古代日本刻印的古籍。日本用雕版印刷，當始於 1200 多年以前的孝謙天皇十代。多用日本皮紙，與高麗本相似，惟品質不及高麗本。日本本常間用平假名和片假名，較易識別[48]。

　　朝鮮本：又稱高麗本，古代朝鮮刻印的漢文古籍（圖 26）。我國印刷術最早傳入朝鮮，朝鮮刻本繼而傳入我國。孫從添《藏書紀要》稱：「外國所刻之書，高麗本最好。五經、四書、醫藥等書，皆從古本。凡中夏刻，向皆字句脫落，章數不全者，而高麗竟有完全善本。」可見朝鮮刻印比較精美，書品寬大，寫刻清晰，多採用潔白的皮紙[49]。

圖 26：《東醫寶鑑》，朝鮮舊刊本（國家圖書館藏品）

---

[48] 趙國璋、潘樹廣主編，《文獻學大辭典》，揚州市：廣陵書社，2005 年 12 月，頁 211。

[49] 趙國璋、潘樹廣主編，《文獻學大辭典》，揚州市：廣陵書社，2005 年 12 月，頁 847。

越南本：古代越南刻印的漢文古籍。越南印刻書的技術，與我國刻印以及裝訂的形式無甚差異。所常見者時代多相當於清道光、咸豐年間[50]。

按照刊刻時代區分，有唐五代印刷品、宋刻本、遼刻本、西夏刻本、金刻本、蒙古刻本、元刻本、明刻本、清刻本、民國刻本等。

唐五代印刷品：唐代開始出現雕版印刷品，流傳下來的印刷品多為佛經和曆書。目前發現最早的一件印刷品，是年在韓國慶州佛國寺釋迦塔中發現的《無垢淨光大陀羅尼經》，其刊刻不於西元 704 年。五代十國時期開始刻印圖書，但現在能見到的也多為佛經佛像。

宋刻本：兩宋時期（960-1279）在宋王朝統治區域內刻印的圖書（圖27）。由於雕版印刷術的普及，官私刻書業極為繁盛，刻書範圍已包括經、史、子、集各類圖書，刻印品質上乘，被歷代藏書家視為珍本[51]。

圖 27：《註東坡先生詩》，宋嘉定六年（1213）淮東倉司刊本（國家圖書館藏品）

---

[50] 趙國璋、潘樹廣主編，《文獻學大辭典》，揚州市：廣陵書社，2005 年 12 月，頁 970。

[51] 趙國璋、潘樹廣主編，《文獻學大辭典》，揚州市：廣陵書社，2005 年 12 月，頁 572。

　　遼刻本： 在契丹統治區域內刻印的圖書。契丹書禁甚嚴，遼刻本極少流傳。1974 年，在山西應縣佛宮寺術塔中發現了餘件印刷品，多為遼代刻經，其中有佚失多年的《契丹藏》。

　　西夏刻本： 西夏建國於 1032 年，1227 年為蒙古所滅。西夏自創文字，並以西夏文刻印了《大藏經》等書。目前發現的西夏刻本多為考古所得，其中 1909 年在西夏黑水城遺址（今屬內蒙古額濟納旗）發現的西夏文獻（現藏俄羅斯彼得堡東方研究所）不僅有刻本，還有活字本。

　　金刻本： 在金代統治的中國北方地區刻印的圖書（圖 28）。其中以平陽府今山西臨汾刻書最為發達，官方設有經籍所，主持刻書[52]。金刻本流傳下來的不多，較著名的有《劉知遠諸宮調》和《趙城金藏》。

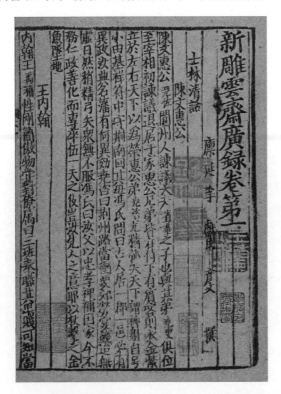

圖 28：《新雕雲齋廣錄》，金刊本（國家圖書館藏品）

---

[52] 趙國璋、潘樹廣主編，《文獻學大辭典》，揚州市：廣陵書社，2005 年 12 月，頁 663。

　　蒙古刻本：元朝立國之前在平陽刻印的圖書。基本沿襲金代平陽經籍所舊規。傳世品有 1247 年刻《析城鄭氏家塾重校三禮圖注》，1249 年平陽府張存惠晦明軒刻《重修政和經史證類本草》，1244 年刻《玄都寶藏》殘卷等。

　　元刻本：元代一朝刻印的圖書（圖 29）。北方以大都北京、平陽為中心，南方以江浙、福建為中心。元代刻本流傳較多，且有獨特風格[53]。

圖 29：《老子虞齋口義》，元刊本（國家圖書館藏品）

---

[53] 趙國璋、潘樹廣主編，《文獻學大辭典》，揚州市：廣陵書社，2005 年 12 月，頁 107。

　　明刻本：明代（1368-1644）刻印的圖書。這一時期，無論在刻書地區、刻書形式、刻書範圍等方面都遠勝前代（圖 30）。流傳下來的明刻本以中後期作品較多，正統以前較少。明中期以後刻本有兩個顯著變化，一是出現了適應於印書的仿宋字，二是線裝取代了包背裝[54]。

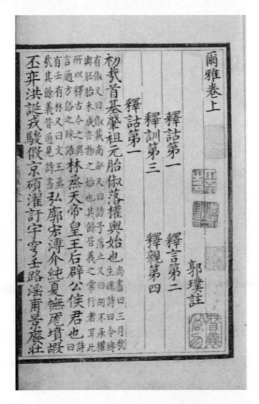

圖 30：《爾雅》，明刊本（國家圖書館藏品）

　　清刻本：清代（1645-1911）刻印的圖書（圖 31）。這一時期，官私刻書業均達到鼎盛。尤其是乾嘉時期，考據學興起，學者熱衷於版本校勘，出現了大批校核精審、刻印典雅的圖書[55]。現今流傳的古籍大部分是清刻本。其中，康雍乾時期所刻精刻本受到學者重視，有不少被列為善本。

---

[54] 趙國璋、潘樹廣主編，《文獻學大辭典》，揚州市：廣陵書社，2005 年 12 月，頁 631。

[55] 趙國璋、潘樹廣主編，《文獻學大辭典》，揚州市：廣陵書社，2005 年 12 月，頁 934。

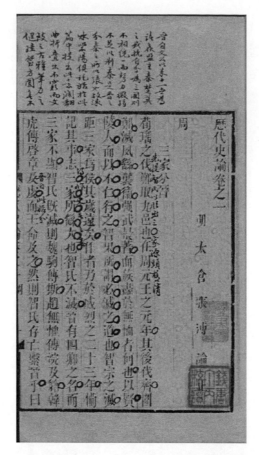

圖 31：《歷代史論》，清刊本（國家圖書館藏品）

第三節　古籍版本學的功用

　　古籍版本學是研究書籍版本的特徵和差異，鑑別真偽和優劣，探索其規律的一門綜合性輔助科學。版本學、目錄學、校勘學既同時在書多而亂的情況下，需要整理、鑑別、研究產生的，也同時在書多而亂的情況下，為整理、鑑別、研究所用的，以滿足古籍版本的各種需求。

　　清末張之洞任四川督學時，為回答學生們讀書問題，寫了一部《書目

答問》，其中有言：「讀書不知要領，勞而無功，知某書宜讀而不得精校精注本，事倍功半[56]」。這兩句話包含著目錄學、版本學、校勘學三個方面要求，「知要領」，就是知門徑，指的是目錄學，得精校精注本，指的是版本學和校勘學。這些都是讀書致用的基本功。

古籍版本學的功用至少可以反映在以下幾個方面：

一、區別真本與偽本，捨偽而取真

閱讀書籍或者是做學問，都需要版本知識，如果弄不清楚，豈不貽誤研究學問的時機。例如蘇軾之季子蘇過（字叔黨）所著《斜川集》一書，就有真偽本問題。案陳氏《直齋書錄解題》載《斜川集》和《文獻通考・經籍志》著錄為十卷本，南宋已稀，至清時，康熙皇帝下詔求此書，竟也未得。於是從元末到清初，都曾有書賈們將謝邁（字幼槃）的《竹支集》和劉過（字改之）的《龍州集》改題蘇過的《斜川集》欺世[57]。

王士禎曾說他於「乙酉，有書賈來益都之顏神鎮，攜蘇叔黨《斜川集》，僅二冊，價至二百金有奇，惜未得見之[58]」。如此昂貴的《斜川集》恐怕還是偽本，因為一直到清乾隆年間歷城周永年才從《永樂大典》中輯出，釐為六卷。嘉慶間法式善又從《永樂大典》中輯出佚事二卷，首先刊刻在鮑廷博《知不足齋叢書》第二十六集中（後《四部備要》、《叢書集成》中均有）。如果我們不懂真本、偽本，將謝邁《竹支集》或劉過《龍州集》改題的《斜川集》（有清初活字本偽《斜川集》內容與《龍州集》同），當作真本，當作蘇過的作品，所以讀書一定要辨別版本的真偽，這樣才能免踏入陷阱之中。

---

[56] (清)張之洞著，《書目答問》〈略例〉，上海：商務，1933 年，頁 1。

[57] 參見《斜川集》不分卷二冊， 宋蘇過撰，清周永年輯，清乾隆辛丑(四十六年)大興朱氏椒花吟舫鈔本，清道光間朱錫庚手書題記 (國家圖書館藏品號 10320)。

[58] (清)王士禎撰，《香祖筆記》卷十一，《欽定四庫全書》本。百家諸子中國哲學書電子化計劃 https://ctext.org/library.pl?if=gb&file=60102&page=98

　　又如《菉竹堂書目》，此目是明代前期藏書家葉盛的藏書目錄，大約
編成於成化七年（1471）。《四庫總目》著錄於〈存目〉中。咸豐間伍崇
曜刻入《粵雅堂叢書》中，流傳漸廣，在我國目錄學上有著重要地位。

　　粵雅堂叢書本明葉盛的《菉竹堂書目》，係後人抄自《文淵閣書
目》，完全是偽本，後經清代學者陸心源詳細考訂，才發現其係偽本，依
據陸心源《儀顧堂題跋》卷五粵雅堂刻偽《菉竹堂書目跋》中詳細記述了
與《文淵閣書目》比勘的結果，其云：

> 《菉竹堂書目》六卷，粵東伍氏刻本。前有文莊《自序》，與《文
> 莊集・涇東稿》所載合。後有五世孫恭煥，七世孫國華跋。校以明
> 《文淵閣書目》，書名、分類、冊數，一一皆同。惟卷首聖制類刪
> 去祖訓、文集、實錄、官制、法令等書數百種，卷末刪舊志、新志
> 兩類，古今志一類則刪《島夷志》以下數十種而已。《閣目》每書
> 皆載數部，注明全、缺；此則每書只錄一部，不注全、缺，但取
> 《閣目》冊數多者錄之。文莊原序為卷二萬有奇，冊四千六百有
> 奇；今冊計二萬三百有奇，浮于原序五倍。卷雖無考，以《書錄解
> 題》、《千頃堂書目》所載，約計當在二十萬外，浮于原序十倍。
> 伏讀《四庫提要》……云云，案此本卷首雖有聖制，而不曰制；又
> 無後錄，亦無附目。卷中有詩集而無舉業，序末亦無成化紀年，證
> 與文莊自序，固多牴牾，與《提要》尤無一合。蓋書賈抄撮《文淵
> 閣目》，改頭換面，已售其欺，決非館臣所見兩淮經進之本也。恭
> 煥及國華跋恐亦非真。《粵雅叢書》世頗風行，恐誤後學，不可以
> 不辨[59]。

　　與陸心源同時的周星詒在《帶經堂書目》卷二批註也說「此書世多偽
本，詒藏兩抄本，皆是錄《文淵閣書目》，刪去地志所成。伍氏叢書本亦

---

[59] （清）陸心源撰，《儀顧堂題跋》卷五。國家圖書館古籍題跋叢刊。北京：北京圖書館，2002。

然。須以《文淵閣書目》對過，不同，乃是真本。竹汀先生《養新錄》所記，亦偽本也[60]。」存世《菉竹堂書目》之偽，節節俱見，成一鐵案。可偽本傳世既久，影響頗大。

綜合上述資料所載，我們可以發現《菉竹堂書目》真偽差異在於

（一）著錄圖書單位不同：真本以「卷」為單位；偽本用的完全是「冊」。

（二）著錄內容不同：真本著錄科舉時代的「程文」（八股文）；並葉盛「其家所刊及自著書」；偽本無。

（三）著錄書目數量不同：真本分六卷，錄四千六百有奇；偽本不分卷，錄四千一百六十一部。

二、區別某書何本為全，何本為缺，捨缺而取全

讀書治學自然需要完整的材料，以獲得全面的瞭解，從全面的瞭解和分析中得出比較符合客觀實際的結論。讀書分不清全本、缺本，同樣是件大為遺憾的事。例如清周亮工的《書影》有五卷本和十卷本之別，篇幅相差一半。唐代張祜的《張承吉文集》，通行的只有一卷本、二卷本、五卷本、六卷本。《新唐書・藝文志》著錄張祜詩僅一卷。元辛文房《唐才子傳》也說張祜「詩一卷，今傳」。明朱警輯選唐人詩歌，於嘉靖十九年（1540）刻成《唐百家詩》，其中中唐二十七家，第二十一家即《張處士詩集》，凡五卷。還有一部所謂翻宋十行十八字本《張處士詩集》，亦為五卷，與朱氏《唐百家詩》所收相表裏。清劉世珩於光緒二十一年（1905）輯刻《貴池先哲遺書》，其中收有明正德本《張處士集》，亦是五卷。清康熙四十一年（1762），洞庭席啟寓琴川書屋輯刻《唐詩百名家全集》，其中有《張祜訕集》二卷。揚州詩局所刻《全唐詩》，收張祜詩

---

[60] （清）周星詒撰，《帶經堂書目》，中國著名藏書家書目匯刊(2004)・明清卷 28。北京：商務，頁313。

也為二卷。吳壽暘所輯吳騫《拜經樓藏書題跋記》卷五,謂「《張處士詩集》凡六卷,無序目」。由此可知,唐以來傳世的張承吉集多為一、二、五、六卷本,尚未見有十卷本流傳。而蜀刻唐人集《張承吉文集》為十卷本,其中有一百七十多首詩為通行本所未見。此本與其它存世的宋蜀刻唐人文集,在元代均藏宮中,開卷有「翰林國史院官書」長方印鑒可證。

三、區別某書何本為精,何本為劣,捨劣而取精

讀書治學不但求真本、全本,還得求精本,即無脫文、無訛舛的本子,或者經前人精校精注的本子,這樣使材料才能建立在堅實可靠的基礎上。否則花去不必要的時間,而辛苦得出的結論正確與否,還是個懸案。例如關於宋、金之間戰和問題原始文書匯錄的《大金吊伐錄》一書,就有清張海鵬本的《墨海金壺》本和錢熙祚的《守山閣叢書》本兩種,二者精劣相去甚遠。不但張氏本只有兩卷,錢氏本為四卷,而且張氏本錯簡脫漏,幾不可讀。錢熙祚在該書的校勘記中指出:

> 《大金吊伐錄》張氏據超然堂吳氏本刊入《墨海》,僅分上下二卷,以文瀾閣本校之上卷〈正月十四日回奏宋主〉中,脫「所承誓旨」下三百三十字;〈宋主致謝書〉別幅、細色並雜物下錯簡在〈宋少主與左副元帥報和書〉後,〈宋少主新立誓書〉脫去首尾,僅存「招納叛亡」下四百三十九字,亦錯簡在〈宋少主報和書〉中,遂並〈新立誓書〉。篇題脫去,〈宋少主報和書〉「兩朝和好」下別為一篇題《又白劄子》。下卷〈孫傳等乞立趙氏第四狀〉「傳等無往哀痛」下五十九字,移置第五狀末,而第四狀無結文,其〈依准製造迎接等軍事狀〉全篇脫去,其餘字句脫誤,不可枚舉[61]。

---

61 (清) 錢熙祚校,《大金吊伐錄》跋,〈守山閣叢書本〉,百家諸子中國哲學書電子化計劃

　　據《四庫全書總目》卷五十一《史部・雜史類・大金吊伐錄》提要稱，該書世無刊本，僅從《永樂大典》中錄出。張氏《墨海金壺》本是據常熟吳長的超然堂藏本校刻的，吳本亦不知所出，而錢氏《守山閣叢書》本則據《四庫全書》文瀾閣本校刻的，文瀾閣本源正是輯自《永樂大典》。類似這種情況說明，讀書治學不懂者版本學只得走彎路，懂者則可走捷徑。

四、鑒別版本，區分真品和贗品，捨贗品而取真品

　　我因歷史上流傳下來的古籍，確實「汗牛充棟，浩如煙海」，這是由於歷代刻書和藏書事業源遠流長，綿延不斷的結果，然而真正距離宋元前作者時代近的早期寫本、刻本為數不多，不但唐五代寫本、刻本，留下來的屈指可數，以雕版印刷術的黃金時代——宋朝所刻的書而論，明末已按頁計價了，可見昂貴之極，如今更寥若晨星。元、明刻本於今也不經見，偶而所藏，早已作為善本，成了鎮庫之寶了。「物以精為貴」，於是書賈們為牟利而多方作偽欺世，出現魚龍相混的情況，這就需要善於鑒別版本，區分真贗，把好文物鑒定關，既不可以贗品充真品，也不可將真品當作贗品，使文物蒙受損失。例如，有一部《史記集解正義》，目錄後有牌記稱：「淳化壬辰臨安陳氏萬卷堂刊行」，藏書家又在書根上手書「宋刻本《史記》」、「高郵王氏藏書」字樣。於是以當作宋刻本，以鉅資購藏，然而卻是一部假宋刻本。因為「淳化」是北宋太宗趙炅年號，「壬辰」為淳化三年（992），「臨安」在北宋時為余杭郡，高宗趙構南渡以後，以為行都，建炎三年（1129）升為臨安府，這樣年代與建置不符。再者，「陳氏萬卷堂」遍查《室名別號索引》（該書收有五個「萬卷堂」卻無陳氏的）、《書林清話》（該書有三篇專文談南宋臨安陳氏刻書的，卻無「萬卷堂」），均無「臨安陳氏萬在堂」。細查原書，發現牌記字體與

全書正文字體不同（如牌記中「萬」字與《三皇本紀》第四頁七行之「萬」字迥不同），且鐫刻拙刻；牌記頁版框也較全書版框略小，且兩者魚尾不同，作偽痕跡，顯已敗露。結果對照《明代版刻圖錄初編》，原來該書與明嘉靖四年金台汪諒刻本版式行款相同，書賈剜去「嘉靖四年乙酉金台汪諒氏刊行」牌記，偽刻「淳化壬辰臨安陳氏萬卷堂刊行」牌記，又抽去正文卷端下「蒲田柯維熊校正」字樣（以許多印章來，欲蓋彌彰）及卷末的柯氏跋文。汪氏本是翻刻南宋紹興刻本的，於是書賈使盡伎倆，以明翻宋本充宋刻本。如果不懂版本學，豈不受騙上當嗎？

綜上所述，版本學的功用歸結到一點，就審定真偽，刊誤糾謬，以利讀書治學和文物鑒別。

第二章　版刻的歷史

　　印刷術發明以後就產生了刻書事業。當時雖還沒有「出版」這樣一個觀念。但是購置稿本、刊刻版片、印刷、售賣、保護所有權等一系列的組織活動已經自然而然地產生出來，因而也就很接近於現代所說的出版事業了。自唐末到五代已經發展出三種經營刻書事業的人：書坊、私家和政府。因而對書籍就有坊刻木、家刻本和官刻本的區別。它們互相影響、互相激盪，因而促進了印本書籍的不斷發展。

　　印刷術的發明，以我國最早。碑刻的傳揚，璽印的鈐拓，皆印刷術之先河。雕版印書，究起於何時，說者不一。或謂始於唐代，或謂始於隋時，或謂始於北朝，且有謂始於東漢者。要而言之，謂始於盛唐者近似，其餘皆謬說也。

第一節　唐、五代的版刻

　　根據文獻記載和實物證明，早在唐代，我國就已經出現了雕版印書，不過它還只是流傳於民間和佛教寺院。因此早期的印書，大都是與人民生活有關的日常用書，如日曆、詩歌、韻書以及陰陽占卜之類的類書和佛經等。

　　日曆與農事耕作有密切的關係，為了不違農時，日曆是農業生產絕對需要的，因此在農業非常發達的四川，每年不等政府頒發的新曆下達，民間就開始私製日曆買賣。

　　據記載：太和九年（835）以前，「劍南西川及淮南道皆以版印曆日鬻於市。每歲司天臺未奏頒下新曆，其印已滿天下[1]。」說明當時民間日曆雕

---

[1] (宋)王欽若撰，《新刊監本冊府元龜》卷一百六十〈帝王部・革弊第二〉，明藍格鈔本。

版印行已很普遍。雖然政府禁止,然而直到乾符年間(875-879)及以後,四川和江東民間仍有私刻日曆發售。敦煌所出乾符四年(887)和中和二年(882)劍南四川成都樊賞家刻印的兩種日曆,這是有實物見存的唐代印刷品,是現存的日曆中最早的刻本。

唐代詩歌興盛,為了適應創作詩歌的需要,相應地有了韻書的印行。咸通年間(860-873),在長安留學的日本僧人宗睿,於西元 865 年回國時,曾攜帶印有「四川印子」標記的《唐韻》一部五卷,《玉篇》一部三十卷。可見早期的雕版印書中,也有韻書。

以上是唐代的民間印書。至於佛教寺院,當時刻印的既有佛像,也有佛經。目前發現最多而且最早的印物中,主要是這類品種。著名的印有「咸通九年四月十五日王玠為二親敬造普施」印記的《金剛經》是現存世界上最早有日期的印刷品(圖 32)。1966 年在南朝鮮發現的《無垢淨光大陀羅尼經》,目前被認為是世界上現存最早的印刷品,也是佛經。1944 年在成都一座五代墓中發現有標明「唐成都縣龍地下家印賣咒本」的梵文《陀羅尼經咒》,這是國內現存最早的印本。它證明了唐刻版不僅有漢文的,而且還有外文的。這些都是有實物印證的唐代刻印的佛經,至於文獻記載中,發現有大中年間(847-859)雕印的道家著作一《劉弘傳》。唐范攄《雲溪友議》卷十〈羨們遠〉稱:「紇干尚書泉,若求龍虎之丹十五餘稔,及鎮江右,大延方術之士,乃作劉弘傳,雕印數千本,以寄中朝及四海精心燒煉之者[2]。」這是有關道家信徒最早雕印道家著作的記載。

五代刻書的主要特點是刻書的範圍進一步擴大,包括刻書區域、刻書人,特別是刻書內容,有很大的發展。刻書地區除蜀、江寧、浙江、瓜洲、沙州外,又有青州,乃至福建。主要流傳於民間和寺院的印刷術,到五代時逐漸進入統治階級上層,不少達官貴人和文人學士「自出俸錢」或聚資雇人刻書。如前蜀任知玄刻杜光庭《道德經廣聖義》三十卷,後蜀宰相毋昭裔刻《文選》、《初學記》、《白氏六帖》、九經諸史等。

---

[2] (唐)范攄撰,《雲溪友議》卷十〈羨們遠〉,明汝南袁氏藍格鈔本。

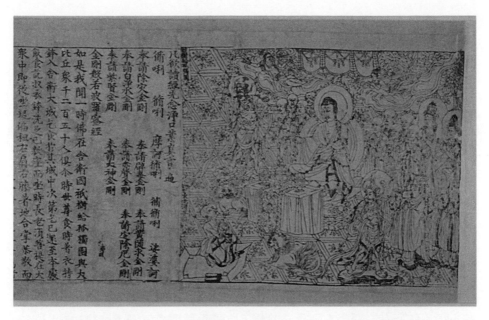

**圖 32：唐咸通九年（868）刻印的《金剛經》的〈祇樹給孤獨園〉（取自
《中國版畫通史》，頁 27）**

　　五代後唐時期政府開始採用雕版印刷術，著手進行經典著作的刊印工
作。後唐宰相馮道，「嘗見吳蜀之人鬻印版文字，色類絕多，終不及經
典」。他認為：「如經典校定，雕摹印行，深著於文教矣。」於是奏請依
石經文字，刻九經印版，「敕令國子監集博士儒徒，將西京石經本，各以
所業經句度抄寫注出，仔細看讀，然後顧召能雕字匠人，各部隨帙刻印廣
頒天下[3]。」這是儒家經典第一次開雕，也是官方開始採用雕版印刷術印刷
書籍。印刷術由民間進入官府，印書範圍由雜書上升到經典，提高了它的
地位，因而更有利於它的發展。

　　五代時的國子監，是政府設立的學校兼出版機構。由於馮道的建議，
後唐長興三年（932）開始校刊《九經》，後來擴大到《論語》、《孝
經》、《爾雅》、《經典釋文》和《五經文字》、《九經字樣》等書。所
刊經數與「唐石經」同，並增加了注文，採用經文用大字，注文用雙行小

---

[3] (宋)王溥撰，《五代會要》卷八，綠格舊鈔本。

字的古代經注寫本的舊式。這一空前未有、規模巨大的出版工作，經過後唐、後晉、後漢、後周四個朝代，歷時二十二年，直到後周廣順三年（953）全部完成。由於這些書是國子監負責刻印的，所以稱它為「監本」。五代監本，宋人稱之為「舊監本」或「古京本」，是監本書之始。

此外，南唐（937-957）還刻有劉知己《史通》和徐陵編選的《玉臺新詠》等文史著作，後晉天福五年（940）刻印有《道德經》。佛經的刻印有後晉天福十五年（950）曹之忠刻印的《金剛經》，吳越王錢俶於顯德三年（956）和開寶八年（975）刻印的《一切如來心秘密全身舍利寶篋印陀羅尼經》（簡稱《寶篋印經》）八萬四千卷。

五代刻書現存的很少，僅有敦煌發現的《唐韻》、《切韻》二種，為五代細書小版刊本都是殘本。錢俶所刻的《寶篋印經》，顯德本於 1917 年在浙江湖州天寧寺石刻經幢象鼻中發現過二、三卷，曾藏於吳興縣圖書館，現不知所在；開寶本則是 1924 年杭州西湖雷峰塔倒塌時從中發現的，在中國大陸浙江省博物館和浙江圖書館各藏有一卷，另台灣國家圖書館也藏一卷，美國國會圖書館也有藏一卷。這是國內外僅存的五代刻本了（圖33）。

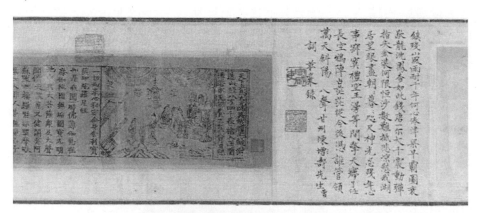

圖 33：《一切如來心秘密全身舍利寶篋印陀羅尼經》一卷，（唐）不空譯，宋開寶八年（975）吳越王錢俶刊本（國家圖書館藏品）

唐、五代是我國雕版印刷的興起時期，也是我國現在所可考見的早期雕版印書時代。這些在五代顯然已有了發展，並且初步形成了書坊刻書、私人刻書和官府刻書這三個方面的刻書管道。此後，我國的刻書事業，在相當長的一個時期內就是沿著這三個方面發展的。

第二節　宋代的版刻

書籍刊版雕印以來，歷經唐、五代，精於宋人[4]。宋代是我國雕版事業的空前發達時期。它很重要的一個表現就是出現了從中央到地方的若干刻書機構、單位和個人，官刻和私刻同時並重，在全國形成了龐大的刻書網。

宋代的刻書機構，按照資金來源與經營性質，可分為官刻、私刻和民間刻三大系統。所謂官刻是指宋朝中央的各殿、院、監、私、局；地方各州（府，軍）、縣，各路茶鹽司、安撫司、提刑司、轉運司、潛司、公使庫、倉台、計台：各州學、府學、軍學、郡齋、郡庫、學宮、學社，各縣齋、縣學、各地書院等機關單位，大多數都不是專門的刻書機構，但又普遍用宋朝的公款來刻書，通常稱他們所刻之書為官刻本。所謂私刻是指私宅、家塾和書鋪、書坊、書肆等，以個人之力所刻的書，通常稱他們為私刻本和坊刻本。尤其坊刻專以刻書為業，遍佈大江南北，對文化的傳播起了很大的作用。所謂民間刻，按其投資來源，既非公款，亦非私家之資，而是靠民間集體融資而成，如某些寺院、道觀、祠堂所刻之書，大多用募捐或家族積累等手段所籌集到的資金用來刻書，就屬民間刻的這種性質。

---

[4] 孫毓修著，《中國雕板源流考》，上海市：商務印書館，1933，頁 1。

一、官刻本

宋代的官府刻書，刻書地域面廣、刻書單位多、刻書範圍廣、刻書質量好[5]，情況較為複雜，現就中央政府、地方政府和官辦學校等，分別敘述之。

（一）國子監刻書

宋建國初期，就十分重視對歷代典籍的收集與整理，建隆元年（960），即設立了集賢院、史館、昭文館等機構於崇文院中，專門從事這方面的工作。此後不久，對歷代典籍就陸續整理出版。而國子監在當時，作為國家的最高教育機關，除行使教育職能外，還兼事刻書。淳化五年（994），判國子監李至上言：「國子監舊有印書錢物所，名為近俗，乞改為國子監書庫[6]」而且該單位具體「置書庫監官，以京朝官充。掌印經史群書，以備朝廷索賜予之用，及出鬻而收其直以上於官[7]」。哲宗元祐五年，禮部言：「其它書籍欲雕印者，納所屬申轉運使、開封府牒國子監選官詳定，有益學者，方許鏤版……凡不當雕印者，委州縣監司國子監覺察，從之[8]」。我們從以上文獻的記載之中不難看出國子監的四大職能。其一，是國家最高教育及管理機關，並代表皇上發佈有關教育的政令。其二，是刻印書籍，即所謂「掌印經史群書」，相當於中央直屬印刷總廠。其三，是發行圖書。其四，作為出版管理機構審查全國圖書。

太祖出身行伍，開始只是利用文士，對儒學並不太看中。太宗既有打天下的經驗，也有坐天下的實踐，從切身經歷中初步認識到「武功克敵，

---

[5]　盧賢中著，《古代刻書與古籍版本》，合肥市：安徽大學出版社，1995，頁 24。

[6]　(元)脫脫撰，《宋史》卷一六五〈職官五〉，明成化十六年(1480)兩廣巡撫朱英刊嘉靖間南監修補本。

[7]　(元)脫脫撰，《宋史》卷一六五〈職官五〉，明成化十六年(1480)兩廣巡撫朱英刊嘉靖間南監修補本。

[8]　(宋)李燾撰，《續資治通鑑長編》卷四百四十五，哲宗元祐五年七月戊子。清光緒辛巳(七年，1881)浙江書局刊本。

文德致治」的道理，開始注重儒家經典的整理與雕版工作。到真宗時，宋立國已四十餘年，除了北方的遼、西北的西夏未被統一外，南方早已全部歸服，用「文德」來鞏固這種統一，儒家的思想就愈加重要。於是真宗自撰《文宣王贊》，歌頌孔丘是「人俗之表」，孔學是「帝道之綱」，又作《純儒術論》，刻書立於國子監，言：「儒術汙隆，其應實大，國家崇替，何莫由斯[9]！」。他認為只有把儒學作為統治的指導思想，國家就不會「崇替」了，才能長治久安。此外，隨著儒學地位的提高，科舉內容也做了相應調整。宋初的科舉取士，其內容不完全是經術和詩賦策論，有時還加試刑律。真宗認為加刑律，是促使「循良之吏」不讀經書而專門去務刑名；而詩賦策論，則阻礙了士人探討「無常」「六經」。於是下詔明令規定，之後的科舉考試，一律以儒家經典為據，諸子不符合儒學者一律禁用。國子監刻書，正是順應形勢，首先從儒學經典開始雕刻。

　　北宋國子監大規模的刻印經書有四次：第一次，從太宗端拱元年（988）至淳化五年（994），刻完「五經」（《周易》、《尚書》、《儀禮》、《春秋左氏傳》）。第二次從太宗淳化五年到真宗咸平四年（1001）刻完《七經》（《周禮》、《禮記》、《春秋公羊傳》、《春秋谷梁傳》、《論語》、《孝經》、《爾雅》）。第三次從真宗景德二年（1005）至大中祥符七年（1014）補刻訛誤經版。第四次，從真宗天禧五年（1021）開始，《長編》載：「令國子監重刻經書印板，以本監言其歲久剜弊故也[10]」。太宗淳化元年（990）二月賜諸路印本《九經》，真宗景德二年（1005）六月賜殿前都指揮使高瓊《九經》，嘉祐七年（1062）四月賜夏國《九經》，英宗治平年間又賜夏國《九經》等，均取自國子監，可見國子監刻印書之多。

　　史書可為統治者提供經驗教訓。仁宗曾經對輔臣講過：「宋、齊、

---

[9]　(元)脫脫撰，《宋史》〈真宗本紀〉，明成化十六年(1480)兩廣巡撫朱英刊嘉靖間南監修補本。

[10]　(宋)李燾撰，《續資治通鑑長編》卷九十七，真宗天禧五年五月辛丑。清光緒辛巳(七年，1881)浙江書局刊本。

梁、陳、後魏、北齊、北周書，罕有善本，可委編校官精加校勘[11]」，所以國子監對刻印史書也很重視。如，國子監所校刻的《十七史》，其印刻工作大致在四個階段有條理、有計劃的進行。第一階段，從太宗淳化五年（994）至真宗咸平二年（999）校刻《史記》、《漢書》、《後漢書》。第二階段，以真宗咸平三年（1000）至仁宗天聖元年（1023）校刻《三國志》和《晉書》。第三階段，從仁宗天聖二年至仁宗嘉祐三年（1058），校刻《南史》、《北史》、《隋書》。第四階段，從仁宗嘉祐四年（1059）到神宗熙寧五年（1072）左右，校刻《宋書》、《南齊書》、《梁書》、《陳書》、《魏書》、《北齊書》、《周書》。歐陽修等修撰的《新唐書》是在嘉祐五年（1060）刻印的。《新五代史》是在諸史書中刻印最晚的一種，約刻印於熙寧五年（1072）以後。除了《十七史》外，北宋國子監還刻印過《資治通鑑》、《七十二賢贊》等其他史學著作。

據王國維《五代兩宋監本考》，「國子監刊書，若《史》《漢》三史，若《唐書》，若《資治通鑑》，若諸醫書，皆下杭州鏤版，北宋監本刊於杭州者殆居泰半[12]」，可見北宋監本的經書和史書在杭州刻印的居多，如《周禮疏》、《儀禮疏》、《春秋公羊傳疏》、《春秋穀梁傳疏》、《孝經正義》、《爾雅疏》、《論語正義》、《書義》、《新經詩義》、《周禮新義》、《史記》、《漢書》、《後漢書》、《宋書》、《南齊書》、《陳書》、《梁書》、《魏書》、《北齊書》、《國書》、《新唐書》、《資治通鑑》等均在杭州鏤版。據孟元老《東京夢華錄》等文獻記載，北宋時汴京的刻書業也很發達，「州橋西大街」、「潘樓街裡瓦子」、「場子東從行裏角」、「相國寺資聖門前」、「寺東門大街」等處，「皆有買書籍、玩好、圖畫、今曲之類[13]」。為什麼國子監捨近求遠去杭州鏤板開印呢？葉夢得曾言：「今天下印書以杭州為上，蜀本次之，福

---

[11] (宋)江少虞撰，《皇朝類苑》卷三十一〈藏書之府〉，鈔本。

[12] 王國維《五代兩宋監本考》見《王國維遺書》，上海市：上海古籍出版社，1983。

[13] (宋)孟元老撰，《東京夢華錄》卷三〈相國寺萬姓交易〉，明虞山毛氏汲古閣影鈔宋刊本。

建最下，京師比歲印板殆不減杭，但紙不佳[14]」。可見由於國子監刻書必須講求品質，而當時杭州地區的刻書業，無論是物質條件還是技術力量均處於全國一流水平和地位，所以北宋監本多在杭州鏤板。南宋時，稱北宋監本為「舊京本」、「京師印本」、「京都舊印本」、「汴京本」，南渡後已極難得了。

　　靖康二年（1127），金兵攻陷潯京，北宋滅亡，開始了南宋的偏安時期。岳飛被害後，紹興十三年（1143），就在錢塘縣他的舊宅（今昭慶寺東）修建國子監。當時監書多缺，於是就取臨安府、湖州、衢州、台州、泉州、四川等地所刻書版，放在監中，為監版，可見通常所說的「南宋監本」，並非都是由國子監自己製版。紹興五年（1135），尚書兵部郎王居正言：「四庫書籍多缺，乞下諸州縣已刊刻書板，不論經史子集小說，各印三帙，赴本省。繫民間，官給紙墨工賃之值[15]」。後來「監本書籍者，紹興末年所刊也。國家艱難以來，固未暇及。九年九月張彥實待制為尚書郎，始請下諸道州學取舊監本書籍，雕版頒發。從之。然所取者率多殘缺，故胄監《六經》無《禮記》，正史無《漢書》[16]」。二十一年（1151）五月高宗謂秦益公言：「監中所厥之書亦令次第鏤板，雖有重費亦所不惜也[17]」。由是經籍復全。紹興二十六年（1156）三月，詔令各級考試，「並試刑法，令國子監印造《禮部韻略》、《刑統律文》、《詔興敕令格式》，並從官給[18]」。嘉定十六年（1223），詔令刊修經板，《鶴山集·六經正誤序》對此有記載：

　　柯山毛居正義甫期於經傳，亦既博覽精擇。嘉定十六年春，朝廷命

---

[14] (宋)葉夢得撰，《石林燕語》卷八，明萬曆間會稽商氏刊本。

[15] (宋)李心傳撰，《建炎以來朝野雜記》甲集卷四，清嘉慶六年(1801)吳縣錢氏萃古齋烏絲欄精鈔本。

[16] 同註15。

[17] 同註15。

[18] (清)徐松編，《宋會要輯稿》第 108 冊〈選舉〉四之二九，百家諸子中國哲學書電子化計劃 https://ctext.org/library.pl?if=gb&file=89851&page=175

胄監刊定籍，司成，謂無以易。義甫馳書幣致之，盡取六經三傳諸
本，參以子史字書、選粹文集，研究異同，凡字音切毫釐畢校，儒
官必歎，莫有異辭。旬歲間刊修者凡四經，乃猶以工人憚煩，詭竄
墨本，以給有司，而板之誤字實未嘗改者十二三也。繼欲修《禮
記》、《春秋三傳》，義甫以病目移告，事遂中輟[19]。

　　由此可見，這次刊修六經，由毛居正校正，因病中綴，僅修四經。校
勘雖毫釐必校，由於刻書工人怕麻煩，「詭竄墨本，以給有司」，有不少
錯字未加改正。

　　國子監在刻印經史的同時，也大規模的組織了子書、字書、醫術、農
書、曆書、算書等圖書的刊印。

　　子書，如真宗景德二年（1005）刻《莊子》、仁宗景祐二年（1035）
刻《荀子》、《文中子》等，神宗元豐三年（1080）刻《孫子》、《吳
子》、《六韜》、《司馬法》、《尉繚子》、《李靖公問對》等，徽宗政
和七年（1117）刻《亢倉子》等。

　　醫書，如太祖開寶六年（973）校刻《盧氏詳定本草》，太宗淳化三年
（992）校刻《太平聖惠方》，仁宗天聖五年（1027）校刻《黃帝內經素
問》、《難經》、《巢氏病源候論》、《銅人腧穴針灸圖經》，仁宗慶曆
年間刻有《慶曆普救方》，仁宗嘉祐二年（1057）刻有《千金翼方》、
《金匱要略》、《傷寒論》等，神宗熙寧二年（1069）校堪《外台密
要》、《甲乙經》，哲宗元祐八年（1093）校刻《黃帝針經》，徽宗政和
四年（1114）八月校刻堪《政和聖濟經》，高宗紹興二十一年（1151）復
刊《太平惠民和濟局方》。

　　字書，如雍熙三年（986）和端拱二年（989），太宗下詔頒定校勘過
許慎《說文》和《雍熙廣韻》，並特別指出：「宣遣雕雋，用廣流布[20]」。

---

[19] (宋)魏了翁撰，《鶴山集》卷五十三〈毛義甫居正六經正誤序〉，百家諸子中國哲學書電子化計
劃 https://ctext.org/library.pl?if=gb&file=943&page=71

[20] (宋)佚名編，《宋朝大詔令集》卷二十四〈頒許慎說文詔〉，百家諸子中國哲學書電子化計劃。
https://ctext.org/library.pl?if=gb&file=25343&page=34

景德四年（1007），真宗「頒校定切韻詔」，並「令崇文院雕印，送國子監依九經書例實施[21]」。

農書，如真宗景德二年（1005）十月，「成《景德農田敕》五卷，庚辰上之，令雕印頒行，民間咸以為便[22]」。天禧四年（1020）「四月二十二日，利州轉運使李防，請雕印《四時纂要》、《齊民要術》二書，付諸路勸農司，以勉民務[23]」。

其他如類書、集部之書也多有鏤板。

國子監刻書內容極廣，四部皆備，據王國維《五代兩宋監本考》，著錄北宋監本六十九種，南宋監本六、七十種，二者相加，約一百四十種左右。又據清畢沅《續資治通鑒》、徐松《宋會要輯稿》等書記載，尚有《述六藝箴》、《承華要略》、《授時要錄》、《祥符降聖記》、《唐六典》、《御制文集》、《陰陽地理書》、《岡角集占》、《孟子》、《道德經》等一大批書未包括進去。可見國子監是宋代中央官刻的主體和代表，具有國家標準讀本的意義和作用。

真宗天禧元年（1017）「上封者言：國子監所需書，其直尤輕，望念增定。帝曰：此固非為利，正欲文籍流布耳。不許[24]」。哲宗元祐初，監本加價出售，陳師道曾記載：「伏見國子監所賣書，向用越紙而價小，今用襄紙而價高。紙既不殆，而價增於舊，甚非聖朝章明古訓以教後學之意。臣欲乞計工紙之費以為之價，務廣其傳，不亦求利，亦聖教之一助……諸州學所買監書系用官錢買充官物。價之高下，何所損益。而外學常苦無錢，而書價貴，以是在所不能有國子之書，而學者聞見亦寡，今乞只計工

---

[21] (宋)佚名編，《宋朝大詔令集》卷二十四〈頒校定切韻詔〉，百家諸子中國哲學書電子化計劃。https://ctext.org/library.pl?if=gb&file=25343&page=36

[22] (宋)李燾撰，《續資治通鑒長編》卷六十一，真宗景德二年十月巳卯。清光緒辛巳(七年，1881)浙江書局刊本。

[23] (清)徐松編，《宋會要輯稿》‧第八十三冊〈職官〉四二之二，百家諸子中國哲學書電子化計劃 https://ctext.org/library.pl?if=gb&file=89826&page=5

[24] (宋)李燾撰，《續資治通鑒長編》卷六十一，真宗天禧元年九月癸亥。清光緒辛巳(七年，1881)浙江書局刊本。

紙，別為之價，所冀學者益廣見聞，以稱朝廷教養之意[25]」。哲宗很快採納了陳師道的建議，恢復了只收工本費的書價制度。元祐三年（1088），為便民購買，官方又下令刊刻醫書小字本，以降低成本。《鐵琴銅劍樓藏書目錄》記載《仲景全書四種》有元祐三年牒文云：

> 中書省堪會：下項醫書冊數重大，紙墨價高，民間難以買置。八月一日奉聖旨：令國子監別作小字雕印，內有浙路小字本者，令所屬官司校對，別無差錯，即摹印雕版，並候日，廣行印造，只收官紙工墨本價，許民間請買·奉敕如右，牒到奉行[26]。

紹聖元年（1094）六月二十五日，哲宗再次令國子監刊印小字醫書，便民購買。

國子監所刻之書，校勘認真，紙墨精良，又多請名人上版，極具書法價值，且書價也很便宜，購買相當方便，受到藏書家的青睞，很快成為藏書家的插架之珍。當時，只要有足夠的資金，很快就可以藏書萬卷。如眉山孫氏就是以「市監書萬卷」為資本，成為藏書家中的佼佼者[27]。潞州張仲賓家產巨萬，居全路之首，後來不惜重金，「盡買國子監書」，「自辦學校，子孫大多成才[28]」。

宋代中央的官刻本還有崇文院於咸平三年（1000）刻印《吳志》三十卷，天聖二年（1024）刻印《隋書》八十五卷，天聖七年（1029）刻印孫奭《律文》十二卷、《音義》一卷，寶元二年（1039）刻印賈昌朝《群經音辨》七卷。

---

25 (宋)陳師道撰，《後山集》卷十〈論國子賣書狀〉，欽定四庫全書本。百家諸子中國哲學書電子化計劃 https://ctext.org/library.pl?if=gb&file=6297&page=71

26 楊玲撰，《宋刻研究》，中國西北大學碩士學位論文，2003年4月，頁19。

27 《鶴山集》卷四十一〈眉山孫氏書樓記〉。百家諸子中國哲學書電子化計劃 https://ctext.org/library.pl?if=gb&file=939&page=112

28 (南宋)邵伯溫撰，《河南邵氏聞見錄》卷十六，摘錄自〈中華典藏〉https://www.zhonghuadiancang.com/lishizhuanji/shaoshiwenjianlu/29873.html

　　此外，秘書監及其某些下屬機構也經常校刻書籍。宋代秘書監的主要
職能是掌管古今經籍、圖書、國史、實錄、天文、曆數等事。其下屬的太
史局專掌天文，測定曆法。當時，太史局設有「印曆所，掌雕印曆書。南
渡後，並同隸秘書省，長、貳、丞、郎輪季點檢[29]」。可見秘書省內設有專
門的印書機構，從事曆書的雕印。除曆書外，還有天文、數學方面的書
籍。如元豐七年（1084）就刻印過《張邱建算經》三卷，王昔通《緝古算
經》一卷。德壽殿曾刻印過劉球《隸韻》十卷，有「御前應奉沈亭刊」七
字，葉德輝認為沈亭可能是御前供奉的刻字工人，是專為皇帝刻書的，而
德壽殿刻的書只供皇帝使用，不得對外[30]。左廊司局於淳熙三年（1176）刻
印《春秋經傳集解》三十卷。在刻書後所刻的印記中說：

　　　　淳熙三年四月十七日，左廊司局內曹掌典奏。王楨等奏聞：壁經、
　　　　春秋、左傳、國語、史記等書，多為蠹魚傷牘，不敢備進上覽，奉
　　　　敕用棗木椒紙各造十郭，四年九月進覽，監造臣曹棟椒梓，司局臣
　　　　郭慶驗牘[31]。

　　可見上書是專為宮廷印製的，而左廊司局又是專供皇帝藏書、刻書的
機構。其次如修內司、太醫局也刻了不少書。但都不如國子監、秘書省刻
的多。

（二）各路使司刻書

　　宋承唐制，為了便於中央對地方的控制，把唐時全國的十五道均改為
路，各級設採訪使。當時全國劃分為京東路、京西路、河北路、河東路、
陝西路、淮南路、江南路、荊湖南路、刑湖北路、兩浙路、福建路、西川

---

[29] (元)脫脫撰，《宋史》卷一六四、〈職官志四〉，明成化十六年(1480)兩廣巡撫朱英刊嘉靖間南
　　監修補本。

[30] (清)葉德輝撰，《書林清話》卷三，民國九年(1920)長沙葉氏觀古堂刊本。

[31] 同上註。

路、峽路、廣南東路、廣南西路等十五路。宋元豐年間，又分天下為二十三路，宣和時則有二十九路。宋代地方政府的建制主要是州和縣兩級，在州之上設路一級的建制，實際上屬寧中央派出機構，並且茶在諸路內設置各類使司，負責掌管該地區的政治、經濟等方面的重要事物。這些使司既有實權，又有資金保障，在中央政府的宣導之下，紛紛從事雕印書籍，依據其刻印單位性質不同，其書也可以稱為某鹽司本，安撫使本、漕司本、轉運司本、倉臺本、計臺本等。現將各路刻書情況作一概述[32]：

兩浙路東路茶鹽司：熙寧二年（1069）刻印《外台秘要》四十卷，紹興三年（1133）刻印《資治通鑒》二百九十四卷。紹興六年（1136）刻印《事類賦》三十卷，紹興年間刻印《周易注疏》十三卷，《周禮疏》五十卷，《尚書正義》二十卷，《唐書》二百卷。南宋光宗紹熙三年（1192）刻印《禮記正義》七十卷。這些書至今仍有流傳。

兩浙西路茶鹽司：紹興二十一年（1152）刻印《臨川王先生文集》一百卷。

兩浙東路安撫司：乾道四年（1162）洪氏刻《元氏長慶集》六十卷。

浙東庾司：刻印《桑世昌蘭亭考》十二卷。

浙右漕司：劉敏士刻《劉牧易數鈎隱圖》三卷，附《遺論九事》一卷。

浙西提刑司：淳熙六年（1179）刻印《作邑自箴》十卷。

淮南路轉運使司：紹興年間（1131-1162）刊《史記集解》一百三十卷。

淮南東路轉運使司：淳祐十年（1250）刻印《徐積節孝先生文集》。

淮南漕廨：嘉定八年（1215）王大昌刻漢・錢文子補《兵志》一卷。

福州轉運司：紹興十七年（1147）刻《太平聖惠方》一百卷。

漳州轉運司：淳熙十三年（1185）刻印大字本《三國志》。

---

[32] 本部分各路使司具體刻書情況，主要參見：江澄波、杜信孚編《江蘇刻書》之宋元時期部分，江蘇人民出版社 1993 年；莫友芝《邵亭知見善本書目錄》；陳振孫《直齋書錄解題》；楊晏平《宋代江西的刻書》，《文獻》1991 年第 3 期；傅增湘《藏園群書題記》；楊繩信編著，《增訂中國版刻綜錄》，西安：陝西人民出版社，2014 年 12 月。

建安漕司：嘉定三年（1210）黃詔刻印其父《東觀餘論》二卷，開慶元年（1259）湯漢刻《西山先生讀書記》甲集三十七卷，乙集十六卷，丙集八卷。

福建漕司：吳堅刻《鬍子知言》二卷，《張子語錄》三卷，後錄三卷；《龜山先生語錄》六卷。

荊湖北路安撫司：紹興十八年（1148）刻印《建安實錄》二十卷。

湖北茶鹽司：慶元二年（1196）重刻《漢書》一百二十卷。

廣西漕司：紹聖三年（1096）刻印王叔和《脈經》十卷。

江東倉司：淳熙七年（1180）刻印洪適《隸續》二卷。

江西計台：淳熙八年（1181）錢佃刻印《荀子》二十卷。

江西計台：嘉定四年（1211）印刻《春秋繁露》十七卷。

江西漕司：淳熙九年（1182 年）尤口刻印荀悅《申鑒》一卷，邱宗卿刻印《呂氏家塾讀詩記》三十二卷。

江西提刑司：嘉定五年（1212）刻洪邁《容齋隨筆》十六卷，《續筆》十六卷，《筆》十六卷，《四筆》十六卷，《五筆》十卷。

江西倉司：淳熙七年（1180），刻印《陸氏續集驗方》。

江西轉運司：淳熙十二年（1185），《本草衍義》二十卷。

廣東漕司：寶慶元年（1225）刻《新刊校定集注杜詩》三十六卷。

江東漕院：紹定四年（1231 年）趙普湘刻衛混《禮記集說》一百六十卷。

由上述所言，在各路使司刻本中，以兩浙，江西最多。

（三）公使庫本

公使庫最初是「太祖既廢藩鎮，命士人典州，天下忻便，於是置公使庫，使遇過客，必館置供饋，欲使人無旅寓之歡……，承平時，士大夫造朝，不齎糧，節用者猶有餘以還家。歸途禮教如前，但少損[33]」。後來李心

---

[33] (宋)王明清撰，《揮麈錄》卷一，〈四部叢刊續編〉本。百家諸子中國哲學書電子化計劃
https://ctext.org/wiki.pl?if=gb&res=821994

傳在《建炎以來朝野雜記》中也有記載：「公使庫者，諸道監帥司與邊縣州軍與戎帥皆有之。蓋祖宗時，以前代牧伯皆殄於民，以佐廚傳，是以制公使錢以給其費，懼及民也。然正賜錢不多，而著令許收遺利，以此州郡得自恣。若帥憲等司又有撫養備邊等庫，開抵當賣熱藥，為所不為，其實以助公使耳[34]」。

宋代在蘇州、吉州、明州、沅州、舒州、撫州、台州、信州、泉州、鄂州共設有十個公使庫，其主要任務是接待過往的官員，專供公使廚傳。「廚傳」是飲食住行的總稱，公使庫不僅要為公使提供飲食住行的方便，還要承擔其所需的一切費用。其職能大體相當於今天政府官辦的賓館或招待所。其資金來源在宋代之前，由百姓負擔，宋代以後，則由國家專門撥款。總的來看，公使庫具有雄厚的經濟實力，加上公使庫官員及客寓官吏閒暇時間又很充裕，種種優越條件，為其大量刻印書籍提供了方便，所以公使庫也就成為地方官刻的主要機構。另一方面，刻書又是公使庫在實際上找財源的有效手段之一，如蘇州公使庫王琪刻《杜甫詩集》就是一個很好的例證。

宋代的杜甫詩集版本比較複雜，蘇舜欽、王洙、劉敞、王安石等人都曾整理過杜集。其中王洙用力最勤，他在整理過程中，不僅參酌眾本，而且還將杜詩分為古近兩體，按時間先後進行編排。可見王洙整理過的杜集在宋代是收錄杜詩最完整的一個本子。嘉祐四年（1069），王琪約請何琢、丁修在王洙整理的基礎上又作了進一步的修訂，並經裴煜補遺後，刊版行世。王琪在此書的後記中言：

> 原叔（王洙字）雖自編次，余病其卷帙之多，而未勘布，暇日與蘇州進士何君琢、丁君修得原叔家藏及古今諸集，聚於郡齋而參考之，三月而後已。義有並通者，亦存而不敢削，閱之者固有淺深也。而吳江邑宰河東裴君煜，取以復視，乃益精密，遂鏤於版，庶

[34] (宋)李心傳撰，《建炎以來朝野雜記》甲集卷十七，清嘉慶六年(1801)吳縣錢氏萃古齋烏絲欄精鈔本。

廣其傳[35]。

　　王琪刻本毫無疑問是杜集的第一個刻本，也是此後所有杜集的祖本。版本學大家張元濟先生曾經指出：「自後補遺、增校、注釋、批點、集注、分類、編韻之作，無不出於二王（王洙、王琪）之所輯梓[36]」。就學術價值而言，王琪為整理杜集和鏤版之功而流芳於文化史；就經濟價值而言，王琪因刻印杜集而獲利不少，王士禎對此有專門評價：

> 宋王琪守蘇州，假庫錢數千緡，大修設廳，既成，漕司不肯破除。琪家有杜集善本，即俾公使庫鏤版，印萬本，每部值千錢，士人爭買之。既償省庫，羨餘以給公廚，此又大裨帑費，不但文雅也[37]。

　　王琪刻印杜集，不僅還清了千緡舊帳，且有不少剩餘。

　　公使庫利用刻書這種手段，積累了不少資金，反過來又促進了公使庫刻書事業的發展。公使庫還利用手中的權力和財力，在地方上網羅了一批技術高明的刻工，如明州刻工蔣輝因偽造會子而入台州監獄，台州太守唐仲友竟利用職權之私，放出蔣輝，讓其為公使庫刻《荀子》等書[38]。會子是國家會子局印行的一種紙幣，其印刷工藝比一般圖書要複雜的多。蔣輝既然能偽造會子，可見其技術之精。當時和蔣輝一起為台州公使庫刻書者有十八人，清黎庶昌翻刻宋台州公使庫大字本《荀子》，板心就有蔣黎輝等十八人的姓名[39]。除了台州公使庫外，蘇州、吉州、明州、沅州、舒州、撫州、舂陵、信州、泉州、鄂州、鷟州等地方公使庫都刻過書，其中尤以撫

---

[35] 萬曼著，《唐集敘錄‧杜工部集》，北京市：中華書局，1980年。

[36] 萬曼著，《唐集敘錄‧杜工部集》，北京市：中華書局，1980年。

[37] (清)王士禎撰，《居易錄》卷七。百家諸子中國哲學書電子化計劃 https://ctext.org/library.pl?if=gb&file=59835&page=41

[38] (宋)朱熹撰，《晦庵集》卷十八〈按唐仲友第三狀〉，百家諸子中國哲學書電子化計劃 https://ctext.org/library.pl?if=gb&file=4327&page=160

[39] 張振鐸編著，《古籍刻工名錄》，上海市：上海書店出版社，1996年。

州公使庫刻十二經最為著名，刻印的品質都達到了很高的水準。

公使庫刻書的數量雖然很大，但流傳下來的並不多，現據有關文獻，將公使庫刻印的書籍分述於下[40]：

吉州公使庫宣和四年（1122）刊《六一居士集》五十卷、《續刻》五十卷，宋歐陽修撰。

蘇州公使庫元符元年（1098）刊《吳郡國經續記》三卷，宋朱長文撰。

蘇州公使庫嘉祐四年（1059）刊《杜工部集》二十卷，唐杜甫撰。

沅州公使庫紹興二十八年（1158）刊《續世說》十二卷，宋孔平仲撰。

舒州公使庫淳熙三年（1176）刊《大易粹言》十二卷，宋方聞一編。

台州公使庫淳熙七年（1180）刊《顏氏家訓》七卷，北齊顏之推撰。

撫州公使庫淳熙四年（1117）刊《禮記注》二十卷，東漢鄭玄著[41]。

撫州公使庫淳熙四年（1177）刊《禮記釋文》四卷，唐陸德明撰。

撫州公使庫淳熙四年（1177）刊《周易》十卷，魏王弼，晉韓康伯注。

撫州公使庫淳熙四年（1117）刊《春秋經義集解》三十卷，西晉杜預著。

撫州公使庫淳熙四年（1117）刊《經典釋文》三十卷，唐陸德明撰。

撫州公使庫淳熙年間（1174-1189）刊《春秋公羊經傳解詁》十二卷，《釋文》一卷，東漢何休撰，《釋文》，唐陸德明撰。

撫州公使庫淳熙年間（1174-1189）刊《春秋經傳集解》三十卷，西晉

---

40 本部分公使庫刻書概況主要參考了瞿鏞《鐵琴銅劍樓藏書記》；張金吾《愛日精廬藏書志》；杜信孚、漆身起《江西歷代刻書》，江西人民出版社，1994 年；楊繩信《增訂中國版刻綜錄》，陝西人民出版社，2014 年。

41 公使庫本中以撫州公使庫所刻〈十二經〉最為著名。其《禮記鄭注》，據《中國版刻圖錄》「框高 20.2 公分，廣 14.7 公分，十行，行十六字，注文雙行，行二十四字。白口，四周雙邊，宋諱缺筆至慎字，卷末有淳熙四年(1177)撫州公使庫刻書人銜名七行」，另據《黃震日抄‧咸淳九年修撫州六經跋》云：「知當時刻有六經三傳，至咸淳時又添《論》、《孟》、《孝經》以足十二經之數」。

杜預注，唐陸德明釋文。

撫州公使庫淳熙年間（1174-1189）刊《略例注》一卷，唐刑璹撰。

台州公使庫淳熙八年（1181）刊《荀子》二十卷。

信州公使庫淳熙九年（1182）刊《潏水集》十六卷，李復撰。

泉州公使庫印書局淳熙十年（1183）刊《傳家集》八十卷，宋司馬光撰。

兩浙東路榮鹽司公使庫紹興三年（1133）刊《資治通鑒》二百九十四卷，宋司馬光撰[42]。

兩浙東路茶鹽司公使庫紹興二年刊《資治通鑒考異》二十卷，宋司馬光撰。

宋婺州公使庫刊《貞觀政要》十卷，唐吳兢撰。

兩浙東路茶鹽司公使庫紹興二至三年刊《資治通鑒》目錄三十卷，宋司馬光撰。

宋平江公使庫刊《白氏長慶集》七十一卷，唐白居易撰。

宋明州公使庫刊《孔叢子》三卷，舊題秦孔鮒撰。

鄂州公使庫淳熙十四年（1187）刊《花間集》十卷。

凡公使庫刻印的書籍，在版本學上稱為公使庫本。

（四）州（府、軍）縣刻書

據前人的著錄和現有的傳本可知，宋代幾乎各州〈府、軍〉縣之政府均有刻書，現將其刻印書籍情況略述於下[43]。

蘇州軍州咸平四年（1001）刊《大隋求陀羅尼》（經）一卷。

---

[42] 此本為宋時建本、鄂本、蜀本的祖本。宋元豐監本《資治通鑒》久佚，此本為流傳世諸刻中唯一的宋本。

[43] 本部分州(府、軍)郡、縣刻本主要據：陳振孫《直齋書錄解題》；莫友芝《邵亭知見善本書目》；傅增湘《藏園群書經眼錄》；江澄波、杜信孚、杜永康編《江蘇刻書》，江蘇人民版社1993年；羅樹寶《中國古代印刷史》；杜信孚、漆身起《江西歷代刻書》，江西人民出版社1994年；《浙江刻書文獻》見《歷代刻書概況》，印刷工業出版社，1991年，第529頁。楊繩信：《增訂中國版刻綜錄》，2014。

平江府紹興二十四年（1154）刊《備急總效方》四十卷[44]。

平江府嘉泰四年（1204）刊《嘉泰普燈錄》三十卷。

平江府紹定年間（1228-1233）刊《營造法式》三十六卷。

平江府署淳祐四年（1244）刊《張司業集》八卷，《附錄》一卷。

平江府淳祐辛亥（1251）刊《鶴山文集》一百卷。

常熟縣嘉定三年（1210）刊《琴川志》十五卷。

吳江縣政和元年（1111）刊《笠澤叢書》四卷，《補遺》一卷。

江陰軍天聖七年（1029）刊《國語》二十一卷。

江陰軍乾道七年（1171）刊《五代會要》三十卷。

江寧府嘉祐三年（1058）刊《建康實錄》二十卷。

建康府紹興三十年（1160）刊《六朝事蹟編類》二卷。

洪州豫章郡刊《三朝名臣言行錄》十四卷。

洪州豫章郡刊《于湖居士文集》四十卷。

洪州豫章郡刊《五朝名臣言行錄》十卷。

江州潯陽郡署淳熙三年（1176）刊《潯陽志》十二卷。

南康軍署寶慶年間（1225-1227）刊《南康志》。

南康軍嘉定十五年（1222）刊《儀禮經傳通解續》十五卷。

信州上饒郡署嘉泰年間（1201-1204）《上饒志》十卷。

饒州都陽郡署本嘉定年間（1208-1224）《饒州志》二卷。

新建縣署天聖元年（1023）刊《新建圖經》。

浮梁縣署咸淳六年（1270）刊《浮梁縣誌》。

南康道院正集嘉定十年（1217）刊《儀禮經傳通解》三十七卷。南康軍續集嘉定十五年（1222）刊《續》十五卷。

湖州宮廨乾道六年（1170）刊《北山小集》四十卷。

以上是州、（府、軍）縣政府的一些刻本，其內容豐富，涉及經、史、子、集各部，尤其地方誌的刊刻是一大特點。

---

[44] 傅增湘《藏園群書經眼錄》稱「此書字撫歐體，刊工陳忠見厰藏水經注及明州本文選補版中，寫刻既工，印尤精妙，桑皮瑩潔，墨采靜穆，真希世之珍也。」

（五）州（府、軍）郡、縣學刻本

宋代重視教育，各級政府都辦有學校，稱為州學、府學、軍學、郡庠、學宮、學舍、縣齋、縣學。其中很多書院和學校大都有學田、經費充足，人才濟濟，可以精校細勘，又是讀書講學、培養士子、崇尚傳統文化的地方，所以也多從事刻書。在古籍版本中，有所謂州軍學本、郡庠本、郡府學本、縣學本、學官本、學舍本、書院本等，就是各類學校所刻印的古籍版本。這些學校刻印書籍的範圍主要是選擇供學生閱讀的經、史、子、集以及各家對上述書籍的注釋和校勘本，此外也選印些歷代及當代名家的詩文集等。現據有關資料[45]，將宋代各地方學校的刻印本簡列於下：

1. 州、軍、學的刻本

這一級的刻印分布面也很廣，如果加在一起，其數量也是很大的。如：

黃州州學紹興十七年（1147）刻印王禹偁《小畜集》三十卷。

婺州州學紹興十七年（1147）刻印蘇洵《嘉祐集》十六卷。

撫州州學紹興二十二年（1152）刻印謝過《竹友集》十卷。

南劍州州學紹興二十七年（1157）刻印孫甫《唐宋論斷》三卷。

廬州州學刻印《孝肅包公奏議集》十卷。

揚州州學乾道二年（1166）湯修年刻印沈括《夢溪筆談》二十六卷。

潭州州學刻印《賈誼》新書十卷。

嚴州州學淳熙十三年（1177）印《唐柳先生集》四十五卷，《外集》、《附錄》各一卷。

台州州學嘉定年間刻印林師箴《天臺前集》三卷。

福州州學開慶元年（1259）刻印《西山真文忠公讀書記》甲集三十六卷，乙集二十卷，丁集八卷。

衢州州學刻印《三國志》六十五卷。

---

45 主要依據：沈德壽《抱經樓藏書志》；丁丙《善本書室藏書志》；陸新源《儀顧堂題跋》；張秀明著《中國印刷史》，上海人民出版社，1989年；羅樹寶編著《中國古代印刷史》，印刷工業出版社，1993年；李致忠《歷代刻書考述》，巴蜀書社，1990年。楊繩信：《增訂中國版刻綜錄》，2014。

贛州州學張之綱刻《文選》六十卷。

江陰軍學天聖七年（1029）刻印韋昭注《國語》二十一卷，《宋庫國語》音三卷。

宣州軍學紹興十年（1140）刻印梅聖俞《宛陵集》六十卷。

惠州軍學紹興二十一年（1151）刻印《眉山唐先生文集》三十卷。

建昌軍學乾道初刻印黃裳《演山集》六十卷。

興化軍學乾道七年（1171）刻印王溥《五代會要》三十卷。

邵武軍學刻印廖剛《高峰集》二卷。

撫州軍學淳熙二年（1175）刻印《謝幼槃集》十卷。

泉州軍州學淳熙三年（1176）刻印沈與求、沈忠敏，《龜溪集》十二卷，淳熙八年（1181）刻印《禹貢論》、程大昌《演繁露》六卷。

全州軍州學淳熙十二年（1185）刻印《集韻》十卷。

象州軍州學刻印慕容彥逢《離文堂集》十五卷。

高郵軍學紹熙三年（1192）刻印秦觀《淮南集》十卷，《後集》六卷，《長短句》三卷。

建昌軍學南豐縣主簿林宇沖慶元六年（1200）刻印《樂書》二百卷。

興國軍學嘉定九年（1216）刻印杜預《春秋經傳集解》三十卷，附陸德明《音義》五卷。

武岡軍學嘉定十七年（1224）刻印《司馬光文集》八十卷。

臨江軍學紹定六年（1228）刻印《朱文公校昌黎先生集》四十卷，《外集》十卷，端平元年（1234）刻印張洽《春秋注集》十一卷。

袁州軍學淳祐三年（1243）刻印《程公說春秋分紀》九十卷。

邵武軍學咸淳七年（1271）刻印補修後的《廖剛高峰集》十二卷。

安陸軍學淳熙三年（1176）刻鄭獬《郎溪集》二十八卷。

2. 郡庠本

泉南郡庠韓仲通紹興元年（1131）刻《孔氏六帖》三十卷。

吳興郡庠紹興八年（1138）刻《新唐書‧糾繆》二十卷。

宜春郡庠紹興三十年（1160）刻《唐盧肇文標集》三卷。

　　永州郡庠乾道元年（1165）刻柳宗元《柳州集》三十卷，《外集》一卷。

　　揚州郡庠乾道二年（1166）刻沈括《夢溪筆談》二十六卷。

　　臨汀郡庠乾道三年（1167）刻晁說之《嵩山文集》二十卷，《錢塘韋先生集》十八卷。

　　溫陵郡庠乾道四年（1168）刻蔡襄《忠惠集》三十六卷。

　　臨汝郡庠乾道五年（1169）刻徐積《節孝語錄》一卷。

　　高郵郡庠乾道九年（1173）刻秦觀《淮海集》四十九卷。

　　霸春郡庠淳熙三年（1176）刻王蘋《王先生集》八卷。

　　泉州郡庠淳熙九年（1182）刻《潛虛》一卷。

　　東甯郡庠嘉泰元年（1201）刻龔頤正《芥隱筆記》十卷。

　　衢州郡庠咸淳九年（1273）趙淇刻《四書朱子集論》二十六卷。

　　贛州郡庠陸墼刻《佃埤雅》二十卷。

　　零陵郡庠刻《唐柳先生外集》一卷。

　　嚴陵郡庠刻宋袁樞《通鑒紀事本末》四十二卷。

3. 郡、府本

　　臨安府學紹興九年（1139）刻賈昌朝《群經音辨》七卷。

　　嚴州府學淳熙二年（1175）刻袁樞《通鑒紀事本末》二百九十卷。

　　平江府學乾道六年（1170）刻《韋蘇州集》十卷，《拾遺》一卷。

　　泉州府學端平元年（1234）《真德秀心經》一卷。

　　鎮江府學咸淳元年（1265）刻《說苑》二卷，淳熙二年（1175）刻聶崇義《新定三禮圖集注》二十卷，寶祐四年（1256）刻《唐實錄》二十卷。

　　池州郡學慶元五年（1199）刻《胡簡銓忠簡先生文選》九卷。

　　池州郡學紹熙二年（1175）張釜刻其祖綱《華陽集》四十卷。

　　洪州豫章郡學刻印朱嘉《論語集義》三十四卷。

　　龍信州上饒郡學刻印蔡沈《書傳問答》一卷。

　　齊安郡學刻宋夏竦《集古文韻》五卷。

　　姑孰郡齋乾道六年（1170）刻洪遵《洪化集驗方》五卷；乾道七年
（1171）刻李檉《傷寒要旨》一卷，《藥方》一卷；乾道八年（1172）刻
楊侃輯《兩漢博聞》十二卷。

　　九江郡齋淳熙二年（1175）刻歐陽忞《輿地廣記》三十八卷。

　　池陽郡齋淳熙八年（1181）刻《文選注》六十卷。

　　南康郡齋淳熙十一年（1184）刻朱端章《衛生家寶產科備要》八卷。

　　嚴州郡齋淳熙十四年（1187）刻陸游《新刊劍南詩稿》二十卷。

　　尋陽郡齋廣元六年（1200）刻郭璞《輶軒使者絕代語釋呂國方言解》
十三卷。

　　筠陽郡齋嘉泰四年（1204）刻米芾《寶晉山林集拾遺》。

　　新安郡齋泰四年（1204）刻《皇朝文鑒》一百五十卷，《目錄》三十
卷。

　　滁陽郡齋嘉定四年（1211）刻《皇朝文鑒》一百五十卷，《目錄》三
十卷。

　　當塗郡齋嘉定十年（1217）刻朱嘉《四書章句集解》二十八卷。

　　衡陽郡齋嘉定十一年（1218）刻胡寅《致堂讀書管見》三十卷。

　　建寧郡齋嘉定年間刻徐天麟《兩漢會要》七十卷，寶慶二年（1226）
刻徐氏《東漢會要》四十卷。

　　嚴陵郡齋紹定元年（1228）刻魏野《鉅鹿東觀集》十卷等。

　　莆田郡齋淳裕九年（1249）刻《後村居士集》五十卷。

4. 縣學與學宮本

貴溪縣學淳熙十年（1183）刻印林鉞《漢雋》十卷。

汀州寧化縣紹興十二年（1142）刻《群經音辯》七卷。

黃岩縣學淳熙元年（1174）刻張九成《橫浦心傳錄》三卷，《橫浦日
新》一卷。

象山縣學淳熙十年（1183）刻林鉞《漢雋》七卷。

華亭縣學慶元六年（1200）刻《陸士衡集》十卷，《陸士龍集》十
卷。

崑山縣學淳祐十一年（1251）刻《玉峰集》三卷，《續》一卷。

永福縣學寶祐五年（1257）刻徐自明《宋宰輔編年錄》三十卷。

泉州縣學宮淳熙四年（1177）刻穆大昌《禹貢山川地理圖》二卷。

溧陽學宮嘉定三年（1210）刻《開元無寶遺事》二卷。

嘉泰十一年（1220）刻陸游《渭南文集》五十卷。

富川學宮端平三年（1236）朱鑒《詩傳遺說》六卷。

衢州學宮淳祐四年（1244）刻楊伯岩《六帖補》二十卷。

5. 書院本

宋代書院興盛，創辦者或為官府或為私人。一般都選擇風景區或名勝之地作為院址。都由當時著名的學者講學其間，以研習儒家經典為主，採用個別鑽研、互相問答、集眾講解等相結合的方式進行教學，對中國傳統的學術思想不僅進行弘揚，也起到了發展作用。反映在刻書上，校勘一絲不苟。通常學者對書院本評價甚高。據各家著錄可知，宋代許多書院都刻過書[46]，枚舉一二，列於下：

白鹿書院淳熙六年（1179）刻印朱熹編《論孟要義》。

白鹿書院宋末刻印朱熹《四書》。

梅溪書院淳熙十四年（1187）刻印王庭珪《盧溪先生集》五十卷。

白鷺州書院刻印班固撰，顏師古注《漢書》一百二十卷。

白鷺州書院刻印范曄撰，李賢注《後漢書》九十卷，劉紹撰《志》三十卷。

象山書院紹定四年（1231）刻印袁燮撰《絜齋家塾書鈔》十二卷。

龍溪書院淳祐八年（1248）刻印陳淳著《北溪集》五十卷，《外集》一卷。

婺州麗澤書院紹定三年（1230）刻印司馬光《切韻指掌圖》二卷。

泳澤書院淳祐六年（1246）刻印朱熹《四書集注》十九卷。

---

46 參見：錢曾《讀書敏求記》；楊繩信《增訂中國版刻綜錄》，陝西人民出版社，2014；魏隱儒、王金雨編著《古籍版本鑒定叢談》，印刷工業出版社，1984年；程煥之編《中國圖書論集》，商務印書館，1994年；毛春翔《古書版本長談》，上海人民出版社，1977年。

竹溪書院寶祐五年（1257）刻印方岳《秋崖先生小稿》八十三卷。

建安書院咸淳元年（1265）刻印《朱文公文集》100 卷，《續集》七卷，《別集》十一卷。

以上五個方面對州（府、軍）縣刻書做了一個梗概的描繪，很不全面，雖則如此，也能說明宋代學校刻書占的比重不少，是整個宋代刻書事業的一個重要組成部分。

二、私人刻書

兩宋時，伴隨著雕版印刷事業的繁榮，私人刻書亦如雨後春筍，層出不窮。私人刻書主要由私人出資刊刻，出版歸私人所有的刻本。

私刻本可分為家刻本、家（書）塾刻本和坊刻本。家刻本是個人雇請工匠或出資由刻書作坊刻印的書，大多刻自己或祖先的著作。其刻印的目的，主要是為了傳播、揚名或紀念，因此這類書往往以贈送為主，有時也透過銷售而收回部分成本，單純為營利的情況是不多的。在個人經濟寬裕的情況下，家刻本的刻板、用紙、印刷、裝幀等，往往都十分考究。因此，在家刻本中的善本很多。家塾刻書與家刻（又叫私宅）本在概念與性質上都沒有多大的區別，只是有些版本學著作為了敘述的方便，才把它們分開來介紹。在中國古代封建社會裡，官僚、地主、富商大賈，常常在自己家裡設學校，稱為家塾，聘師教授自己的子女。被聘的教師未必有什麼科第功名，但往往德高望重，具有真才實學。他們在教書的過程中，常常就自己的志趣所長，或著述，或校勘，或整理，注釋舊籍，依靠主人的財力，也兼事刻書。但大多數家塾本所刻的內容是向本族家塾學生提供學習和閱讀的書籍，多為儒家經典，啟蒙讀物以及名家的詩文集等。這類刻本除滿足本族需要外，也往往銷售一大部分來補充家塾的經費。

坊刻則是專門從事書籍印刷製作的工作坊所印的書，有自己的印刷所，根據其規模大小，長期雇傭一定的刻版匠、印刷匠和裝訂工。有的書坊以自家的人員為主，再吸收一些學徒。很多印書作坊的主人，本身就精

通刻板、印刷技藝。有的書坊主人，不但精通刻板技藝，也能從事編校書籍。往往編撰、出版、發行集中於一坊一肆。所以坊刻本常常名目新，刻印快、行銷廣，使整個宋代文化顯得十分活躍。為了降低成本，增加利潤，印刷技術的改革往往就出在坊刻這一類人中。

（一）私宅家塾刻書

這一類刻本中，北宋所印的書流傳甚少，而南宋時期刻本流傳最多，刻家也多[47]。如：

四川廣都費氏進修堂刻有大字本《資治通鑒》二百九十四卷。

臨安進士孟琪於寶元二年（1039）刻《姚鏽文粹》一百卷。

金台岳氏於慶曆六年（1046）刻《詩品》三卷。

建邑王氏世翰堂於嘉祐二年（1057）刻《史記索隱》三十卷。

瞿源蔡道潛墨寶堂於紹興二十二年（1143）刻《管子》二十四卷。

清渭何通直萬卷堂於紹興二十五年（1146）刻《漢雋》七冊。

麻沙鎮水南劉仲吉於紹興三十年（1160）刻《新唐書》二百五十卷，乾道年間刻《增廣黃先生大全文集》五十卷。

麻沙鎮南齋虞千里於乾道五年（1160）刻《王先生十七史》、《蒙求》。

吳興施元之三衢坐嘯齋於乾道八年（1172）刻王灼《頤堂先生文集》五卷。

錦谿張監稅宅於淳熙元年（1174）刻劉桓寬《鹽鐵論》十卷。

武谿遊孝恭德棻登俊齋於淳熙三年（1176）刻《三蘇文粹》六十二卷。

廉台田家於淳熙七年（1180）刻《顏氏家訓》七卷。

吉州東崗劉宅梅溪書院於淳熙十四年（1187）刻王庭珪《盧溪先生

47　參見：瞿鏞《鐵琴銅劍樓藏書目錄》；傅增湘《藏園群書經眼錄》；王重民撰《中國善本書提要》，上海古籍出版社，1983年；《浙江刻書文獻》見《歷代刻書概識》(印刷史料選輯之三)，上海新四軍歷史研究會印刷印鈔會編，印刷工業出版社，1991；謝水順、李政著《福建古代刻書》，福建人民出版社，1997年。楊繩信《增訂中國版刻綜錄》，2014。

集》五十卷。

建安魏仲立宅刻印《新唐書》二百二十五卷。

建安劉日新宅於開禧元年（1205）刻王家傳《童溪易傳》三十卷。

吉州周少傅府於嘉泰元年（1201）刻《文苑英華》一千卷。

祝太府宅於嘉熙三年（1239）刻祝穆《方輿勝覽前集》四十三卷，《合集》七卷，《續集》二十卷，《拾遺》一卷。

建寧府麻沙鎮虞叔異宅刻《括異志》十卷。

蜀中秀巖山堂於寶祐四年（1256）刻《增修互注禮部韻略》五卷。

建安劉叔剛宅刻《禮記注疏》六十三卷，《附釋音毛詩注疏》二十卷。

建安王懋甫桂堂刻《宋人選青賦箋》十卷。

眉山文中刻《淮海先生文集》二十六卷。

眉山程舍人宅刻《東略事略》一百三十卷。

姑蘇鄭定刻《重校添注柳文》四十五卷。

錢埔王叔邊家刻《前漢書》一百二十卷，《後漢書》一百三十卷。

婺州市門巷唐宅刻《周禮鄭注》十二卷。

婺州義烏酥溪蔣宅崇知齋刻巾箱本《禮記》五卷。

婺州東陽胡倉王宅桂堂刻《三蘇文粹》七十卷。

劉氏學禮堂於嘉定十六年（1223）刻《履齋示兒編》二十三卷。

隱士王氏取瑟堂於南宋初刻印《中說》十卷。

畢萬裔宅富學堂刻《李濤經進六朝通鑑博議》十卷。

胡元質當塗道院於乾道九年（1173）自刻《左氏摘奇》十二卷。

杭州淨戒院刻唐趙蕤《長短經》十卷。

嚴陵詹義民於嘉定五年（1212）刻《歐公本末》四卷。

茶陵譚叔端刻《淮南鴻烈解》二十一卷，《精選諸儒奧論策學統宗前編》五卷，《後集》八卷，《續集》七卷，《別集》五卷。

建安蔡子文東塾之敬室於治平三年（1066）刻《邵子擊壤集》十五卷。

　　建溪三峰蔡夢弼家塾於乾道七年（1171）刻《史記》一百三十卷。

　　建安陳彥甫家塾於慶元二年（1190）刻葉蕡《聖宋名賢》一百卷。

　　梅山蔡建侯行文家塾於慶元三年（1197）刻《百家注資治通鑑詳節》一百二十卷，《李學士新論林尚書尺牘》十六卷。

　　建安黃善夫家塾於紹熙年間刻《史記正義》一百三十卷，慶元元年（1195）刻《前漢書》一百二十卷。

　　建安劉元起家塾於慶元年間刻《漢書注》一百二十卷。

　　建安魏仲舉家塾於慶元六年（1200）刻《五百家注音辨昌黎先生文集》四十卷，《外集》十卷，《別集》一卷。

　　建安曾氏家塾刻《文場資用分門近思錄》二十卷。

　　建安虞氏家塾刻《老子道德經》四卷。

　　鶴林於氏家塾刻杜預《春秋經傳集解》三十卷。

　　蔡琪家塾刻《漢書集注》一百三十卷。

　　此外，正有刻印《隸續》等書的尤袤，刻印《南軒集》的朱熹，刻印《岑嘉州集》的陸游。刻印《九經》等書的廖瑩中等。從上可以看出私宅和塾刻本就內容而言，經、史、子集皆有，就地區而言，多分佈在浙江、福建、江西、江蘇、四川等地，據《天祿琳琅書目·茶宴詩》言：兩宋詩家刻書以「趙、韓、陳、岳、廖、余、汪」七家最有名。其中，趙指長江趙淇，韓指臨邛韓醇，陳指陳解元陳起〈陳氏當列為坊刻〉，岳指岳珂，廖指廖瑩中，余指建安勤有堂余氏，汪指新安汪綱[48]。以下則通過對朱熹、陸子遹、廖瑩中的刻書情況作以考察，於此可見一斑。

　　朱熹，字元晦，又字仲晦，號晦庵，別稱紫陽。徽州婺源人，僑寓福建建陽。朱熹一生在學術上頗有建樹，他不僅是一位著名學者，也是一位傑出的出版家，其刻書目的有二：一是傳播文化，二是謀生[49]。朱熹的友人張栻曾寫信勸阻朱熹說：「比聞刊小書板以自助，……雖是自家心安，不

---

[48]　《欽定天祿琳琅書目·茶宴詩》，百家諸子中國哲學書電子化計劃 https://ctext.org/library.pl?if=gb&file=107033&page=30

[49]　李玉、黃正雨編著，《中國藏書家通典》，香港：中國國際文化出版社，2005，頁 145。

恤他說。要是於事理，終有未順耳[50]」。朱熹則說：「別營生計，顧恐益猥下耳[51]」。可見朱熹將刻書當作較為清高的謀生之道。

朱熹刻過《周易》、《尚書》、《詩經》、《春秋左傳》、《論語》、《孟子》、《大學》、《中庸》、《禮記》、《論孟精義》、《近思錄》、《南軒集》、《獻壽記》、《永城學記》等。此外，他還幫助別人刻過不少書。朱熹刻書重視選擇底本，反復比較，確定之後，請書法較佳的書工認真抄寫，校勘無訛後才予以付梓。刻好版後，還要多次進行校勘，一旦發現錯誤，讓刻工立即改之。紹熙二年（1190）朱熹在臨漳主持刻印「四經」、「四子」，由於在刻印過程中出現錯誤，他立即找刻工改之：

> 向在彼刊得四經四子，當時校刊自謂甚仔細，今觀其間，乃猶有誤字，如《書‧禹貢》「厥貢羽毛」之「羽」誤作「禹」字，《詩‧下武》「三後在天」之「三」誤作「王」字，今不能盡記，或因過目，遇有此類，幸令匠人隨手改正也。古《易》音訓最後數版有欲改易處今寫去，所欲全換者兩版，並第二十四版之本行五字。此已是依原版大小及行字疏密寫定，今但只令人依此寫過，看令不錯誤，然後分付匠人，改之為佳[52]。

可見朱熹刻書態度認真嚴肅，與當時一些坊間的濫刻，形成鮮明的對比。

《南軒集》是著名學者張栻的文集，張栻與朱熹、呂祖謙在南宋時並稱「東南三賢」。《南軒集》在當時已有多種刻本流傳，但比較而言，以

---

[50] (宋)張栻撰，《南軒集》卷二一。《欽定四庫全書》本，百家諸子中國哲學書電子化計劃 https://ctext.org/library.pl?if=gb&file=790&page=28

[51] (宋)朱熹撰，《晦庵先生朱文公文集》卷二十四。《六安涂氏求我齋所刊書》本。百家諸子中國哲學書電子化計劃 https://ctext.org/library.pl?if=gb&file=82504&page=190

[52] (宋)朱熹撰，《晦庵先生朱文公文集》卷十一〈答藤德章〉。《六安涂氏求我齋所刊書》本。百家諸子中國哲學書電子化計劃 https://ctext.org/library.pl?if=gb&file=82492&page=123

朱熹刻本為優。別本主要收錄了張栻早期不成熟的「少作」，朱本除了收錄「少作」之外，還收錄了不少別本未發現的作品，別本往往隨便填補文中空字，朱本則保持本來的面目，暫付闕如。

朱熹參與刻書活動，事必躬親。在刻《禮記》時，書工一時難覓，朱熹為此還焦慮數日，由於他常與書工打交道，對於書工人甚為熟悉，對他們也很有感情，還寫詩來歌頌，如《晦庵集》裡曾有詩，曰《贈書工》：「平生久耍毛錐子，歲晚相看兩禿翁。卻笑孟嘗門下士，只能彈鋏傲東風[53]」。

朱熹直到晚年，仍堅持刻書。當時「《中庸章句》已刻成，尚須修一兩處，以《或問》未罷，亦未欲出，次第更一兩個月可了。大抵日困應接，不得專一功夫，今又目盲，尤費力爾。不知天意如何，且留得一隻眼，了些文字以遺後來，亦是一事。今左目已不可泊，而又頗侵右目矣[54]」。朱熹作為一位著名學者，既要讀書、講學和著述，還要接待不少來訪者，在「日困應接」之暇，仍刻書不綴，實屬不易，再加上晚年左目失明，其困難之大，可想而知。

陸子遹，山陰人，是宋代著名的刻書家與藏書家。陸子遹繼承父志，喜歡藏書，更喜歡刻書。他刻的書主要是其父陸游的著作，如《劍南詩稿》、《渭南文集》、《老學庵筆記》等[55]。陸游本人生前亦曾在嚴州刻過《劍南詩稿》二十卷，陸游死後，《續稿》六十七卷由子遹刻完。《渭南文集》刻於南宋寧宗嘉定十三年（1220），凡「游」字皆缺末筆，遇宋諱，或缺筆，或云「某某廟諱」。明弘治年間無錫華珵銅活字體，即據此本排印。《老學庵筆記》是陸游晚年退隱鏡湖之後的著作。此書陸游生前並未刊行，直到宋理宗紹定元年（1284）才由陸子遹印行。《直齋書錄解題》謂子遹曾刻其祖父陸佃《爾雅新義》於嚴州，《徂萊集》陸子遹刻於

[53] (宋)朱熹撰，《晦庵先生朱文公文集》卷十〈贈書工〉，明嘉靖壬辰(十一年，1532)福建按察司刊本。

[54] (宋)朱熹撰，《晦庵先生朱文公文集》卷六十一〈答林德久〉，明嘉靖壬辰(十一年，1532)福建按察司刊本。。

[55] 李玉安、黃正雨編著，《中國藏書家通典》，香港：中國國際文化出版社，2005，頁155。

新定。《嚴州新定續志》又言：「郡有經、史、詩文、方書八十種，中有《鉅鹿東觀集》一目，紹定元年陸子遹知嚴州時與潘閬《逍遙集》、楊樸《東里集》同刻，子遹後序對三氏詩歌造詣，推崇備至[56]」，可見陸子遹刻書不少。

　　至於陸子遹刻書品質如何，所得資料甚少，只知《渭南文集》一書中有刻工陳彬、吳椿、董澄、金滋、馬祖、丁松年、徐琪、邵亭、劉昭、馬良等，皆當時杭州地區良工，一生刻書不少[57]，由此可推，陸子遹的家刻本，從刻工到校勘、裝訂都是不錯的。

　　廖瑩中，號群玉，又號藥州，邵武人，書室名「世綵堂」，登科為賈師憲之客。常為太府丞，知某州[58]，又「賈師憲選十三朝國史、會要、諸雜說，如曾慥《類說》例，為百卷，名《悅生堂隨鈔》，板成，未及印，其書遂不傳。其所撰授引多奇書。廖群玉諸書則始開景福華編，備載江上之功，事雖誇而文可采。江子遠、李祥父諸公皆有跋。「九經」本最佳，凡以數十種比較，百餘人校正而後成。以撫州草鈔紙，油煙墨印造，其裝池以泥金為簽。或者惜其刪落諸經注，反不如韓，柳文為精妙。又有《三禮節》、《左傳節》、《諸史要略》，及建寧所開《文選》。其後又欲開手節《十三經注疏》，姚氏注《戰國策》、注東坡詩，皆未及入梓，而國事異矣[59]」。在廖瑩中所刻的群書當中，以《九經》，韓、柳二集秀雅絕作。廖氏為了刻好韓愈、柳宗元的文集，親自校訂，一絲不苟，「相傳刊書時用墨皆雜泥金麝香為之，此本為當時初印，紙寶墨光，醉心悅目[60]」。韓、柳二集各卷末刻有篆書的「世綵廖氏刻梓家塾」八字，板心下刻「世綵

---

[56] (宋)方仁榮、鄭瑤同撰，《嚴州新定續志》卷四〈書籍〉，宋景定間(1260-1264)刊鹹淳間(1265-1274)增修本。

[57] 參見張振鐸編著，《古籍刻工名錄》，上海市：上海書店出版社，1996 年。

[58] (宋)周密撰，《志雅堂雜鈔》卷二，清道光辛卯(11 年)六安晁氏活字印本。李玉安、黃正雨編著，《中國藏書家通典》，香港：中國國際文化出版社，2005，頁 162。

[59] (宋)周密撰，《志雅堂雜鈔》卷一，清道光辛卯(11 年)六安晁氏活字印本。

[60] (清)丁日昌撰，《持靜齋書目》卷四《韓昌黎集》，百家諸子中國哲學書電子化計劃。https://ctext.org/library.pl?if=gb&file=101947&page=558

堂」三字[61]。

廖瑩中除刻《九經》、《三禮節》、《左傳節》、《諸史要略》、韓、柳文之外，還有《論語》和《孟子》。《天祿琳琅續編》卷八《論語》一函三冊：「何晏集解，每卷末有『盱郡重刊廖氏善本』方印或亞字形。廖氏即廖瑩中，世所傳『世綵』，最為佳刻也」；又《孟子》：「趙歧注，每卷末亦有『盱郡重刊廖氏善本』各種印[62]」。另外據《梧州府志》記載：「姜泓，似宇巢雲，善畫花鳥，得徐黃遺意。又精於鑒賞。宋末以諸生遊賈秋壑之門，博學多才，一時名重。與廖瑩中極友善，廖氏世綵堂所刻書，皆姜所校刊[63]」。可見廖氏所刊之書，不僅紙墨精良，校勘之人也是飽學之士。

宋代家刻除了朱、陸、廖之外，蜀廣都費氏、麻沙鎮劉仲吉、建溪蔡夢弼、建安黃善夫、魏仲立、劉叔剛、眉山程舍人、姑蘇鄭定之等所刻的書，也為後人所寶愛。

（二）坊刻書

「坊」是書坊的簡稱，指以刊印銷售書籍為業的手工業作坊，又稱為書肆、書林、書堂、書棚、書鋪、書籍鋪等。凡由書坊刊印的書，統稱為坊刻本。書坊起源於唐代中、後期，最有名的是四川、淮南一帶的曆書、字書、小學及迷信讀物。到了五代，印書的地域有所擴大，印書的內容也由民間讀物發展到刻印經史一類著作，但其規模仍然很小。到了宋代，由於政府的提倡，大量印刷歷代經典，因而也刺激了坊刻的發展，而最為明顯的是印書為業的作坊，在一些地區很快發展起來，形成幾個印刷中心。其中最著名的是福建的建陽、建安，浙江的臨安、四川三地。

從當時的地緣上看，「古者江南不能與中土等。宋受天命，然後七

---

[61] (清)莫友芝撰，《宋元舊本書經眼錄》，北京市：北京圖書館出版社，2000 年。

[62] (清)彭元瑞等奉敕編，《天祿琳琅書目續編》卷八，光緒甲申年長沙王氏刊本。收錄於中華漢語工具書書庫第 87 冊，頁 1-228。

[63] (清)吳九齡修、(清)史鳴皋纂，《梧州府志》，臺北市：文行，1983。原書凡 24 卷民國 50 年臺北市成文據清同治 12 年刊本影印卷首至 17 卷，據清乾隆 35 年版補影印卷 18-24。

閩、二浙與江之東、西，冠帶詩書，翕然大肆，人才之盛，遂甲於天下[64]」。從中不難看出這三大刻書中心深厚的文化土壤，從而使得「南宋時，蜀、浙、閩坊刻最風行[65]」。

1. 福建的坊刻本

福建刻書，始於五代，興盛於兩宋。葉夢得曾言：「福建本幾遍天下[66]」。當時是：「五經四書澤滿天下，世號小鄒魯[67]」。葉昌熾的《藏書記事詩》中也言：「建寧書本滿人間，世歷三朝遠百蠻[68]」。在閩國王氏和後來吳越忠懿王錢俶在位時期，福州百姓特別信佛，為宣揚佛法，不惜遺力。這種信佛的風氣，一直影響到宋代，故在北宋時期，福州一地竟刻了兩部《崇寧藏》、《毗盧藏》佛藏和道藏。從中也可見其人力、物力之富盛。但北宋福州盛極一時的刻書事業，到南宋時大都衰落，起而代之為建寧書坊。

建陽縣與建寧府附郭的建安縣，是南宋坊刻的中心之一。建陽地處閩北武夷山區，盛產竹子和榕樹，竹易造紙，榕易雕版，具有發展刻書業的天然優勢。宋時，建陽的印本書籍被列為「土產」、「書籍行四方」。建陽縣西七十里的麻沙、水南、崇化及長平等地，書坊林立。尤其麻沙、崇化兩坊，號為「圖書之府」。麻沙鎮因其書坊多而集中，被稱作「書棚鎮」。劉克莊的《後村居士文集》記載：「建陽兩坊（指麻沙、崇化）墳籍大備，比屋弦誦[69]」。《建陽縣誌》也有記載「書市，在崇化里，比屋皆鬻書籍，天下商販者如織，每月以一、六集[70]」。可見刻書業在建陽地方經

---

[64] (宋)洪邁撰，《容齋四筆》卷五〈饒州風俗〉，百家諸子中國哲學書電子化計劃 https://ctext.org/library.pl?if=gb&file=89547&page=117

[65] 參見(清)陸心源撰，《儀顧堂題跋》。百家諸子中國哲學書電子化計劃 https://ctext.org/library.pl?if=gb&res=2418

[66] (宋)葉夢得撰，《石林燕語》卷八，明萬曆間會稽商氏刊本。

[67] 見馮繼科纂修，《建陽縣志》卷五，《天一閣藏明代方志選刊》影印寧波天一閣藏明嘉靖三十二年(1553)刻本(上海：上海古籍書店，1982年重印1962年本)。

[68] (清)葉昌熾撰，《藏書記事詩》，清光緒二十三年(1897)長沙學使署刊本。

[69] (宋)劉克莊撰，《後村居士文集》卷第二十一〈建陽縣廳續題名記〉，舊鈔本。

[70] 見馮繼科纂修，《嘉靖建陽縣志》卷三，《天一閣藏明代方志選刊》影印寧波天一閣藏明嘉靖三

濟中的重要地位。而供科舉夾帶用的書，又「百倍經史」。熊禾又說：
「書籍高麗、日本通[71]」，這也反映了建本產量之多，行銷之廣，不僅在國
內無遠不至，還行之今日的朝鮮和日本。根據有關資料，現將建陽、建安
兩縣的書坊匯記如下[72]：

　　建寧府黃三八郎書鋪

　　建寧書鋪蔡琪純父一經堂

　　建安萬卷堂

　　建安劉之間

　　建安江仲達群玉堂

　　建安虞平齋務本書堂

　　建安慶有書堂

　　建陽崇化陳八郎書坊

　　麻沙劉仲立

　　麻沙劉智明

　　麻沙劉將仕宅

　　麻沙劉通判宅

　　建安余恭禮宅

　　建康余唐卿明經堂

　　建安余彥國勵賢堂

　　余氏廣勤堂

　　建安余仁仲萬卷堂

　　余靖安勤有堂等。

　　十二年(1553)刻本(上海：上海古籍書店，1982 年重印 1962 年本)。

[71] (宋)熊禾撰，《勿軒集》卷四〈書坊同文書院上樑文〉，百家諸子中國哲學書電子化計劃
　　　https://ctext.org/library.pl?if=gb&file=1314&page=21

[72] 參見黃虞稷《千頃堂書目》；陸心源《皕宋樓藏書志》；謝水順著《福建古代刻書》福建人民出
　　　版社 1997 年出版；方彥壽《建陽古代刻書通考》見《出版史研究》葉再生編 1998 年 2 月，第六
　　　輯，中國書籍出版社；謝水順，《略說福建的刻書》、《歷代刻書概括》、《印刷史料選輯》之
　　　三，上海新四軍歷史研究會印刷印鈔分會編，印刷工業出版社 1991 年。

　　從一些文獻記載和目錄書的著錄來看，建安建陽書坊的刻書內容主要是經、史、子、集各類，還有一些民間日用書和啟蒙書，可惜流傳下來的只是其中的一小部分。一般宋刻經、子書名前有纂圖、互注、重言、重意標題者，大都出於坊刻，以供士人帖括之用。如《纂圖附釋音重意重言互注尚書》、《纂圖互注荀子》等。在以上的書坊中，最有名的是余氏各書坊。從北宋起，余氏世代就以刻書印刷為業。葉德輝對此有專評，余氏勤有堂，「居於建陽縣之書林，於他處購造紙料，印記『勤有』二字，紙版俱佳，是以建安書籍盛行[73]」。又言「宋刻書之盛，首推閩中，而閩中尤以建安為最，建安尤以余氏為最，且當時官刻書亦多由其刊印[74]」。

　　據《余氏宗譜》[75]，余氏先祖余祖煥，於南北朝時始居閩中，到宋初已傳到十四世，徙居建安書林，從事刻書。余氏最早使用的堂名為萬卷堂，其它較為有名的是勤有堂、勵賢堂、雙桂堂等，而「勤有堂」名稱一直使用到明末。余氏歷宋元、明營業長達五、六百年之久，這在世界出版史上也是極其少見的。余氏刻書最興旺的時期是南宋，有余恭禮、余唐卿、余彥國、余氏廣勤堂、余靖安（靜庵）、余仁仲等六家。而其中最有名的，刻書最多、最快，行銷最廣的是余仁仲萬卷堂。他刻印的書中最著名的是《九經》，如淳熙七年（1180）刻《尚書精義》五十卷、紹熙四年（1193）刻《春秋穀梁傳》十二卷等，都是很有名的版本。另外還刻有《周禮》、《禮記》等。余氏其他諸家有余恭禮於嘉定九年（1219）刻《活人事證方》十卷。余唐卿明經堂寶祐元年（1254）刻《類證普濟本事方》十卷，《後集》十卷。余靖安勤有堂則繼承了余氏祖上的堂名，最有名的刻本是《古列女傳》[76]。余靖安這一支傳至理宗時的余文興，不但繼承了勤學堂的老字號，而且自己還號稱勤有居士。

---

[73] (清)葉德輝著，《書林清話》卷二，百家諸子中國哲學書電子化計劃 https://ctext.org/wiki.pl?if=gb&chapter=311771

[74] (清)葉德輝著，《書林清話》卷二，百家諸子中國哲學書電子化計劃 https://ctext.org/wiki.pl?if=gb&chapter=311771

[75] 肖東發〈建陽余氏刻書考略〉，見《歷代刻書概況》，印刷工業出版社，1991，頁90。

[76] 肖東發〈建陽余氏刻書考略〉，見《歷代刻書概況》，印刷工業出版社，1991，頁93。

　　建安、建陽其他各家書坊刻印的情況大體是[77]：建寧府黃三八郎書鋪，於乾道元年（1165）刻《韓非子》二十卷，乾道五年（1169）刻《廣韻》五卷。建陽麻沙書坊於紹興十年（1140）制《曾慥類說》五十卷，紹興二十三年（1153）刻《皇宋事實類苑》七十八卷，又刻《論學繩尺》十卷，《十先生奧論》四十卷。蔡琪一經堂于嘉定元年刻《漢書》一百二十卷。建寧府陳八郎書鋪刻《賈誼新書》十卷，建安江仲達群玉堂刻《回瀾文鑒》十五卷。

　　福建其他書坊還有：武夷詹光祖月屋書堂於淳祐年間刻《資治通鑒綱目》五十九卷。南劍州雕匠葉昌於紹興三十一年（1130）刻程俱《班左誨蒙》三卷。

　　福建刻本稱為「閩本」、「建本」、「建安本」，建陽麻沙鎮所刻的書，稱為「麻沙本」。「麻沙本」因為粗製濫造，志在圖利，誤文脫簡，觸目皆是，被當時人看不起，幾乎成了劣本或惡本的代名詞。又用柔木刻板，字劃容易損壞模糊，又用本縣的土竹紙印書，顏色發黑，紙質暗薄。因為內容與材料形式都有一定的問題，所以給人感覺不佳。但建本品種繁多，成本低廉，幾遍天下，因此流傳到現在的宋版書，以建本為多，自然其中也不乏刻書精美與有學術價值的作品。

2. 江浙坊刻書

　　江浙一帶刻書地區遍佈臨安、吳興、紹興、衢州、婺州、明州、台州、嚴州各地。其中當首推臨安。1967 年，浙江里安縣仙岩的慧光寺佛塔裡，發現了一部北宋初刻的《大悲心陀羅尼經》，經卷尾有「明道二年十二月日太中，大夫尚書兵部侍郎致仕上柱國賜紫金魚袋胡則印施」兩行文字[78]。胡則，字子正，浙江永康人，北宋端拱二年（989）進土，曾知永嘉郡[79]。該經本書法雋秀，鐫梓精美，墨印清晰，是早期浙江雕版印刷品中的

---

[77] 楊繩信編著，《中國版刻綜錄》，陝西人民出版社，1987 年。

[78] 嚴佐之著，《古籍版本學概論》，上海：華東師大出版社，1989 年，頁 27-28。

[79] (元)脫脫撰，《宋史二百九十九・列傳第五十八・胡則傳》，明成化十六年(1480)兩廣巡撫朱英刊嘉靖間南監修補本。

精品。宋人葉夢得就曾言「今天下印書，以杭州為上[80]」，慧光寺藏經的發現證實了葉氏所論決非妄言，同時也說明了在宋代的刻書業中，杭州所占的重要地位。其實早在唐五代時，杭州就出現了不少刻本，在這個基礎上，造就了一批刻板、印刷的能工巧匠，到了宋代，其刻印技藝更加成熟，居全國之冠。北宋時，國子監的很多書籍，都由汴梁送往杭州開雕，從而又促進了杭州印刷業的進一步發展。到了南宋，杭州是全國的首都，且是政治、經濟、文化的中心，成為人文薈萃，商旅雲集的江南第一都會。隨著政治地位改變所帶來的一系列的變化，使杭州的刻書事業處於十分優越的地位。印刷業更加蓬勃的發展起來。

南宋時，京城臨安（杭州）不僅官刻，私家刻書蜂起雲湧，還書坊林立。其名稱也較多，稱為「經鋪」、「經坊」、「經箱鋪」、「經書鋪」、「書箱鋪」、「文字鋪」等[81]。他們刻印的書籍，內容十分廣泛，不但有經、史、子、集及各種儒林著作，也有各種醫書、技術書、話本及民間讀物和佛經。杭州書籍鋪有名可考的是[82]：

臨安府棚北大街陳解元書籍鋪
臨安府北睦親坊南陳宅書籍鋪
臨安府洪橋子南河西岸陳宅書籍鋪
臨安府鞔鼓橋南河西岸陳宅書籍鋪
臨安府太廟前尹家書籍鋪
臨安府眾安橋南街東賈官人經籍鋪
臨安府修文坊相對王八郎家經籍鋪
錢塘門里東橋南大街郭宅經鋪
保佑坊前張官人經、史、子文籍鋪
行在棚南街前西經坊王念三郎家

[80] (宋)葉夢得撰，《石林燕語》卷八，明萬曆間會稽商氏刊本。

[81] 張秀民著，《中國印刷史》，上海：上海人民出版社，1989年，頁70。

[82] 參見嚴佐之著，《古籍版本學概論》華東師範大學，1989年版；崔富章〈浙江的刻書與藏書〉，見黃建國、高躍新主編《中國古代藏書樓研究》，中華書局1999年；楊繩信《中國版刻綜錄》，陝西人民出版社1987年及《增訂中國版刻綜錄》，2014。

杭州沈二郎經坊

杭州貓兒橋河東岸開箋紙馬鋪鐘家

太學前陸家

鋪塘王叔邊

錢塘俞宅書塾

杭州大隱坊

臨安府中瓦南街車開印輸經史書籍榮六郎家

杭州積善坊王二郎

桔園亭文籍書房

臨安趙宅書籍鋪

臨安李氏書籍等。

　　其中一些字號是從東京開封遷到杭州的。如榮六郎家原住東京大相國寺東，隨著北宋的滅亡而南遷杭州，繼續從事刻書事業。當時由東京遷來的書坊，可能不止榮六郎一家。在杭州諸多書坊中最有名的要算陳起父子。陳起，又名陳彥才，字宗之，號芸居，是南宋臨安最著名的出版家[83]，「能詩，凡江湖詩人皆與之善，嘗刻《江湖集》以售[84]」。陳起的書坊位於臨安棚大街睦親坊南，坊內藏書處名芸居樓，樓內書堆積如山。陳起酷愛讀書，能寫一手好詩，有《芸居乙稿》行世。陳起當時與許多讀書人建立了良好的關係，他的書坊成了文人學士的學術活動中心，南宋詩人劉克莊曾詩贈陳起：「陳侯生長繁華地，卻似芸居自沐薰。鍊句豈非林處士，鬻書莫是穆參軍。雨簷兀坐忘春去，雪案清淡至夜分。何日我閑君閉肆，扁舟同泛北山雲[85]」。其它如鄭斯立、黃祐甫、周文璞、訴裴、俞桂、徐從善、周端臣、朱繼芳、黃文雷、危慎、吳文英、釋庭芳等數十人都與之有深交。此外，陳起還經常贈書予無錢購書之文士。

---

[83] 李玉安、黃正雨編著，《中國藏書家通典》，香港：中國國際文化出版社，2005，頁 133。

[84] 參見方回《瀛奎律髓》卷二十。百家諸子中國哲學書電子化計劃 https://ctext.org/library.pl?if=gb&file=207377&page=156

[85] (宋)劉克莊撰，《後村居士文集》卷第七〈贈陳起〉，舊鈔本。

　　陳起刻書內容，歸納起來，主要有兩大類：第一，唐詩別集。王國維先生對陳起刻書評價甚高：「今所傳明刊十行十八字本唐人專集、總集，大抵皆出陳宅書籍鋪本也。然則唐人詩集得從流傳至今，陳氏刊刻之功為多[86]」。清光緒二十一年（1895）元和江標輯《唐人五十家小集》，均據陳起刻本翻刻。第二，宋江湖詩人作品集。陳起刻印發行的辦法是收集一批，刻印一批，發行一批。據《永樂大典》所錄，有《江湖集》、《江湖前集》、《江湖後集》、《江湖續集》、《中興江湖集》諸部。《四庫全書》共著錄了《江湖小集》和《江湖後集》。《江湖小集》收有六十二家作品，《江湖後集》收有四十九家作品，二者之和，計一百二十一人。另《四庫全書總目・江湖小集提要》言：「且洪邁、姜夔皆孝宗時人，而邁及吳淵位皆通顯，尤不應列之江湖，疑原本殘缺，後人掇拾補綴，已非陳起之舊矣[87]」。陳起死後，其子陳續芸繼刻印賣書籍。

　　杭州的坊刻本，除陳氏外，第二就是臨安府太廟前尹家書籍鋪了，其刻有《釣磯立談》一卷，《澠水燕談錄》十卷，《北戶錄》三卷，《茅亭客話》十卷，《述異記》二卷等。其他書籍鋪的刻書情況，因年代久遠，著錄甚少，故記載很少。如王念三郎家刻印過《金剛經》，榮六郎家經史書籍鋪，於紹興二十二年（1152）重刻《抱朴子》；錢塘門里東橋南大街郭宅經鋪刻《寒山拾得詩》一卷。杭州大隱坊於政和八年（1118）刻《重校正朱肱南陽活人書》十八卷。

　　江浙的坊刻，除了杭州外，越州、婺州、明州、衢州、嚴州等地，也都有一定數量的坊刻本。其它書坊有[88]：

　　婺州市門巷唐宅

　　婺外義烏青口吳宅桂堂

　　義烏縣酥溪蔣宅崇知齋

---

[86] 王國維撰，〈兩浙古刊本考〉，民國十六年(1927)海寧王氏觀堂遺書刊行會排印本。

[87] 《欽定四庫全書總目》卷一百八十七，〈總集類二・江湖小集〉，百家諸子中國哲學書電子化計劃 https://ctext.org/library.pl?if=gb&file=76580&page=55

[88] 楊繩信編，《宋元版刻綜錄》，陝西人民出版社，1987 年。

婺州東陽胡倉王宅桂堂

東陽崇州余四十三郎宅等家。

其他書坊無明確記載的，是私人刻還是坊刻已很難考。

3. 四川及其他地區的坊刻

四川經濟、文化素稱發達，自古即有「天府」之譽，中唐以後，益州逐漸成為全國政治重心之一，加上蜀地山林茂密，木材豐富，紙張品種很多，這些都是發生雕版印刷的有利條件，所以唐五代時期，四川一直都是刻書的中心。五代時，毋昭裔：「出私財營學宮，立黌舍，且請後主鏤板，印九經，由是文章復興。又令門人孫逢吉、勾中正書《文選》、《初學記》、《白氏六帖》，鏤版行世」[89]。北宋建立時，「會藝祖好書，命使盡取蜀文集諸印本歸闕，忽見卷尾有毋氏名，以問歐陽炯，炯曰：此毋氏家錢自造。藝祖甚悅，即令以板還毋氏。是書其時遍於海內」[90]。

由於蜀刻技術先進、刻功精良，太祖在開寶四年（971），派人到成都主持開雕《大藏經》，就是著名的《開寶藏》。《開寶藏》多達五千多卷，它的刊刻充分顯示了北宋初期四川地區刻書的實力。北宋蜀刻的中心在成都。南宋時，蜀中又相繼刻印了《太平御覽》、《冊府元龜》等大型類書，其刻書中心已逐漸移至成都西南的眉山。眉山刻書很多，最著名的是井憲孟所刻的七史。《郡齋讀書志》對之有記載：

> 嘉祐中，以《宋》、《齊》、《梁》、《陳》、《魏》、《北齊》、《北周》舛謬亡闕，始詔館職讐校。曾鞏等以秘閣所藏多誤，不足憑以是正，請召天下藏書之家悉上異本，久之始集。治平中，鞏校定《南齊》、《梁》、《陳》三書上之。劉恕等上《後魏書》，王安國上《北周書》。政和中，始皆畢。頒之學官，民間傳者尚少，未幾，遭靖康丙午之變，中原淪陷，此書幾亡。紹興十四年，井孟憲為四川漕，始檄諸州學官求當日所頒本。時四川五十餘

---

[89] (清)吳任臣撰，《十國春秋》卷四十九〈毋昭裔傳〉，清乾隆五十三年(1788)昭文周昂重刊本。

[90] 孫毓修著，《中國雕版源流考》，上海：商務印書館，1933年，頁23。

　　州皆不被兵，書頗有在者，然往往亡闕不全，收拾補綴，獨少《後
　　魏書》許卷。最後得宇文秀蒙家本，偶有所少者，於是七史遂全，
　　因命眉山刊行[91]。

　　這就是眉山七史。因為字大如錢，又稱為蜀大字本。眉山七史，每半
葉九行，印本多模糊，有人稱它為邋遢本。明洪武時，取天下書版入南京
國子監，則成為南監本的一員，元時有修版。嘉靖、萬曆、崇禎有補版，
所以又稱眉山七史為三朝本。至清代尚存江寧藩庫，後因藩庫失火，版始
毀滅。眉山七史書版前後經七百餘年，可以說是刻書史存在時間最長的一
種。

　　四川的坊刻本五代至兩宋都很發達，但可考者甚少。如萬卷堂刻《新
編近時十便良方》，崔氏書肆刻《南華真經論》等[92]。另外成都附近的廣都
縣以產楮皮紙、竹紙而成名，元費的《蜀箋譜》裡有記載，蜀中經、史、
子集多用廣都紙傳印。由此可知，廣都的坊刻本顯然不止一家。

　　此外，在江西有新喻吾氏刻《增廣太平惠民和劑局方》十卷，德興董
應夢集古堂紹興三十年（1160）刊《重廣眉山三蘇先生文集》八十卷等[93]。
在秦中者，有咸陽書隱齋。在晉中者，河津王氏取瑟堂刻《中說注》十
卷，汾陽博濟堂刻《十便良方》四十卷[94]。湖南的長沙、廣東的潮州、廣西
的柳州、象州等地，在南宋時，也都有印書作坊。可見南宋的坊刻本幾乎
遍佈全國各地。在南宋杭州的坊刻本中，榮六郎家就由汴京遷去，據北宋
時汴京的繁榮狀況尤其大相國寺周圍書坊林立，可見其坊刻書也很發達。
宋張擇端的《清明上河圖》中，就有當時的書坊，這也成為古代坊刻的寶
貴資料。

[91] (宋)晁公武撰，《郡齋讀書志》卷五〈正史類編年類〉，清光緒甲申(十年;1884)長沙王先謙校刊本。

[92] 顧廷龍〈唐宋蜀刻本簡述〉見《裝訂源流社補遺》，中國書籍出版社，1993年。

[93] 參見杜信孚撰，《江西歷代刻書》，江西人民出版社，1994年。

[94] 劉緯毅，〈山西古代刻書考略〉，見《歷代刻書概況》，印刷工業出版社，1991年。

三、民間刻書

　　民間刻書，主要指寺、觀祠堂的刻書，其資金來源，有時也由國家出資，但大多數是寺觀自己募集資金和家族祠堂集體捐資刻書。故其既非官刻，也非私刻，而是介於二者之間的一種民間集體刻書形式。

　　北宋，神宗時，「福州東禪等覺院住持慧空大師沖真於元豐三年庚甲歲謹募眾緣，開雕大藏經一付」[95]，全藏共六千一百零八卷，一千四百四十部，分裝五百八十函，收書量大大超過了《開寶藏》，因卷帙浩繁，且又為民間刻書，所以費時久長，直至宋崇寧二年（1103）方始完工。這套《福州東禪寺大藏》，又稱《福州藏》、《東禪藏》、《崇寧藏》或《崇寧萬壽藏》。

　　政和年間，蘇州釋慶善刊《西漢詔令》十二卷。慶善，俗姓林名慮，字德祖，福建福清人，「紹興四年始登進士，敬授常州，遷揚州、擢河北西路提舉學事，除開封府左司錄。時府尹以佞幸進，有所不樂，遂納祿去，歸隱蘇州大雲境，自號大雲翁」[96]，後刊《西漢詔令》。

　　徽宗政和三年（1113），福州蔡俊臣、陳詢等組織刻經會，在開元寺僧本悟的主持下，歷四十餘年，於南宋紹興二十一年，又刻成一部大藏經，世稱《開元藏》或《毗盧大藏》。

　　南宋紹興二年（1132）起，由王永從及其弟、侄眷屬和主持釋宗鑒、淨梵等主持，在湖州思溪園禪院雕印大藏經，世稱《思溪園覺藏》，共五千四百八十卷。孝宗淳熙二年（1175），安吉州思溪法寶資福禪院又雕印大藏經，世稱《思溪資福藏》。共五千七百零四卷。理宗紹定四年（1231），由藏主法忠，功德主清主，沙門德璋、志清等共同主持，在平江府磧砂延聖院開刻大藏經，世稱《磧砂藏》，共六千三百六十二卷。這些佛典大藏的雕印，均有寺僧主持完成，具有強烈的民間宗教色彩。

　　紹興二十七年（1157）姑蘇景德志刊《翻譯名義集》七卷。此書由景

[95] 李致忠，〈宋代的刻書機構〉，見《北京出版史志》第 11 輯，北京出版社，1998 年。
[96] 江澄波編，《江蘇刻書》，江蘇人民出版社，1993 年，頁 8。

德志普潤大師法雲編，前有紹興丁丑周敦熙序。每半頁六行，注雙行，行二十字，大字約占小字四版心有開經人名字。內有「信人錢開張浩答四恩有三」、「馬圭開報四恩」、「宋太尉宅施錢十四貫」等言[97]，由此不難看出其資金主要來自信人之募集捐助。

此外，嚴陵趙氏祠堂於嘉定十四年（1221）刻印了《復齋易說》六卷，是為宋代集體資金刻書之明證，其也帶有明顯的民間色彩[98]。

四、宋刻的外傳

宋代刻書業的發達，帶來了我國圖書交流史上的第二次外傳高潮。大量宋刻本流向國外，為中國文化在亞洲的傳播做出了重要的貢獻。

（一）北傳高麗

中朝兩國文化聯繫密切，漢文圖書在朝鮮的流通，最早可以上溯到西元四世紀朝鮮三國時期。朝鮮相對應兩宋，是高麗王朝時期（918-1392），此時儒家經典已在高麗廣泛流傳。958 年，高麗實行科舉制，儒學始興。1084 年，又規定進士三年一試，主要考試內容是儒家的三禮、三傳。高麗私學教授的內容也是以儒家經典：《周易》、《尚書》、《毛詩》、三禮、三傳為主。這樣民間「閭閻陋其巷間，經館書舍，三兩相望」，儼然「有齊魯之氣韻」[99]。這樣，高麗社會內有著對大量漢籍的需要。

宋刻東傳高麗，主要有兩種途徑。首先是官方管道。儘管宋與高麗之間有遼、金阻隔，但兩國仍有使者往來。高麗經常遣使赴宋請書，且內容廣博，涉及各個領域。淳化四年（993）高麗求板本九經，以敦儒教，詔賜之。大中祥符九年（1016），賜高麗書七函經史、曆日、《惠聖方》。天

---

[97] 江澄波編《江蘇刻書》，江蘇人民出版社，1993 年，頁 9。

[98] 李致忠〈宋代的刻書機構〉見《北京出版史志》第 11 輯，北京出版社，1998 年。

[99] (宋)徐兢撰，《宣和奉使高麗圖經》卷四十，清康雍間(1662-1735)鈔本。

禧五年（1021），高麗遣使請陰陽地理諸書。翌年，宋之使臣攜去陰陽二宅書。哲宗時，高麗遣使金上琦請求購買刑法諸書及《太平御覽》、《開寶通禮》、《文苑英華》，詔賜《文苑英華》，其它未與[100]。

　　宋與高麗之間有遼、金相隔，所以宋朝廷對宋刻外傳高麗也多有顧慮。蘇軾曾作《論高麗進奉狀》：「使者所至，圖畫山川，購買書籍。議者以為所得賜予，大半歸之契丹。雖虛實不可明，而契丹之強，足以禍福高麗。若不陰相計構，則高麗豈敢公然入朝中國？有識之士，以為深憂[101]」。元祐八年（1093），高麗求買書，蘇軾上奏表示反對：「中國書籍山積於高麗，而雲布於契丹」，「使敵人周知山川險要，邊防利害，為患至大[102]」。但朝廷未採納，高麗使臣仍買了大量漢籍而歸，特別是唐宋以來著名文人的詩文集，如李白、杜甫、白居易、蘇東坡、柳宗元等人的文集大量傳入高麗。

　　儘管宋朝出於邊防考慮，禁止民間與高麗的書籍貿易，但仍有宋商將書籍運往高麗。宋商李文通一次運至高麗書籍達 597 卷。宋商徐戩因「受酬答銀三千兩」而為高麗政府在杭州雕造《夾注華嚴經》2900 全片。1192年，有宋商將朝廷嚴禁出口的《太平御覽》一千卷，獻給高麗王朝，高麗王朝大喜過望，賜其白銀 60 斤[103]。

　　宋代的書籍在高麗東傳，還有一種方式，就是在高麗製版刊行。由於高麗王朝重視與社會需要，許多書籍都由國王下令執行。如，慶曆二年（1042），高麗東京副留守崔顥等奉王命刊《漢書》、《唐書》。1045年，秘書省進新刊《禮記正義》和《毛詩正義》。1058 年，忠州版進新刊《傷寒論》等漢文醫籍[104]。

---

[100] 〈諸次求書〉見彭斐章著，《中外圖書交流史》，河南教育出版社，1998 年，頁 71。

[101] (宋)蘇軾撰，《東坡奏議》卷六〈論高麗進奉狀〉，明成化四年(1468)吉州刊蘇文忠公全集本。

[102] (宋)蘇軾撰，《東坡奏議》卷十三〈論高麗買書利害劄子三首〉，明成化四年(1468)吉州刊蘇文忠公全集本。

[103] 彭斐章著，《中外圖書交流史》，河南教育出版社 1998 年出版，頁 72。

[104] 李瑞良著，《中國古代流通史》，上海人民出版社，2000 年，頁 301。

　　總之，通過多種方式，宋刻東傳到高麗，擴大了宋文化在朝鮮半島的影響。

（二）東渡日本

　　中日文化交流，早在唐代就形成高潮。五代亂世，交流減少。到宋，盡管邊疆多事，但與日本長期相安無事，雙方商貿活動頻繁，文化交流揭起第二次高潮。

　　宋初，日本處於平安時代，對外消極封鎖，政府沒有派留學生入華，入宋僧侶也不多。但事實上，文化交流未因此而終斷。當時的日僧入華，都是在其政府的允許之下的，並多攜帶日本雕印的佛經佛像和中國已散佚的典籍及日本僧人的佛學著作，乘商船來華。太平興國八年（983），日僧奮然與其徒五六人，乘中國商人陳仁爽的商船至台州，次年到開封，獻日本國的《職員令》、《王年代紀》，還獻了中土佚書《孝經鄭氏注》一卷。然求印《大藏經》，太宗詔給之，特賜贈開寶年間敕版印刷的《大藏經》與新譯經 286 卷。然回國後，撰《入宋日記》四卷，其後又遣弟子嘉因等來宋，進表稱謝。

　　咸平六年，寂照奉師源信之命，渡海來華向四明名僧知禮問天臺教義，《全宋文》卷一七九收有源信來涵及知禮《答日本國師二十七問》。寂照來宋後，也曾收集典集。如卿源從英曾給寂照家信，「所諮唐曆以後書籍及他內外經書，未來本國者，因寄便風為望。商人重利，惟載輕貨而來，上國之風絕而無聞，學者之恨在此一事[105]」。

　　神宗熙寧五年（1072），成尋率弟子來華，居住太平興國寺傳法院，經宋朝廷賜予，得到顯聖寺印經院的印本新譯經 278 卷，《蓮華心輪回文偈頌》1 部 25 卷，《秘藏詮》1 部 30 卷，《逍遙詠》I 部 11 卷，《緣識》1 部 5 卷，《景德傳燈錄》1 部 33 卷，《胎藏教》3 冊，《天竺字源》7 冊。《天聖廣德錄》30 卷，共 413 卷冊，寄回日本[106]。他還透過借抄，並

---

[105] (宋)江少虞撰，《皇朝類苑》卷四十三〈日本僧〉，日本元和七年(1621)銅活字本

[106] 彭斐章著，《中外圖書交流史》，見季羨林主編《中外文化交流史叢書》，河南教育出版社，1998 年，頁 76。

在市間搜購漢文圖書多種。這些書籍，都由他的弟子賴緣等人帶回日本。此事例在《參天臺五臺山記》中屢有記載。

　　南宋以後，日本進入鎌倉時代，對外政策較為開放，來華日本人僧人增加，因此時，許多日本僧來華修習禪宗，把更多的佛教典籍傳回日本。1241 年，日本名僧圓爾辯圓歸國時帶回典籍數千卷，其弟子師煉曾言：「蓋爾師歸時，將來經籍數千卷，見今普門院書庫，內外之書充棟焉[107]」。

　　除了佛學典籍外，程朱理學著作也在日本流通。上述圓爾辯圓回國時，在其攜帶約大批漢籍中，有不少儒家經典，如朱熹的《大學或問》、《中庸或問》、《孟子集注》等。也有一些南宋學者去日本傳授理學。若南宋末年廣東學者李用，於德祐二年（1276），讓其婿熊飛起兵勤王，兵敗，李用東走日本，授《詩》、《書》和濂洛之學，日人稱為夫子，後卒於日本。由之，理學開始在日漸行。此外，在日鎌倉幕府及其各級政府的高價搜求之下，《太平御覽》、《五代史記》等漢籍也東傳至日本。總之，大量宋刻本東渡日本，對日本後來的五山文化影響巨大，且為江戶時代儒學的興盛，打下良好的基礎。

（三）南下越南

　　兩宋、越南與中國的經濟文化聯繫非常頻繁。據《宋史》、《宋會要》不完全統計，交趾、占城入華朝貢有五十多次。真宗時，中國的印刷品大量流入越南。此外，當時兩國民間貿易也較發達。南宋時，從泉州港前往越南的商賈船成群結隊，從中國輸往越南的貨物，其中很重要的一項就是紙筆書籍。儘管當時曾禁止私人與蕃國貿易，「太平興國初，私與蕃國人貿易者，計直滿百錢以上，論罪」，但「元豐中，禁人私販，然不能絕[108]」。

　　由於中國書籍與印刷術傳往越南，其文化教育得到了迅速發展。宋時

---

[107] 楊玲撰，《宋刻研究》，中國西北大學碩士學位論文，2003 年 4 月，頁 65。

[108] (元)脫脫撰，《宋史》卷一八六、志一百三十九《食貨下》，明成化十六年(1480)兩廣巡撫朱英刊嘉靖間南監修補本。

漢字是越南的縣官方書寫語言[109]，且仿照中國科舉取士，因此對漢文典籍
的需求量也很大。越南前黎朝時，黎龍鐵向宋真宗求賜《九經》和《大藏
經》。到李朝，於宋元符二年（1099）……交州南平王李乾德乞、釋典一
大藏。詔令印經院印造，入內內侍省差使臣取賜[110]。

　　總的看來，兩宋時航海技術發達，「夜則觀星，晝則觀日，陰晦觀指
南針[111]」，與東南亞及南亞諸國的經濟文化交流繁多，宋刻本也必定會在
這些國家流通，只是限於文獻記載甚略，考之難度甚大。

　　宋代，「由於印刷術的發展，中國典籍的對外傳播則不是前代任何二
朝所能比擬的[112]」，這也是宋時中外文化交流中非常重要的一項內容。

　　總之，宋代版印大盛，主要是由於國家政策傾斜、經濟發展、社會崇
尚讀書、學術興旺、技術與物質條件成熟等因素綜合作用而成的，進而形
成了官、私、坊三大刻書系統。透過刻書概況，認識某一刻書系統的特
點，有助於由表及裡地結合前人著錄對宋版書作出科學的鑒定。

第三節　遼、金、西夏的版刻

　　中國的雕版印刷術，大約發明於唐太宗貞觀年間（約西元 636 年左
右），比歐洲開始用雕版印刷聖像和紙牌約早七百多年。唐末、五代時公
私刻書之風已很盛行，到了宋代更進入黃金時代，京城內外各路州軍都在
刻書，紹興十三年（1143），連偏遠的海南島瓊州，也刻了醫書。在宋朝

---

[109] 越南學者裴磐世，認為自 10 世紀以後，越南各封建朝廷基本上都用漢語、漢字作為正式的記敘
字。見《越語——越南民族的統一語言》，中國社會科學院歷史研究所，《古代中越關係資料選
編》，中國社會科學出版社，1982，頁 75。

[110] (清)畢沅撰，《續資治通鑒》卷七十三。百家諸子中國哲學書電子化計劃 https://ctext.org/wiki.pl?
if=gb&chapter=116079

[111] (宋)朱彧撰，《萍州可談》卷二，明精鈔本。

[112] 曾棗莊《宋朝的對外文化交流》，《中國典籍與文化論叢》第一輯，中華書局，1993 年。頁
357。

北方與西方的國家，也都先後來用這個先進的技術，作為文化宣傳及統治人民的工具。

一、遼（916-1125）的版刻

遼太宗耶律德光建國號為「大遼」，聖宗耶律隆緒統和年（983-1012）後，改稱「大契丹」。遼代盛時領土東臨日本海，西達天山，為當時亞洲東部強大的國家。契丹民族最早居於內蒙的遼河上流，是一個遊牧民族，文化很低，沒有紙，就用木頭來刻契約；沒有文字，漢人教他們把隸書的一半略為增減，創制了契丹大字，約有數千個之多。迭剌又仿回鶻字，製成契丹小字，字數較少；但是通行國內的主要還是漢字。遼聖宗曾以契丹大字譯白居易諷諫集，讓諸臣誦讀，並有「樂天詩集是吾師」的詩句[113]。東丹王耶律倍（即李贊華）因為敬慕白居易，以至改名為黃居難，字樂地。至於被統治者除勃海、女真外，都是漢族人。學校中頒發的課本如五經傳疏、《史記》、《漢書》等以及佛教經典，都是漢文。所以出版物中主要的是漢文書籍，契丹文譯本只能在小範圍內流通。

遼不但侵佔了石敬塘所獻的燕、雲十六州，並把石晉的圖籍、曆象、石經、銅人、樂譜掠到上京（上京臨潢府即今內蒙古巴林東北一百四十里之波羅城）。後來又常從北宋輸入書籍，但仍不能滿足需要，所以開始自己刻書。見於歷史記載的，如道宗耶律洪基清寧十年（1064）「駐驛中京，禁民私刊印文字[114]。」中京在今河北平泉縣東（一說在內蒙古昭烏達盟大名城），當時民間刊印的文字，一定觸犯了統治階級的利益，所以遭到禁止。又如北宋王辟之說，范陽書肆刻蘇東坡詩數十篇，名大蘇小集

---

[113] (宋)葉隆禮撰，《契丹國志》卷七〈聖宗天輔皇帝〉，清嘉慶丁巳(二年，1797)席氏掃葉山房刊本。

[114] (元)脫脫撰，《遼史》卷二十二〈本紀〉第二十二〈道宗二〉，明萬曆三十四年(1606)北京國子監刊本。

[115]。所謂范陽，實指遼的南京〈或稱燕都〉，就是現在的北京。這可以說是見於記載的北京最早的民間印刷品。此外民間刊行書籍可考的有統和十五年（997）刻的字書《龍龕手鏡》，乾統年間（1101-1110）刻的醫書《肘後方》[116]、《百一方》[117]金人號稱「善本」。

遼代刻書工程最大的要算遼藏。遼代帝王不但在房山縣大刻佛藏石經，並且雕成全部木板大藏經。大約到了興宗耶律宗真（1031-1055）初年，全藏已經告成，並曾先後送給高麗王室文宗王徽，肅宗王頤，睿宗王俁，以及義天和尚五部，而慧照國師一次買回去遼本大藏三部[118]。

遼藏或稱契丹藏，係據宋藏翻刻，全部是漢文。遼藏刻成後，各地寺廟藏儲的很多，現在可考的有山西大同華嚴寺薄伽教藏，據梁上墨書所記，為重熙七年（1038）九月建造，度藏藏經五百七十九帙，後金兵攻打大同，殿閣樓觀化為灰燼，只有薄伽教藏倖存，但經本已遺失過半。金初依照遼藏目錄，採集遺經化了三年工夫補完。卷軸式樣，新舊不殊，字型大小詮題，後先如一[119]。重和（即重熙）十三年（1044）契丹皇族志智和尚，在燕都募錢三百萬，造經一藏，以「糯米膠破新羅墨，方充印造，自檀木為軸，新羅紙為牒，雲錦為囊，緒繡為巾，織輕霞為絛，研蘇坊為函[120]。」前這是一部用朝鮮紙墨印造的裝襬很講究的佛藏。朝鮮紙墨自古有名，「大紙」「細墨」經常被作為禮品贈送給契丹王室，至於用糯米膠調墨印書，可說是遼代印工們的新創。過了十年（重和二十三年，1054），興中府安德川（今遼錦州西北，一說在朝陽縣東南）靈岩寺僧潛奧「鳩集

---

[115] (宋)王辟之撰，《澠水燕談錄》卷七〈歌詠、書畫〉，知不足齋本。百家諸子中國哲學書電子化計劃 https://ctext.org/library.pl?if=gb&file=87008&page=52

[116] (晉)葛洪撰，《葛仙翁肘後備急方》，〈金楊用道附廣肘後方序〉，明嘉靖間襄陽知府呂容刊本

[117] (清)朱緒曾撰，《開有益齋讀書志》卷四，清光緒六年(1880)金陵翁氏茹古閣校刊本

[118] 見三國遺事卷三，高麗史卷八，卷十一，卷十二，遼史卷一百五十一高麗傳，最早送文宗王徽的在西元 1062 年慧照買三部遼藏在西元 1122 年

[119] 〈金段子卿大金國西京大華嚴寺重修薄伽藏經記碑文〉，見呂澂〈契丹大藏經略考〉，《現代佛學》一卷五期，1951。

[120] 陳述輯校，《全遼文》卷十〈妙行大師行狀碑‧乾統八年‧沙門即滿〉，北京市：中華書局出版，1982。

淨財，購經一藏，用廣流通[121]。」咸雍四年（1068）信士鄧從貴拿出全部家資五十萬，「及募同志助辦印大藏經五百七十九帙」，創內外藏而龕措於清水院。清水院就是現在北京西山的大覺寺。大安五年（1089）燕京析津府安次縣劉惟極等建內藏一所，「內置千帙之教，後留萬載之名[122]。」景福以後，乾統三年以前（1031-1104），有一姓董的人，罄其家產，於淶水縣金山演教院「構大藏一座，印內典五百餘帙，在中龕置[123]。」此外如耶律詳袞家的墳地宜州（今遼寧義縣東北三十五里）廳峪道院，建佛宮置藏經，凡五千四十八卷[124]。根據以上這些材料，可知遼藏有五百多帙，五千餘卷，並仿開寶藏，是卷軸本。不過據朝鮮宓庵和尚說：「念茲大寶，來自異邦，帙簡部輕，函未盈於二百，紙薄字密，冊不滿於一千，殆非人功所成，似借神巧而就[125]。」這顯然又是不到二百函、一千冊，刻縷精巧的小字本。兩種說法不一致，不知哪個可靠。

遼不但與宋、夏、高麗信使往來，就是與西陲各地甚至印度，也有接觸。如于闐張文寶進內丹經，夏國進貝多葉佛經，而中天竺摩竭陀國慈賢，當了「大契丹國師」，並譯出佛經五種九卷。按宋沈括說：「契丹書禁至嚴，傳人別國者法皆死[126]。」只有遼初突欲（又作圖欲，即耶律倍）自契丹奔後唐時，曾帶走書籍數千卷，其中異書醫經，都是中原所沒有的[127]。至於北宋，對契丹雖有書禁之名而無書禁之實，大量的宋代出版物和

[121] 陳述輯校，《全遼文》卷十〈興中府安德州創建靈岩寺碑銘・乾統八年・耶律渤〉，北京市：中華書局出版，1982。

[122] 陳述輯校，《全遼文》卷九〈安次縣祠垈里寺院內起建堂殿並內藏碑記・大安五年〉，北京市：中華書局出版，1982。

[123] 陳述輯校，《全遼文》卷十〈金山演教院千人邑記・乾統三年・韓溫教〉，北京市：中華書局出版，1982。

[124] (清)張金吾輯，《金文最》卷三十三〈宜州廳峪道院復建藏經千人邑碑〉，百家諸子中國哲學書電子化計劃 https://ctext.org/library.pl?if=gb&file=93829&page=35

[125] 民族文化推進會編輯，《東文選》卷一百十二〈釋宓庵丹本大藏慶贊疏〉，漢城：民族文化推進會刊行，1977。

[126] (宋)沈括撰，《夢溪筆談》卷十五藝文二，明萬曆間會稽商氏刊本。

[127] (清)張英撰，《諸史提要》卷十五又(唐)白居易撰，《唐宋白孔六帖》卷八十八〈借書〉〈引五代四夷錄作元欲〉，明嘉靖間(1522-1566)刊本。

宋代銅錢一樣，在遼境內廣泛流通。蘇轍奉使到契丹，契丹人對他說：
「令兄內翰眉山集，已到此多時[128]。」可見蘇東坡的詩文，很受遼人歡
迎。蘇轍曾謂：「本朝民間開板印行文字，臣等竊料北界（指契丹）無所
不有[129]。」甚至當時有關軍國外交機密的文書，也往往傳入敵國，為敵人
所利用，因為「此等文字販入虜中，其利十倍[130]。」歐陽修為此事請求開
封府焚毀板本，不許貨賣，政府法律又不啻三令五申，如景德三年
（1006）「詔民以書籍赴沿邊榷場博易者，非九經書疏，悉禁之。」，元
豐元年（1078）「復申賣書北界告捕之法[131]。」但是利之所在，商人照舊
雕印貨賣。不能禁止。宋代政府腐敗，法令不行，於此可見一斑。

　　遼本流傳到宋、金的本來不多，清代藏書家所說的遼版《龍龕手鑒》，
實際上只是南宋的翻本。廣泛流傳國內外的遼藏，一卷也沒保存下來。至
於契丹字譯本《貞觀政要》、《五代史》、《通曆》、《白氏諷諫集》、
《方脈書》等，也早已失傳了。

二、金（1115-1235）的版刻

　　女真（遼人避興宗諱，又號女直）興起於白山黑水之間，阿骨打、吳
乞買等打敗遼軍後，代替遼人統治中國北部，又攻破北宋京城開封府，宋
朝的皇帝、后妃、貴族，以至雜技藝人等，都被趕到北方。金軍並且大搶
大掠，金銀彩緞、古器寶物以及藥品等都成了戰利品，同時他們還劫取了
圖書印板。宋朝政府把監本書籍、印板三番五次解往金營，有一次甚至差
兵八千人運赴軍前。金不但把國子監、三館秘閣書籍、鴻臚寺經板搜括一

---

[128] (宋)蘇轍撰，《欒城集》卷四十二〈一論北朝所建於朝廷不便事〉，明東吳王執禮清夢軒刊本。

[129] (宋)蘇轍撰，《欒城集》卷四十二〈一論北朝所建於朝廷不便事〉，明東吳王執禮清夢軒刊本。

[130] (宋)蘇轍撰，《欒城集》卷四十二〈一論北朝所建於朝廷不便事〉，明東吳王執禮清夢軒刊本。

[131] (元)脫脫撰，《宋史》卷一百八十六、志第一百三十九〈食貨下互市舶法〉，明成化十六年
　　（1480)兩廣巡撫朱英刊嘉靖間南監修補本。

空，就連開封府商民書鋪的書籍都不能倖免。金朝宗室完顏勗去勞軍，載回書籍數車，赤盞暉從宗弼侵略江南，也帶回《資治通鑑》板片，這些成批或零星被搶的圖書板片狼藉泥土中，損失極大；但被帶回金國的仍不少。其中有些舊的宋代印板後來仍被利用，事實上一部分宋板便成為金板了。

金海陵王完顏亮遷都燕京（今北京）後，規章制度多模仿宋朝。金章宗完顏璟詔求宋崇文總目內所缺書籍，不願送官者，官為謄寫畢，歸還原主，並給半價。地方及私人藏書也不少，如大定中長治縣藏書樓貯書萬餘卷，許昌范季霑聚書三萬卷，順天賈侯萬卷樓藏書數萬卷。而金初宇文虛中等投金時，也多半帶著一些宋代圖書。後來金受到蒙古的攻擊，中都（今北京）不守，遷都南京（今開封）時，犀玉瑪瑙等器計用駱駝三千頭，秘書省、蓬萊院、賁文館書籍，計用三萬車。在這些圖書中，雖然有宋代舊物，但也有不少是金代自己的出版物。

金代著名的官本，首先要算是國子監本。據《金史》記載，經史二十九種，以及老子、荀子、揚子，「皆自國子監印之，授諸學校[132]。」這些書是否全為金代所刻，或者也包括北宋公私刻板在內，歷史記載不詳。但東坡奏議與劉迎山林長語，確是金監新刻的[133]。可知國子監不但印古代經史，還刊印當時人的作品。除監本外又有史館本，泰和六年（1206）將「魏全死節事，送史館鏤板[134]。」大定二十年（1180）詔「完顏勗射虎賦詩文等篇什鏤板[135]。」這自然是官刻本。金代在平陽設有書籍，相當於後來的官書局，既然政府設立專門出版機關，自然刻印的書籍不在少數；但詳情已不可考。

金代刻書以中都（北京）、南京（開封）、平陽、寧晉為盛。前二地

[132] (元)脫脫撰，《金史》卷五十一、志第三十二〈選舉〉，明嘉靖八年(1529)南京國子監刊本。

[133] 張秀民〈金源監本考〉，《圖書季刊》二卷一期，1935，頁19-25。

[134] (元)脫脫撰，《金史》卷一百二十一、列傳第五十九〈魏全傳〉，明嘉靖八年(1529)南京國子監刊本。

[135] (元)脫脫撰，《金史》卷六十六、列傳第四〈始祖以下諸子‧勗〉，明嘉靖八年(1529)南京國子監刊本。

因先後建都，為政治文化中心，後二地為書坊中心。南京路刻書可考的有
舊五代史、孔氏祖庭廣記和轉運使梁肅「出公府之資」刊印的貞觀政要。
汴梁書坊出賣完顏璹自刊的詩集如庵小稿。開封相國寺保留北宋遺風，以
三、八日為市，有賣書鋪，可以買書。平陽府除官書局外，又是出版商滙
集之地，著名的有平水李子文刊其鄉人王朋壽的增廣類林，平水中和軒王
宅刊道德寶章，平陽姬家雕印四美圖版畫等。平水劉敏仲為藏書家劉祖謙
之子，校刻尚書注疏。平水晦明軒張宅張存惠宇魏卿，「精於星曆之學，
州星以好事見稱」，刻有淯水文集、丹淵集、通鑒節要。金亡以後，張宅
繼續刻書，仍用泰和甲子紀元，如重修政和證類本草，牌子上寫「泰和甲
子下已酉冬日南至」已是蒙古初年刊本了。平陽在河東南路（山西南
部），土野沃衍，讀書人多，其地出白麻紙，北有太原府「造墨場」，紙
墨取材，比較方便。因為是當時公私出版業中心，所以當時平陽、洪洞
「家置書樓，人蓄文庫[136]。」次於平陽的有河北西路的寧晉縣，寧晉縣唐
城荊里莊人荊祐，字伯祥，祐的上代原是在浤水旁做陶器的，到他祖父時
已「版行五經等書」，不到二十年「荊氏家籍，佈滿河朔」。貞祐年
（1213-1216）蒙古兵南侵，他把五經、泰和律義篇、廣韻等書板隱藏在廢
墟中，事後發掘出來補完。因為荊家印的精，價錢賤，所以銷路很廣，遍
及黃河以北[137]。荊氏刻本流傳至今的，有崇慶新雕改並五音集韻，序文後
有「浤川荊珍開板」一行。金史地理志「寧晉有浤水」，所以所謂浤川或
浤水，實為寧晉的別名，而荊珍當為荊祐一族。此外書坊可考的有太原書
坊劉生，鋟梓傷寒直格。

　　金代十九路中有刻書地點可考的共九路：即中路的中都，河北西路的
真定府、邢臺、寧晉、浚州，大名府路的大名，南京路的亳社、河南府少
林寺，京兆府路的同州朝邑，河東南路隰州、蒲州、澤州、山陽、河內，

[136] (清)張金吾輯，《金文最》卷二十八〈孔天監‧藏書記〉，百家諸子中國哲學書電子化計劃
https://ctext.org/library.pl?if=gb&file=46128&page=60

[137] (元)王惲撰，《秋澗先生大全文集》卷六十〈故趙州寧晉縣善士荊君墓碣銘〉，元至治壬戌(二
年，1322)嘉興路儒學刊明代修補本。

河東北路的太原府、五臺山，山東東路的濟南、寧海、萊州，山東西路的曲阜等。幾乎遍及現在的河北、山東、山西、河南、陝西等省區。

金人所刻多為古代經、史、諸子及金代作家的詩、詞、文集、類書、字學等。濟南李德元以教授小學為生，不惜出利借貸，刻其祖先的窺豹集。古澤陳氏刊行趙秉文的法言微旨，陳氏被稱為「細民」，是當時士大夫階級所瞧不起的。可見當時刻書蔚成風氣，即經濟並不寬裕的人，也喜歡刻書。金代有人購得宋胡銓劾秦檜疏稿，刻而賣之，獲利很多。宋徽宗趙佶被俘至五國城（一說今吉林扶餘縣）或韓州（今遼寧昌圖縣）時，凡遇小小吉凶、節日，金主必有賞賜，一賜必要一謝表，金人把它集成一軼，刊在権場中出賣[138]。至於有關醫藥知識的書，如內經素問、本草、宋代的聖濟總錄，以及金名醫張子和、劉完素等人著作，多被出版。北宋國醫成無已被金人擄到臨潢，到九十餘歲仍給人治病，百無一失。他用四十多年工夫注解了《傷寒論》十卷，王鼎得到他的稿子，因為自己無錢，特請求朋友幫助把它刻成。邢臺又有人刊了成氏的明理論。一些講迷信的書如看風水的地理新書，因與考試出題有關，在古唐、夷門（指開封）、蒲阪等處前後有人印賣，明昌壬子間（1192）平陽又有數家印賣。而刊印最盛的要算釋道兩教的典籍。

金代的統治階級也信仰佛教，「貴族多舍男女為僧尼」，又「出家者無買牒之費」，一次度僧至五萬人。當時燕京的廟宇相望，冠於北方，「大者三十有六，延壽院主有質坊二十八所[139]」。世宗完顏雍的皇后出家為尼，建垂慶寺，度尼百人，賜田二百頃。大寺廟成為大地主和高利貸者，因此有錢刻經來宣揚佛法。各地和尚零星印施佛經的也不少，如百萬和尚為紀念父母，在故鄉同州朝邑鏤板印施大般若經數千卷。晉陽明玘和尚以數年工夫刻成華嚴經，以新經幹部施人。少林寺和尚刊印趙閑閑外集等。此外建立藏經者如宜州廳峪道院的遼藏，金初為火災所焚，皇統八年

---

[138] (宋)張端義撰，《貴耳集》卷下，舊鈔本。

[139] 參見(宋)宇文懋昭撰，大金國志，舊鈔本及(宋)洪皓撰，《松漠紀聞》，明萬曆間(1573-1620)新安吳氏校刊本。

（1148）郡人馬祐與顏壽集千人，立為一社，「募錢易經，鳩工構藏，隨其卷帖，貯以櫃匣。」善昶和尚於貞元初年（1153）在寶坻大覺寺「建內經一藏漆函金飾，工制瑰麗[140]」。這兩次新置藏經，是否根據遼宋舊板，或係新刊，原文沒有說明。談到金藏，不能不提到北京國家圖書館收藏的趙城藏——原本藏山西趙城縣廣勝寺。抗戰時期為保護此經免遭敵人的損壞掠奪，將該藏安全轉移。這部藏經據說自「天」字至「幾」字凡六百八十二帙，綜計全藏應有七千一百八十二卷。現在只存四千三百三十卷，比范成法師 1934 年初發現時又短了六百八十七卷。趙城藏一部分受潮濕過甚，紙卷粘在一起。這部藏經是複刻宋開寶藏，所以有的仍留有「大宋開寶六年癸酉歲奉敕雕造」的字樣，黃卷木軸也和開寶藏一樣，是一部國內外從未著錄過的大藏。它是由民間發起集資雕造的，與遼藏、開寶藏、高麗藏由政府出資刊造不同。最初是潞州女子崔法珍斷臂苦行，感動了河東南路的善男信女，他們除捐獻錢財外，有的捐施梨樹、布匹，有的捐施自己的騾子。當時刊刻是由解州天寧寺開雕大藏經板會主持，大約從皇統九年（1149）起，至大定十年（1173）雕成[141]。過了五年（1178），崔法珍曾印經一藏進於朝廷。京師〈今北京〉弘法寺所藏的藏教板，據推測就是由晉南運來的崔氏所刻的原板。濟州普照寺知照和尚，聽說弘法寺有藏教板，特從山東趕來該寺，用錢二百多萬，印造兩部全藏以歸，時間是在大定、明昌年間（1189-1195）。印造的一部是黃卷赤軸、一部是梵冊，漆板金字[142]。這部弘法寺藏，元初耶律楚材曾發起補雕，至正二十四年（1364）又加以修補，所以現存金藏卷子，其中可能有元代的補刻部分。當時皇室也印行佛經，如金史載承安三年（1197）章宗為兒子洪輝病癒還願，印無量壽經一萬卷。

---

[140] (清)李有棠撰，《金史紀事本末》卷二十三〈引寶坻縣志金張瓚大覺寺記〉，百家諸子中國哲學書電子化計劃 https://ctext.org/library.pl?if=gb&file=18238&page=34

[141] 蔣唯心〈趙城金藏雕印始末考〉，見〈鳳凰網華人佛教〉，2010 年 05 月 28 日。網址：https://fo.ifeng.com/special/zhaochengjinzang/jincangguandian/detail_2010_05/28/1563528_0.shtml

[142] (清)張金吾輯，《金文最》卷五十六〈濟州普昭禪寺照公禪師塔銘〉，百家諸子中國哲學書電子化計劃 https://ctext.org/library.pl?if=gb&file=46926&page=5

　　金代不但信仰佛教，更崇尚道教，這是與契丹、西夏不同的。自王嘉創為全真教，譚處端，馬鈺、丘處機、劉處玄等，到處宣揚，失業流民入教的很多。因為一入道觀，不但可以解決衣食，逃避兵役與捐稅，又隨時可以還俗。所以道教的勢力，甚至壓倒佛教。道士道姑既眾，宣傳道教的書籍的需要量，自然增加。如譚處端的水雲集不出百年而四次刻板。至於道藏，早在大定二十四年以前（1184 前），田子虛、韓元英在老子故鄉亳縣創修太清宮之「太極殿，並轉輪大藏，仍印經以實之[143]」，這可能是根據汴京舊經板印的。中都大天長觀因火災被焚，世宗出內府金巨萬重新修繕，又以舊貯藏經缺而未完，大定二十八年（1188）詔以南京道藏經板付大天長觀。觀中住持道士孫明道並分報道士到處採訪遺經，如趙道真向各方募化好的板材，聚集良工，不到二年，鏤槧具完。凡得遺經一千七十四卷，補板二萬一千八百冊有奇，積冊八萬三千一百九十八。造了三十五間房子，一百四十個架子以貯經板。總共六千四百五十五卷，為帙六百有二，名為「大金玄都寶藏」[144]。所謂南京道藏經板，可能就是從福建運往汴京的北宋政和萬壽道藏〈原名飛天法藏〉的舊板，共五百四十函。孫明道等又根據這副舊板，加以增補。明昌元年（1190）補綴完成，印經一藏。泰和七年（1207）章宗元妃施道經二藏，一送棲霞太虛觀，一送聖水玉虛觀[145]，這是根據玄都寶藏板新印的。到了元代至元十八年（1281），「保定、真定、太原、平陽、河中府三祖師庵頭，關西等處，仍有道藏經板[146]。」這些都是戊午年（1258）蒙哥皇帝要燒毀，而被道士們偷偷保存下來的印板，應該是金代的舊板。道藏經板，京城內外多至六七副，可算是道教史上的空前盛事了。

[143] (清)蔣師轍等編，《光緒鹿邑縣誌》卷十下，清光緒二十二年(1896)刻本。

[144] 《宮觀碑誌》〈金魏博霄撰・十方大大長觀玄都寶藏碑銘〉，《正統道藏》本。百家諸子中國哲學書電子化計劃 https://ctext.org/library.pl?if=gb&file=99907&page=47

[145] (元)李道謙編撰，《七真年譜》，《正統道藏》洞真部譜錄類。http://m.daorenjia.com/daozang30-103

[146] (元)釋念常撰，《佛祖歷代通載》卷二十一，百家諸子中國哲學書電子化計劃 https://ctext.org/library.pl?if=gb&file=53718&page=61

　　金代刻工姓名可考的，只有寥寥數人，如崇慶新雕改並五音集韻，目錄銜名後有「雲中李玉刊」，第二冊末有「雲中後習李玉全雕此策」（策同冊）字樣。這位山西刻工李玉，當為寧晉荊家書坊的雇工。此外版心中又有「後學小曹刀」，「賈小二刀」字樣。此外如刻工鄧恩與劉、張、梁、黃、薛、吉等，刊過平水劉敏仲所編的尚書注疏。

　　金代刻書字體有仿顏體的，有仿歐、虞體的。民間刻體中還盛行簡體字。如竜（龍）、処、孝（學）、禮、遷、乱、盡、塵（塵）等字，已見於蕭閑老人明秀集注與邙山偈中。金本又仿宋人避諱，洪皓說「虜中廟諱尤嚴，不許人犯」。崇慶本五音集韻堯、曉等字，均不缺，而十二笑「堯」字作「垚」。增廣分門類林雜說「堯」字缺筆。這些都是避睿宗宗堯諱。其避諱之怯，專避漢名，並及同音或偏傍字。至於原名本是譯音，有音無字，故不避。

　　金板，宋人稱為「北方板本」，流傳到江南的很少。朱子說：「好事者於北方互市，得司馬光潛虛板本[147]」。金國榷場中刊行的宋徽宗謝表，流傳到南宋，張端義曾見一本。陳振孫藏書中有大定丁未本釋書品次錄，可知書籍在宋金之間可以互相銷行。當然從南宋銷到金的遠遠超過從金輸入的。元人曾得到金代文學家趙秉文舊藏的平陽府刊本春秋纂例，用宋紹聖間門狀紙裝褾。可見北宋材料，仍被金人利用。至於現存的金源舊槧，除金藏卷帙較多外，不及十種，多保存在北京國家圖書館。

　　女真初未有文字，太祖阿骨打時完顏希伊仿漢人楷字及契丹字而作大字。熙宗完顏亶又制小字，兩種都通用。金主提倡國字，規定皇子每日先讀漢文，次學國字，國語。又設立女真國子學，諸路設立女真府學，學生至三千人，並創立女真進士科。又用女真字譯成五經、論、孟、貞觀政要、白氏策林、史、漢、新唐書、老子、揚子、文中子、劉子等。而譯本五經及史記、漢書並曾頒行。世宗又以女真字孝經幹部分賜衛兵，可知女真字譯本曾被鏤板。不過此種譯本久已不傳，是否由女真國子監或弘文院

---

147 《晦庵先生朱文公文集》卷八十一〈書張氏所刻潛虛圖後〉，百家諸子中國哲學書電子化計劃
　　https://ctext.org/library.pl?if=gb&file=82500&page=23

刊印，已不得而知。連明正統時北京文淵閣著錄的女真字盤古書、孔夫子書、姜太公書、孫臏書、百家姓、女真字母等十八種通俗讀物，也早已無存了。

三、西夏（1038-1227）的版刻

十一世紀初在宋朝西北，今甘肅、寧夏、陝北一帶，出現了新興國家，其祖先為拓跋氏。唐末賜姓李，宋初賜姓趙，及李元昊（或作趙元昊）稱帝，自稱「大夏」，史書稱為「西夏」或「夏國」，元人稱為「河西」，馬可波羅稱為「唐古忒省」。在建國之初（1029-1072）四十多年，李德明、李元昊、李諒祚、李秉常六次向北宋購買釋藏經及經帙簽牌。照例夏國進馬七十匹（有時五十匹），作為印造一部大藏的紙墨工本，宋朝政府即令印經院如法印造，有時贈經而不

收馬，以示優待。但是單靠宋朝輸入還不夠，國王、皇后等為祈求所謂「福利」，大量印施佛經，如乾祐己酉二十年九月十五日（1189）仁宗李仁孝就大度民寺作大法會，念佛誦咒，讀西番、番、漢藏經，散施番漢觀彌勒土生兜率天經一十萬卷，漢金剛普賢行願經、觀音經等五萬卷。一次散施至五萬卷、十萬卷，當然是印刷品。所以觀彌勒上生兜率天經施經發願文中，有「鏤板斯經」的話。金剛般若波羅密經、大方廣佛華嚴普賢行願品末尾均題「大夏乾祐二十年歲次己酉三月十五日正宮皇后羅氏謹施」。佛說轉女身經題「元慶乙卯二年（1195）皇太后羅氏發願謹施」字樣。這個羅氏就是仁宗的皇后，桓宗李純佑的母親。天慶七年（1200）庚申又有人雕印華梵對照的密咒圓因往生集，是經過西域與夏國高僧仔細校勘，雕印流通的[148]。

---

[148] 張秀民〈遼、金、西夏刻書簡史〉，上海新四軍歷史研究會印刷印鈔分會編，《歷代刻書概況》，北京：印刷工業出版社，1991，頁197。

西夏不但三番五次向宋朝要佛藏，並要宋國子監所印的書[149]，以及《九經》、《冊府元龜》等。至於西夏境內公私仿刻經史情況，已不可考。西夏除通行漢文外，也創制了國字，所謂國字，即「西夏文」，字形方整，仿漢字楷書而筆劃重疊，與契丹字、女真字形體相仿。他們編了不少字典，現在可以看到的有《番漢合時掌中珠》[150]，為西夏骨勒茂才撰，乾祐二十一年（1190）刊本，序稱「用以教國人漢語漢字者」。是一部西夏文與漢文對照的字典。又有韻統[151]，按廣韻排列，收西夏大字及小注各六千餘字，計五十六頁，跋稱「正德壬子六年十月十日口畢。」正德是崇宗李乾順年號，時在 1132 年，較掌中珠尚早六十餘年。此外還有文海、文海雜類、分類雜字等刊本，可知西夏的字學是相當發達的。當時又用西夏文大量翻譯漢籍，已發現的如《貞觀政要》（這是一部統治階級最喜愛的書，所以遼、金、西夏都有譯本）、《論語》（疑系斡道沖所譯）、《六韜》（軍事著作）以及小說書類林等。1914 年斯坦因在寧夏黑水城，盜得古代文書不少，其中西夏文書五十七件，印本占一半，又有佛像版畫殘片數十，上有西夏文，雕刻精粗不一。西夏文《孝經》、《爾雅》、四言雜字等尚未發現。至於西夏譯本佛經，除譯自漢文大藏外，又有從西藏文佛經中直接譯出的。

二十多年前北京圖書館購得西夏文佛經一百號，間有一、二、三等漢文數字，卷首扉畫有佛像都是摺本。有的有大德十一年（1307）、皇慶元年（1312）的刊行年月，當為元代大德間，杭州路大萬壽寺所刊的河西字藏（即西夏文藏殘本）。其中金光明最勝王經契，題有「白下大夏國仁尊聖德口皇帝」等字，據有人考訂，應為乾祐十六年（1185）所刻的西夏原本。又 1957 年在北京發現一本壽親養老新書，牌子刻著「西夏揆文書院重

---

[149] (宋)司馬光撰，《涑水記聞》卷九，舊鈔本。

[150] (西夏)骨勒茂才編纂，《番漢合時掌中珠》摘錄〈續修四庫全書・經部・小學類 229〉；上海市：上海古籍出版社，2002。該書第七頁末行有漢文「此掌中珠者三十七面內更新添十句」故此疑為後來的增補本。

[151] 韻統上虞羅氏印本題「西夏國書字典音同」全為西夏文。關於西夏一節材料多根據《北平圖書館館刊》四卷三號，西夏文專號1932。

刻」字樣，當為明刻，若是真正西夏刻本，不會稱西夏，而應稱大夏。

第四節　元代的版刻

一、元代刻書的時代背景

　　元朝，是起自朔漠的蒙古族貴族，靠金戈鐵馬建立起來的封建王朝。起初，蒙古族只諳弓馬，未遑文事。但隨著蒙古族政權在全國的逐步確立，蒙古族貴族統治者也逐漸認識到：奪取政權靠武裝，穩固政權卻還要靠文治。因此，元朝「自太祖、太宗即知貴漢人，延儒生，講求立國之道[152]。」此後，元代歷朝統治者把他們這一思想更加系統化，先後採取了尊經崇儒、興學立教、科貢並舉、舉賢招隱、保護工匠等一系列文治措施，用來鞏固他們以強弓硬弩打下的江山。

　　元朝統治者所推行的這些政策，雖然主觀上完全是為了維護其封建統治，但在客觀上卻也起到活躍社會文化，為刻書事業提供社會環境和需要的作用。尤其是興學立教和保護工匠政策的施行，更為刻書事業的發展提供了學術、物質和技術條件。興學立教，是元朝統治者尊經崇儒，文以致治思想的進一步發展和具體實施。

　　元朝統治者對興學立教極為重視。其原因完全是為作養人才，維護自己的統治。在他們看來，「學校者，士之所受教以至於成德達材者也[153]」。「興舉學校，乃王政之先」；「學校之設，所以明人倫養賢，為政之要莫先於此」；「學校為治之本，風化之源……務要作成人材，以備握用」；「農桑、學校為政之本。務農所以厚民，勸學所以興化」；「學校之設本以作成人材，仰各處教官正官……主領敦勸，嚴加訓誨，務要成

---

[152] (明)陳邦瞻，《元史紀事本末・自序》，清同治十三年(1874)江西書局刊本。

[153] (明)陳邦瞻，《元史紀事本末》卷八〈科舉學校之制〉，清同治十三年(1874)江西書局刊本。

材，以備擢用[154]。」所有這些，說明元朝統治者興學立教的根本目的，完全是出於政治的需要。

然而，也正因為政治上需要，所以「元世學校之盛，遠被遐荒，亦自昔所未有[155]。」早在至元初年，元世祖忽必烈就設置國子監，以儒學大師許衡為集賢館大學士兼國子祭酒，教授蒙古子弟，又以弟子十二人分處各齋為齋長，教授朱熹哲學。選拔七品以上朝官子孫為國子生，並許隨朝三品以上官員推選凡民之俊秀者入學，作為陪堂伴讀。至元十四年（1277）又置蒙古國子監，立蒙古國子學，舉隨朝百宮，怯薛台、蒙古及漢人官員之家子弟入學。至元二十四年（1287），立國子學，置博士、教官掌教生徒。並規定在學生員二百人，伴讀二十人。可見元朝政府十分重視中央級高等教育。

與此同時，元朝政府還十分注意地方各級儒學的建置和生徒的培養。據至元二十三年（1286）大司農司的統計，元朝建元不到二十年，「諸路學校凡二萬一百六十六所，儲義糧九萬五百三十石，植桑棗雜果諸樹二千三百九萬四千六百七十二株[156]。」足見元朝學校之盛之富。元朝政府除在全國各路、府、州、縣普遍設立儒學外，至元二十八年（1291）又命在其他「先儒過化之地，名賢經行之所，與好事家出錢粟贍學者，並立為書院[157]。」以作為正規學校的補充。並規定各路、府及上中州儒學，由朝廷任命儒師，稱為教授；各路，州，縣儒學及書院，由禮部、行省或宣慰司任命儒師，稱為學正、山長、學錄或教諭。這樣由上到下，在全國就形成了有系統的教育網點，使封建社會的教育事業有了進一步的發展。

不僅如此，為了保證學校有足夠的經費，供師生廩餼和其它開支，元朝政府還規定各學校都有學田，所收全部由學校支配。並於至元三十一年

[154] (元)闕名撰，《大元聖政國朝典章》卷二〈興學校〉，國立故宮博物院於民國 61 年據元刊本影印。

[155] (明)陳邦瞻，《元史紀事本末》卷八〈科舉學校之制〉，清同治十三年(1874)江西書局刊本。

[156] (明)宋濂撰，《元史》卷十四〈本紀卷十四‧世祖十一〉，明洪武三年(1370)刊嘉靖間南監修補本。

[157] (明)陳邦瞻，《元史紀事本末》卷八〈科舉學校之制〉，清同治十三年(1874)江西書局刊本。

（1294）命中書省議行貢舉之法時，又令「其無學田去處，量撥荒閒田土，給贍生徒，所司常與存恤[158]。」可見元朝對於學田的量撥，考慮是很周詳的。這從至元二十三年大司農司統計各路儒學所儲義糧的數字和種植樹木的株數中亦可證明。而且為了確保學田不被各種名目所侵佔，於至元二十三年，元政府還改變了「江南學田昔皆隸宮」的舊例，下令學田一律交給各該學校，實行自理。並用法律的形式明確規定：「諸贍學田土，學官職吏，或賣熟為荒，減額收租，或受財縱令豪右占佃，陷沒兼併，及巧名冒支者，提調官究之……。諸各處學校，為講習作養之地，有司輒侵借其錢糧者，禁之[159]。」這樣又從法律上保證了學校辦學所必要的經費，以便真正達到興學立教，作養人材，維護其封建統治的目的。元代這種大興學校，並給以足夠的學田作為辦學經費，不但大大活躍了社會文化氛圍，也給各路儒學校、刻書籍，提供了人力條件和經濟基礎。

　　保護百工是元朝統治者推行的很重要的政策。其原因也是因為元朝是由比較落後的蒙古族入主。他們要想支撐社會生活的各個方面，滿足蒙古族貴族的生活享受，穩定社會情緒，光靠他們本民族原有落後的百工技術，是根本辦不到的。所以才有所謂保護工匠的政策。

　　蒙古族最初只有一些與畜牧業相結合的家庭手工業，專業性的「百工之事無一而有」。到鐵木真西征時，俘獲了一批工匠，運用這批工匠，才逐步建立起一些製造兵器、軍火及其它手工藝品的專門性質的手工業。軍火、兵器是蒙古族貴族在征服戰爭和階級鎮壓中所必須的；手工藝品，特別是一些高級消費品和奢侈品，則更是蒙古族貴族所喜愛的。因此，他們在滅金亡宋的戰爭中，逐步認識到各族手工業勞動者的重要性。「舊制，凡攻城邑，敵以矢石相加者即為拒命，既克，必殺之[160]。」所以太宗四年

---

[158] (元)闕名撰，《大元聖政國朝典章》卷二〈興學校〉，國立故宮博物院於民國 61 年據元刊本影印。

[159] (明)宋濂撰，《元史》卷一百六十四、〈志卷第五十一・刑法二學規〉，明洪武三年(1370)刊嘉靖間南監修補本。

[160] (明)宋濂撰，《元史》卷一四六〈列傳卷三十三・耶律楚材傳〉，明洪武三年(1370)刊嘉靖間南監修補本。

圍攻汴梁時，由於「金人抗拒持久，師多死傷」，大將速不台便遣人請示
太宗：「城下之日：宜屠之。」但由於耶律楚材以城中「奇巧之工，厚藏
之家，皆萃於此。若盡殺之，將無所獲[161]」為理由，諫阻太宗屠城之諾，
太宗便制止了這次大屠殺，結果得到「避兵居汴者」一百四十七萬人，其
中就有很多是「奇巧之工」，此後便成為定例，各地屠城，「唯匠得
免」。並於戰爭中特別注意俘獲匠戶。一二三六年滅金之後，刮中原民匠
七十二萬戶；一二七九年滅宋之後，又刮籍人匠四十二萬戶；一二八四
年，又刮籍江南民為匠三十萬戶，選有手藝者有十餘萬戶；一二八七年再
次刮籍江南諸路匠戶。而在這種「唯匠得免」，刮籍匠戶的過程中，一些
自宋朝就以刻書為業的書坊，如余氏勤有堂、葉氏廣勤堂等保存了下來，
並在元代繼續發展。一些以刻書為職業的工匠也倖存了下來，繼續從事刻
書事業。這就構成了元朝刻書的技術基礎。

　　所以有元一代，在刻書事業上，比以前不但沒有什麼大的倒退，在某
些方面還有所前進和發展。據清錢大昕《補元史藝文志》的統計，元代刻
印、流通的圖書，經部為 804 種；史部為 477 種；子部為 763 種；集部為
1098 種，凡 3142 種[162]。前後歷史不到百年的元朝，有如此眾多的圖書傳
播於社會上，不能不說是可觀的盛況。

二、元代的刻書概況

　　西元一二六〇年，忽必烈廢除了由蒙古貴族會議選舉大汗的制度，自
立為大汗。並依靠和利用漢族地主武裝，起用一些漢族官僚，與以他弟弟
阿里布哥為首的另一部分蒙古族武裝，展開了長達四年的內戰，最後獲得
了勝利。西元一二六四年，忽必烈遷都燕京，即今北京。一二七一年正式

---

[161] (清)蔣廷錫等奉敕撰，《欽定古今圖書集成‧明倫彙編官常典》第二百三十九卷(第 276 冊第 3
頁)，民國二十三年中華書局影印，百家諸子中國哲學書電子化計劃 https://ctext.org/library.pl?if
=gb&file=91662&page=3

[162] 錢大昕撰，《補元史藝文志》，上海：商務印書館，民國二十六年十二月，頁 1-58。

定國號為「元」。

　　忽必烈建立元朝以後，不但在政權建設上承襲了宋、金以來中國封建政權組織的全部體制，並根據當時的社會情勢和政治需要，又加以變化、改革、完善和發展，形成了一套嚴密的管理體制，對以後的明、清兩代影響極深。

　　元朝政權建設和管理體制上的這種嚴密性，反映在刻書上，特別是反映在官方刻書機構與管理制度上，也是很嚴整的。現就元代公私刻書的機構，及其管理機關、管理體系、管理制度，分述於後。

　　元朝國家中央級的刻書機構比較簡單，大概只有秘書監的興文署、藝文監的廣成局、太史院的印曆局、太醫院的廣惠局或醫學提舉司。其餘則幾乎全部通過各級機關，各路儒學或書院刊板印行。

（一）興文署刻書

　　元朝負有刻書職責的興文署，屬秘書監，不屬國子監。到國子監領興文署肘，其職責已變為「掌提調諸生飲膳，與凡文牘簿書之事[163]」。完全是總務、後勤和秘書性質的機構了。

　　「至元十一年十一月初七日，太保大司農奏過事內一件，興文署掌雕印文書，交屬秘書監。……本署元設官三員，令一員，丞二員，校理四員，楷書一員，掌紀一員。事故官一員楊時照身故；校理二員，今改大都儒學教授孫蕡、劉震；見任官二員，署令馬天昭，署丞王鼎；校理二員，李嘉、古申；楷書呂勖；掌紀趙謙；雕字匠花名計四十名，作頭一名，匠三十九名；印匠一十六名[164]。」至元十三年雖有中書省奏請將興文署併入翰林院，由王待制兼管印造之事，但每年歷日事務仍撥付秘書監親管。且由王待制牘保董濟為作頭，仍舊在秘書監主管雕印工匠[165]。所以元朝興文署是個中央直屬的規模可觀的刻書機構，可惜它究竟刻過什麼書，現在已

<hr>

[163] (明)宋濂撰，《元史》卷八十七、志卷第三十七〈百官三〉，明洪武三年(1370)刊嘉靖間南監修補本。

[164] 元王士點、商企翁同撰，《秘書監志》卷七，藍格鈔本。

[165] 同註164。

很難稽考了。

「至元二十七年（1290）正月，復立興文署，掌經籍板及江南學田錢谷[166]。」職權範圍有所擴大，但仍以刻書為事。「至元二十七年正月，立興文署，召集良工刊刻諸經、子、史，以《通鑑》為起端[167]。」「朝廷于京師創立興文署，署置令丞並校理四員，厚給祿廩，召集良工剞劂經、子、史版本，流布天下，以《資治通鑑》為起端之首。所謂識時事之緩急，而審適用之務云云[168]。」這是興文署刻書的具體實例，也是北京刻書的明證。

其實從前面所引述的資料看，雕印《資治通鑑》，絕非興文署刻書之始。大概是至元二十七年復立興文署之後，以刻《資治通鑑》為起端。前邊已經說過了，元朝早在太祖、太宗之時「即知貴漢人，延儒生，講求立國立道」，興文署之以《資治通鑑》為刻書之起端，正反映了元朝統治者急於借鏡漢人封建統治治亂興衰的歷史經驗，所以被清代天祿琳琅的館臣們評為「識時事之緩急而審適用之務」。其實元朝統治者刻印《資治通鑑》遠比這要早。

「至元十九年夏四月己酉，刊行蒙古畏吾兒字所書《通鑑》[169]。」考興文署建於至元十一年，所以蒙古畏吾兒字所書《資治通鑑》，很可能也是由興文署掌刻的。惜早已失傳，不復可見。

（二）廣成局刻書

元朝中央直接管理的刻書機構，除秘書監的興文署之外，還有藝文監的廣成局。

---

[166] (明)宋濂撰，《元史》卷十六、本紀卷第十六〈世祖十三〉，明洪武三年(1370)刊嘉靖間南監修補本。

[167] (清)丁丙《善本書室藏書志》卷七〈史部二〉引《資治通鑑》條，清光緒辛丑(二十七年，1901)錢塘丁氏刊本。

[168] (清)于敏中撰，《欽定天祿琳琅書目》卷五《資治通鑑》條。百家諸子中國哲學書電子化計劃 https://ctext.org/library.pl?if=gb&file=107033&page=424

[169] (明)陳邦瞻《元史紀事本末》卷十八〈佛教之崇〉，清同治十三年(1874)江西書局刊本。

「藝文監，秩從三品。天曆二年置。專以國語敷譯儒書，及儒書之合校讎者俾兼洽之[170]。」這說明藝文監的設置，是專門為了用蒙古語翻譯和校定儒家著作的。所以在它的下面又設有兩個與其本職有直接關係的單位，一個是藝林庫，掌藏貯書籍；另一個就是廣成局。廣成局與藝文監同年設立，「設大使一員，從七品，副使一員，正八品。直長二人，正九品。司吏二人，掌傳刻經籍，及印造之事[171]。」其實廣成局不光掌管傳刻經籍，元代歷朝皇帝的所謂聖訓，也由它來雕板印行。可惜元朝廣成局究竟刻了多少書，風格怎麼樣，因為沒有實物傳下來，或者雖有實物流傳，人們還不認識它們的面貌特徵，所以很難描繪它的狀況。

元朝中央直屬的專門刻書機構，除上述興文署和廣成局以外，據知還有太醫院於大德四年（1300）刻過醫書《聖濟總錄》；國子監於延祐三年（1316）刻過小字本醫書《傷寒論》。此外，太史院專掌天文曆數之事，它下面設有印曆局。同時在腹里、江浙、江西，也分別設有印曆局勾管，專門掌管曆書的印刷。並規定「諸者告獲私造曆日者，賞銀一百兩。如無太史院曆日印信，便同私曆造者，以違制論[172]。」可見元代曆書的印造是由太史院及其特置的印曆局壟斷的。然而其印造的數量和風格，亦很難稽考了。

元朝官刻書籍除上述者外，最主要、最大量的還是由各個機關輾轉下達給各路儒學、書院、群庠、郡學、儒司所刻的書。

「元時書籍，並由中書省牒下諸路刊行[173]。」「嘗愛元人刻書，必經中書省看過，下有司，乃許刻印[174]。」這指的主要是官方刻書，私宅、坊肆所刻的書並沒有這麼嚴格的管理。而且就是官方刻書，也並不都是由中

---

[170] (明)宋濂撰，《元史》卷八十八、志卷第三十八〈百官四〉，明洪武三年(1370)刊嘉靖間南監修補本。

[171] 同上註。

[172] (明)宋濂撰，《元史》卷一〇五〈刑法志四‧作偽〉，明洪武三年(1370)刊嘉靖間南監修補本。

[173] (清)于敏中撰，《欽定天祿琳瑯書目‧茶宴詩注》，鈔本。

[174] (明)陸容撰，《菽園雜記》卷十，百家諸子中國哲學書電子化計畫 https://ctext.org/library.pl?if=gb&file=89213&page=126

書省批准，而是根據不同書的不同情況，由各個不同機關分別審批。

　　元朝的中書省是國家的政務中樞，或說是最高的權力機構。其職責是「典領百官，會決庶務[175]。」最高長官為中書令，常以太子兼領班，在一切臣僚之上。其次則為左右丞相，「統六宮，率百司，佐天子理萬機[176]。」中書省直轄山東西部及整個河北，謂之腹里。而以嶺北、遼陽、河南、陝西、四川、甘肅、雲南、江浙、江西、湖廣、征東十一個行中書省，分轄全國一百八十五路，三十三府，三百五十九州，一千一百二十七縣。這樣，從中央到地方它就都有了指揮權。元時官方的刻書出版事業，之所以中書省也管，正是由於這種政權體制所決定的，封建集權統治所必須的，也反映出元朝對刻書的管理制度是嚴格的。

　　至正五年（1345），江浙、江西行中書省奉旨開雕《遼史》一百六十卷，《金史》一百三十五卷。其前有給江浙行中書省的牒文，稱：「准中書省諮右丞相奏，去歲教纂修遼、金、宋三史，令江浙、江西二省開板，就彼有的學校錢內就用，及早教各印造一百部，欽此[177]。」六年（1346）刻《宋史》四百九十六卷目錄三卷，其前亦有牒文，稱：「精選高手人匠就用，費去淨稿，依式鏤板，不致差訛。所用工物，本省貢士莊錢內應付。如果不敷，不拘是何錢內放支，年終照算。仍禁約合屬，毋得因而一概動擾違錯。工畢，用上色高紙印造一百部，裝潢完備，差官赴都解納[178]。」這是由皇帝直接下令編纂、刻印書籍的實例。中國國家圖書館今藏有元至正五年江浙等處行中書省所刻《金史》殘帙，十行 22 字，細黑口，四周雙邊，存一卷（二十六卷），可為證明。

　　後至元六年（1340），國子監牒呈中書省批准，下浙東道宣慰使司都

---

[175] (明)宋濂撰，《元史》卷八十五、志卷第三十五〈百官一〉，明洪武三年(1370)刊嘉靖間南監修補本。

[176] (明)宋濂撰，《元史》卷八十五、志卷第三十五〈百官一〉，明洪武三年(1370)刊嘉靖間南監修補本。

[177] 摘錄自《金史附錄》，〈金史公文〉https://zh.m.wikisource.org/wiki/%E9%87%91%E5%8F%B2/%E9%99%84%E9%8C%84

[178] (元)脫脫撰，《宋史》四百九十六卷，明成化十六年(1480)兩廣巡撫朱英刊嘉靖間南監修補本。

元帥府，分派慶元路儒學召工鑴刻《玉海》二百卷、《辭學指南》四卷、《詩考》一卷、《地理考》六卷、《漢藝文志考證》十卷、《通鑒地理通釋》十四卷、《漢制考》四卷、《踐作篇集解》一卷、《周易鄭康成注》一卷、《姓氏急就篇》二卷、《急救篇補注》四卷、《周書王會補注》一卷、《小學紺珠》十卷、《六經天文篇》二卷、《通鑒答問》五卷，此為國子監通過中書省下各路儒學刻書的實例。中國國家圖書館亦有所珍藏，其中部分版本為明初遞修本。

後至元二年（1336）十二月初六日，翰林國史院待制謝端，修撰王文煜、應奉黃清老，編修呂思誠、王沂、楊俊民等，進呈奎章閣授經郎蘇天爵編輯的《國朝文類》稱：「伏覩奎章閣授經郎蘇天爵，自為國子諸生，歷官翰林僚屬，前後蒐輯殆二十年，今已成書，為七十卷。凡歌詩賦頌、銘贊序記、奏議雜著、書說議論、銘志碑傳，其文各以類分，號曰：《國朝文類》。雖文字固富於網羅，而去取多關於政治。若於江南學校錢糧內刊板印好，豈惟四方之士廣其見聞，實使一代之文煥然可述矣。」翰林國史院得到上述呈奏又轉呈禮部，稱：「授經郎蘇天爵所纂文類，去取精詳，有裨治道。如准所言，移諮江南行省，於贍學錢糧內鋟梓印行。」禮部議准之後，又呈中書省，稱：「……若准所言，鋟梓刊行，以廣其傳，不唯黼黻太平，有裨於昭代，抑亦鉛槧相繼，可望于後人。如蒙准呈，宜從都省移諮江南行省，於錢糧眾多學校內委官提調，刊勒流布。」中書省議准禮部諮文，「檢草令收管，齎諮順帶前去……諮請依上施行。」最後由江浙行省下江南浙西道肅政廉訪司書吏馮諒。馮諒看後認為「上項文類，記錄著述，實關治體」，於是交西湖書院山長「計料工物價錢，所需贍學錢，遵依省准。」且移文「福建、江東兩道廉訪司，催促疾早支撥起發[179]。」於是《國朝文類》以西湖書院的名義，刊板流行於世。此為書院刻書之實例。國家圖書館藏有此本的全帙。《國朝文類》七十卷，（元）

---

[179] 李致忠〈元代刻書述略〉，上海新四軍歷史研究會印刷印鈔分會編，《歷代刻書概況》，北京：印刷工業出版社，1991，頁 231。（元）蘇天爵編，《國朝文類》〈公文〉，元後至元至正間(1335-1367)西湖書院刊明成化 9 年(1473)吏部修補本。

蘇元爵撰，之後至元至至正間（1335-1367）西湖書院刊明代遞修本配補鈔本。10 行 19 字，注文小字雙行，字數同，左右雙欄，版心線黑口，雙黑魚尾，下方記刻工。從此書的編纂、呈請、刊刻過程，一方面說明元朝對刻書管理的嚴密性，另一方面也反映出元朝統治者對有關政治可實關治體、有裨治道的著作，是十分重視的。因此才逐級審核，逐級呈請，最後由書院瞻學錢糧內出資刊佈流傳。

至治元年（1321），御史台根據監察御史的呈請，申報中書省，送禮部議准，發江浙、江西行中書省刻印元王惲《秋澗先生大全集》五十卷。

至正八年（1348），御史台根據監察御史段弼、楊惠、王思順、蘇寧等呈請，申報中書省，送禮部議准，牒下江浙行省，發各路儒學刻印宋褧《燕石集》十五卷。此為御史台通過中書省和禮部，下行省和各路儒學刻書的實例。

延祐五年（1318），由集賢院呈請中書省，札付禮部議准，發下江西等處行中書省所轄各路儒學，刻印郝文忠《陵川集》三十九卷。此為集賢院通過中書省和禮部，行各路儒學刻書的實例。

上述是元朝中央有關單位，經中書省札付禮部，下各路儒學刻書的例證，亦反映了元政府對刻書管理體制的嚴整性。

後至元五年（1339），江北淮東道肅政廉訪司，根據本道廉訪使蘇嘉的呈請，移文揚州路總管府，照行本路儒學刻印馬祖常《石田先生文集》十五卷。此本今藏中國國家圖書館。

至正二十五年（1365），江南浙西道肅政廉訪司，據平江路守鎮公司牒請，下平江路儒學，刻印鮑彪注《戰國策》十卷。此書今亦藏中國國家圖書館。台北國家圖書館藏有「明覆刊元至正乙巳」（二十五年，1365）平江路儒學本。此為肅政廉訪司下各路儒學刻書的實例。

在元朝，這種由各道政廉訪司發起，下各路儒學刻書的實例還可舉出很多，但其中最突出最有名的要算是九路學儒所刻印的十七史。

大德九年（1305），江東建康道肅政廉訪司副使伯都，以為「經史為學校之本，不可一日無之。板籍散在四方，學者病焉。浙西十一經已有全

板，獨十七史未也。職居風憲，所當勉勵[180]。」由於伯都的提倡，江東建康道肅政廉訪司亦以「十七史書難得善本，從太平路學官之情，編牒九路。令本路以《西漢書》率先，俾諸路咸取而式之。置局於尊經閣，致工于武林。三復對讀者，耆儒姚和中輩十有五人，重校修補者學正蔡泰亨。版用二千二百七十五面，工費具載學記，茲不重出。始大德乙巳仲夏六日，終是歲十有二月二十四日……。承務郎太平路總管府判官劉尊督工；江東建康道肅政廉訪副使伯都調……[181]。」考江東道所轄為寧國、徽州、饒州、集慶、太平、池州、信州、廣德八路，另外加一個鉛山州。其實所謂九路儒學刻印十七史，路既無九路，史也未刻十七史。據現在所知：大德九年（1305），太平路儒學刻印《漢書》一百二十卷；寧國路儒學刻印《後漢書注》九十卷《志注補》三十卷；瑞州路儒學刻印《隋書》八十五卷；建康路儒學刻印《新唐書》二百二十五卷、《晉書》一百三十卷、《新五代史》七十四卷；大德十年（1306）池州路儒學刻印《三國志》六十五卷；信州路儒學刻印《北史》一百卷、《南史》八十卷。總共是七路刻印了十史，其餘諸史均未付梓。其中《漢書》、《後漢書》、《隋書》、《南史》、《北史》等，國家圖書館至今還都有珍藏。

其餘各路儒學，或自有著述文字，經本路儒學提舉司考校；或因山長善長崇信某書，由各路儒學刻印之書，還不勝枚舉。如中國國家圖書館所藏的大德九年（1305），無錫州學刻印的《白虎通德論》十卷，《風俗通義》十卷；十年（1306）紹興路儒學刻印的《吳越春秋音注》十卷；大德間三山郡庠刻印的《通志》二百卷；至正元年（1341）集慶路儒學刻印的《樂府詩集》一百卷；四年（1344），集慶路儒學、溧陽州學、溧水州學合資刻印的《金陵新志》十五卷；七年（1347）福州路儒學刻印的《樂書》二百卷、《目錄》二十卷、《正誤》一卷；同年，福州路儒學又刻印《禮書》一百五十卷；至正十四年（1354）嘉興路學官刻印的《汲家周書

[180] 李致忠〈元代刻書述略〉，上海新四軍歷史研究會印刷印鈔分會編，《歷代刻書概況》，北京：印刷工業出版社，1991，頁232。

[181] (清)于敏中撰，《欽定天祿琳琅書目》卷五《漢書》條，鈔本。

注》十卷；嘉興路儒學刻印的《大戴禮記注》十三卷；十五年又刻印《詩外傳》十卷；以及至正二十三年（1363）呈郡庠刻印的《通鑑總類》二十卷等，都是非常有名的元代儒學刻本書。

從上面的敘述看，元代官刻之書，幾乎是從各個管道而來，最後都通向各路儒學，由儒學付梓印行。這是元朝對刻書出版事業管理體制上的特點，也是元代儒學具有經濟條件的具體反映。元時「郡縣俱有學田，其所人謂之學糧，以供師生廩餼，餘則刻書，以足一方之用。工大者則糾數處為之，以互易成帙。故讎校刻畫頗有精者，初非圖鬻也[182]。」這就是元朝儒學刻書之盛的內在原因。

元朝學校之設，除各路儒學之外，並由國家或私人撥捐學田，例如西湖書院，就有「郡人朱慶宗捐宜興州田二百七十五畝，歸於書院[183]。」所以這些書院也很有條件從事刻書事業。現僅據中國國家圖書館所藏，即可知：大德三年（1299），廣信書院刻印了《稼軒長短句》二十卷；六年（1302），宗文書院刻印了《經史證類大觀本草》三十一卷，又刻印《五代史記》七十四卷；延祐二年（1315），圓沙書院刻印了《周易程朱先生傳義附錄》二十卷、《程子上下篇義》一卷、《朱子易圖說》一卷、《周易五贊》一卷《筮議》一卷；泰定四年（1327），西湖書院刻印了《文獻通考》三百四十八卷；元統二年（1334），梅溪書院刻印了《韻府群玉》二十卷，又刻印《皇元風雅》三十卷；至正十一年（1351），建安書院刻印了《蜀漢本末》三卷；二十六年（1366），南山書院刻印了《廣韻》五卷；雪牕書院刻印了《爾雅注》三卷。其餘據各家書目所著錄，元朝各地書院還刻過很多書。僅舉上述實存的數例，亦可反映出元代書院刻書之盛，所以顧炎武稱：「聞之宋元刻書，皆在書院。山長主之，通儒訂之，學者則互相易而傳佈之。故書院之刻有三善焉：山長無事而勤於校讎，一

---

[182] (明)陸深撰，《金臺紀聞》，明萬曆間(1573-1620)繡水沈氏尚白齋刊本。

[183] (元)黃溍撰，《文獻集》卷七上〈西湖書院田記〉，《摛藻堂四庫全書薈要》本，百家諸子中國哲學書電子化計劃 https://ctext.org/library.pl?if=gb&file=72066&page=114

也；不惜費而精工，二也；板不貯官而易印行，三也[184]。」

顧炎武所謂的「宋元刻書，皆在書院」，雖然未必是事實，但其評論書院刻書的優點，則是很正確的。以中國國家圖書館所藏大德九年茶陵陳仁子東山書院所刻《古迂陳氏家藏夢溪筆談》為例，即可證明這一點。此書每半頁十行，行十七字，白口，左右雙邊。開本極大，版心甚小，天頭地腳極寬，元時蝴蝶裝，別具風格。陳仁子刻書序後，仍附刻乾道二年左迪功郎充揚州州學教授湯修年跋，說明其刻祖於宋版，所以在文字上有很多勝於通行本處。尤其是它的開本之鋪陳，裝幀之研究，版刻之精湛，風格之迥異，過去使人望而不解。待研究了元代書院之背景，就清楚地知道它的確是元代書院刻書的代表作品。考陳仁子，號古迂。南宋度宗咸淳十年（1274），舉漕試第一。後五年，南宋徹底崩潰。入元後誓不出仕，營別墅於茶陵東山，專事講學、著述和刻書[185]。以他為山長的東山書院，注重學問，勤於校讎，可想而知。故其所刻《夢溪筆談》在文字上頗有優勝處。又因書院本身有錢，所以「不惜費而工精」，故此書刻印精湛，開本鋪陳，裝幀考究。因此，顧炎武對元時書院刻書的評論，是完全符合實際情況的。後人對元時書院刻書尤為重視，也完全是有根據、有理由的。

元朝統治者在統一全國的過程中和統一全國之後，對當時中國的各族人民，尤其是對漢人和南人，實行了野蠻的殘酷的民族壓迫和階級鎮壓，使很多無辜的百姓慘遭殺害。但有一條，就是對各行各業的工匠，在屠殺中可免於死。雖然他們在人身上難免淪為奴隸，但究竟保存了性命。所以就整個社會來講，還是保存了一定的技術力量和基礎。自宋代以來雕版印書就很發達的兩浙、福建與江西，在這一政策的保護下，一些刻書的私宅與坊肆，也就得以維持和發展。而且在它們的影響下，一些新的刻書網點還不斷產生，從而又繁榮了元代社會的刻書出版事業。

早在元朝定鼎之前，也就是在蒙古貴族奪取全國政權的過程中，就很

---

[184] (清)顧炎武撰，《日知錄》卷十八〈監本二十一史〉，清乾隆三十四年(1769)吳縣潘氏遂初堂刊本。

[185] 參考《中華典藏》陳仁子簡介 https://www.zhonghuadiancang.com/renwu/chenrenzi/

注重尊經崇儒、舉賢招隱。雖然其主觀動機是為了政治，但在客觀上，無論是對於抬舉儒家，或是對於提倡社會文化，都還是起了一定的促進作用的。元朝著名的大儒，宋代程、朱理學的忠實信徒姚樞和許衡就都早在太宗時被聘為上賓，成為元朝高級統治集團中運籌帷幄的人物。

太宗七年（1235），大軍南伐；詔姚樞與楊惟中一道，於戰爭中尋求儒、道、釋、醫、卜等人。等到大軍攻破德安，尋找到名儒趙復，並因他們得到了程頤、朱熹之書。太宗十三年（1241），賜姚樞金符，並做了燕京行台郎中。會蒙古族牙魯瓦赤行台徇私舞弊，樞因棄官，「遂攜家來輝，墾荒蘇門，冀田數百畝，修二水輪，誅茅為堂……，又汲汲以化民成俗為心，自版《小學》書、《論孟或問》、《家禮》；俾楊中書版《四書》；田和卿尚書版《聲詩折衷》、《易程傳》、《書蔡傳》、《春秋胡傳》，皆脫於燕。又以《小學》書流布未廣，教弟子楊古為沈氏活板，與《近思錄》、《東萊經史論說》諸書，散之四方[186]。」這是元朝定鼎之前就有私人刻書的開端，也是現知北京刻書的最早記載。其中尤為引人注目的是，姚樞還讓他的弟子楊古「為沈氏活板」，擺印《小學》書及《近思錄》、《東萊先生經史論說》。這裡所謂的「為沈氏活板」，其實指的就是按照宋沈括在其《夢溪筆談》中所記載的畢昇的泥活字擺印的方法。因此，姚樞和楊古當是在畢昇發明泥活字印刷術之後二百年，第一次進行大膽實踐，而且做成功了的人。他們比清代李瑤仿畢昇之法，用泥活字印刷《南疆繹史》、《校補金石例四種》，及翟金生仿畢昇之法，用泥活字擺印《泥版試印初編》、《翟氏家譜》等，大約要早六百年；比元代王禎用木活字印製《農書》也要早半個世紀。因此，它在中國文化史上，尤其是印刷史上，當佔有非常重要的地位。這是元朝定鼎之前，卻又在蒙古族的管轄範圍之內，印刷事業上出現的奇跡。此可謂元朝私宅刻書的起端。可惜這些書都沒有傳下來，無法窺其貌，更無法描繪其版式特徵。

蒙古定宗四年（1249），平陽張存惠晦明軒刻印了《重修政和經史證類備用本草》三十卷。此可謂現知元朝定鼎之前，又有實物流傳的坊肆刻

186 (元)姚燧撰，《牧庵集》卷十五〈中書左丞姚文獻公神道碑〉，烏絲欄鈔本。

書的最早記載。世祖中統元年（1261），平陽道參幕段子成刻印《史記集解索隱》一百三十卷。此可謂元朝定鼎之前，又有實物流傳，和私宅刻書最早實例。

待到元滅金亡宋，建立統一的全國政權之後，隨著社會環境的安定和社會文化的復甦，私宅、坊肆刻書就更加蓬勃地發展了起來，亦可大體勾畫出元代私宅、坊肆刻書的盛況。

建安余氏勤有堂以刻書為業蓋昉於北宋，中經南宋，直至元、明，歷時幾百年。其刻書之多，名氣之大，實為雕版印刷史上的佼佼者。元時舊業仍操，一方面說明余氏有志於刻書出版事業，另一方面也反映元代對刻書事業還是保護的。其它很多書鋪，不論是舊有的，還是新生的，多以刻書為事，也正是元代保護工匠，提倡社會文化政策的結果。

如至正元年（1341），虞氏務本堂還刻印了元趙孟頫的《趙子昂詩集》七卷；至正六年（1346）又刻印了《周易程朱傳義音訓》十卷、《易圖》一卷。敏德書堂還刻印了元朱祖義的《直音傍訓尚書句解》十三卷。劉氏學禮堂還刻印了《新刊履齋示兒編》二十三卷。碧山精舍刻印了《湖海新聞堅續志前集》十二卷。李氏建安書堂刻印了元孫存吾輯的《皇元風雅後集》六卷等。其實際私宅、坊肆之多，刻書之廣，遠不只上述這些。僅據日人長澤規矩也所見所聞列出的《元朝私刻本表》，私宅、坊肆就有一百一十八家、刻印圖書二百三十二部。這恐怕也只能反映元朝私人刻書的一斑，仍不能說是全貌。並且元朝政治中心北移，刻書業雖然仍以江浙、福建為盛，但隨著建都北京，北方山西的平水以及北京等地的刻書，也逐漸興盛了起來。

表 1：元代私宅刻書一覽表[187]

刻書處	作者／書名	刻書時代
傅子安	朱熹《楚辭集注》八卷《辨證》二卷，《後語》六卷	至元二年
沈伯玉家塾	趙孟頫《松雪齋文集》十卷《外集》一卷	至元五年
彭寅翁崇道精舍	三家注《史記集解索引正義》一百三十卷	至元二十五年
丁思敬	曾鞏《元豐類稿》五十卷，《續附》一卷	大德八年
李懷壽	姬志真《知常先生雲山集》五卷	延祐六年
范世褒賢世家家塾歲塞堂	范仲淹《范文正公集》二卷，《別集》四卷，《政府奏議》二卷，《尺牘》三卷，范純仁、范純粹《遺文》一卷，樓鑰《年譜》一卷。 後人輯佚的《年譜補遺》一卷，《祭文》一卷，《諸賢讚頌論疏》一卷，《論頌》一卷，《詩頌》一卷，《朝廷優崇》一卷，《言行拾遺事錄》四卷，《都陽遺事錄》一卷，《遺跡》一卷，《褒賢詞記》二卷。	天曆至正間
甬東家塾	程端禮《程氏讀書分年日程》三卷。	元統三年
劉君佐翠岩精舍	胡一桂《詩集傳附錄纂疏》二十卷，《詩序附錄纂疏》一卷，《語錄集要》一卷。 郎曄注《陸宣公奏議》十五卷。 陳彭年《廣韻》五卷	泰定四年 至正十四年 至正十六年

（續）

---

[187] 李致忠〈元代刻書述略〉，上海新四軍歷史研究會印刷印鈔分會編，《歷代刻書概況》，北京：印刷工業出版社，1991，頁 237-238。楊繩信編著，《增訂中國版刻綜錄》，陝西人民出版社，2014。

刻書處	作者／書名	刻書時代
蘇天爵	林泌、樓昉《兩漢詔令》二十三卷	至正九年
高德基	周伯琦《說文字原》一卷	至正十五年
休寧商山議塾	趙汸《春秋屬辭》十五卷 趙汸《春秋師說》三卷，《附錄》二卷 趙汸《春秋左氏傳補注》十卷	至正二十年 至正二十四年 至正二十四年
朱元佑	岳珂《鄭國金佗稡編》二十八卷，《續編》三十卷	至正二十三年
盱南孫氏	《詳音句該明本大字毛詩》四卷	至正二十七年
劉祥卿	《新編孔子家語句解》十卷	至正二十七年
岳荊谿家塾	《周易注》九卷，《略例注》一卷，《春秋經傳集解》三十卷，《春秋名號歸一圖》二卷，《年表》一卷，《孝經注》一卷，《論語集解》十卷，《孟子注》十四卷。	

表2：元代坊肆刻書一覽表[188]

刻書處	作者／書名	刻書時代
胡氏吉林書堂	《新刊黃帝內經靈樞》十二卷	至元五年
武夷詹光祖月厓書堂	《黃氏補千家集注杜工部詩史》三十六卷	至元二十四年
平水曹氏進德齋	元好問《中州集》十卷《樂府》一卷	至大三年
種善堂	徐鍇《說文解字韻譜》五卷	延祐三年

（續）

---

[188] 李致忠〈元代刻書述略〉，上海新四軍歷史研究會印刷印鈔分會編，《歷代刻書概況》，北京：印刷工業出版社，1991，頁 238-239。楊繩信編著，《增訂中國版刻綜錄》，陝西人民出版社，2014。

刻書處	作者／書名	刻書時代
葉曾商皐書堂	蘇軾《東坡樂府》二卷	延祐七年
宗文堂	劉因《靜修先生文集》二十二卷	至順元年
益友書堂	范梈《范德機詩集》七卷	後至元六年
吳志淳好古齋	張有《復古編》二卷	至正六年
積德書堂	程頤《周易傳》六卷	至正九年
余氏雙桂書堂	羅復《詩集傳名物鈔音釋纂集》二十卷 陳彭年《廣韻》五卷	至正十一年 至正十一年
虞氏復明齋	李廉《春秋諸傳會通》二十四卷	至正十一年
劉叔簡日新書堂	陳彭年《廣韻》五卷	元統三年
劉叔簡日新書堂	揭傒斯《揭曼碩詩集》三卷	後至元六年
劉叔簡日新書堂	黃瑞節《朱子成書附錄》十卷	至正元年
劉叔簡日新書堂	《增廣事聯詩大成》三十卷	至正二年
劉叔簡日新書堂	朱禮《漢唐事箋對策機要》十二卷,《後集》八卷	至正六年
劉叔簡日新書堂	朱倬《詩經疑問》七卷,趙惠《附編》一卷	至正七年
劉叔簡日新書堂	汪克寬《春秋胡傳纂疏》三十卷	至王八年
劉叔簡日新書堂	劉瑾《詩集傳通釋》二十卷,《綱領》一卷,《外綱領》一卷	至正十二年
劉叔簡日新書堂	鄒季友《書集傳音釋》六卷	至正十七年
高氏日新堂	《太平惠民和劑雙方》十卷,《指南總論》三卷,《增廣和劑局方圖經》《本草藥性總論》一卷	至正二十六年
余志安勤有堂	董鼎《書集傳輯錄纂注》六卷,《朱子說	延祐五年

（續）

刻書處	作者／書名	刻書時代
	書綱領輯錄》一卷	
余志安勤有堂	胡炳文《四書通》二十六卷	天曆二年
余志安勤有堂	張存中《四書通證》六卷	天曆二年
余志安勤有堂	蘇天爵《國朝名朝事賂》十五卷	元統三年
余志安勤有堂	《分類補注李太白詩》二十五卷	

　　所以說，元朝的刻書事業，從中央直屬的刻書機構，到各路儒學、書院的官刻，加上遍佈全國各地的私宅、坊刻，可以說形成了發達的刻書網路。從而使由宋代興盛起來的刻書出版事業，得以繼續向前發展。

第五節　明代的版刻

　　明朝是刻書事業大發展的時期，從中央到地方，從官府到私坊，刻家星羅棋佈，刻書蔚然成風。明代不僅刻書內容豐富，數量驚人，而且在活字、套版及版畫等方面的技術都有長足進步。就我國現在古籍來看，唐五代刻書猶如鳳毛麟角，宋元舊刻亦是屈指可數，而明本則是汗牛充棟。

　　明朝之初，太祖朱元璋採取了與民休息的政策。他曾說：「天下初定，百姓財力俱困，譬猶初飛之鳥，不可拔其羽，新植之木，不可搖其根，要在安養生息之[189]。」根據朱元璋這個指導思想，明王朝先後採取了蠲免稅糧、興修水利、獎勵墾荒等一系列措施。因此，在明初六、七十年間，社會生產得到了較快的恢復，並逐漸繁榮起來。

　　明代中期以後經濟畸形發展，土地兼併愈演愈烈，大批農民傾家蕩產後流入城鎮，給手工業提供了廉價勞動力，據記載，當時單是蘇州就有出

---

[189] 明實錄太祖實錄《太祖高皇帝實錄》卷之二十七〈吳元年十一月〉，百家諸子中國哲學書電子化計畫 https://ctext.org/wiki.pl?if=gb&res=555283&searchu

賣勞力的織工、染工一萬多人。這就為發展資本主義工商業創造了條件，資本主義如始萌芽。隨著資本主義工商業的發展，其地域性分工也逐漸明顯，如絲織業中心在蘇州，棉織業中心在松江，染業中心在蕪湖，瓷業中心在景德鎮。全國還出現了北京、南京、蘇州、杭州、楊州、武昌、廣州、桂林等三十多個大商業中心。明代農業、工業、商業的發展，為刻書事業的繁榮打下了物質基礎。

伴隨著資本主義的萌芽和城市的發展，城市居民也日益增多，當這些市民的物質生活得到一定的滿足之後，就會對文化生活提出相應的或更高的要求，於是戲曲、小說等市民文學和工藝美術作品便大量產生，這就為圖書的刊刻印行提供了豐富的稿源和廣闊的市場。當時，有許多圖書在社會上發生了很大的影響，有的圖書甚至成了市民暴動和農民起義鬥爭的武器，明末農民起義領袖張獻忠就「日使人說《水滸傳》、《三國》諸書，凡埋伏攻襲皆效之[190]」，這種以「市井細民」為主要讀者和觀念的明代「俗文學」，是對唐宋傳奇、宋元話本、元雜劇等文學形式的繼承和發展，具有強大的生命力，它的繁榮推動了刻書事業的發展。

為了加強專制的中央集權制，明朝統治者很重視文化教育事業。建國第二年，朱元璋就詔諭中書省：「朕恒謂治國之要，教化為先。教化之道，學校為本。今京師雖有太學，而天下學校未興，宜立郡縣皆立學[191]。」自此，全國各府州縣皆先後設立儒學，並規定各地學校一以孔子所走經書誨諸生，大力推崇〈四書〉、〈五經〉，制訂了八股文取士制度，營造禮賢館於應天，招聘賢能之士並給予優厚的待遇。文化教育事業的發展，促使刻書事業興盛，為了發展刻書事業，統治者實行了特殊的政策，「洪武元年八月，詔除書籍稅[192]」，並於同年「命有司博求古今書籍

---

[190] (清)劉鑾撰，《五石瓠》〈水滸小說之為禍〉，清道光中吳江沈氏世楷堂刊本。

[191] (清)谷應泰撰，《明史紀事本末》卷十四〈開國規模〉，《乾隆御覽四庫全書薈要》本。百家諸子中國哲學書電子化計畫 https://ctext.org/library.pl?if=gb&file=73406&page=144

[192] (清)龍文彬編纂，《明會要》卷二十五〈學校下〉，百家諸子中國哲學書電子化計劃 https://ctext.org/wiki.pl?if=gb&chapter=536317&searchu=

¹⁹³」，這對刻書事業無疑是個極大的刺激。因此，明代上上下下都以藏書為貴，刻書為榮。

隨著手工業的發展，明代造紙技術也有很大提高，據《天工開物》記載，明代在製造竹紙、皮紙等各種紙張的選料、配料方法和工藝等方面都有創新和進步。明代圖書多用竹紙、棉紙印造，當時生產的竹紙雖薄而易老化，但不易受蟲蛀，生產的棉紙瑩潔，有如玉版，韌性極強，宣於收藏。精巧的造紙技術，生產出了高品質的紙張，為刻書事業的發展提供了物質條件[194]。印刷術自唐代發明之後，到明代已有六、七百年的歷史，其間雕版印刷事業從未間斷，技術日趨成熟，明代專門從事刻印業的人才數以萬計，一支雕版印刷隊伍已經形成。

明代的刻書單位很多，包括官刻、家刻還有坊刻。其中官刻包含了從中央到地方，以及藩府刻書；很多個人都有刻書稱為家刻；坊刻是占明代刻書單位中的大部分。

明代刻書之盛，比之前代有過之而無不及。首先體現在刻書地點分佈很廣，所有省區都有刻書，如嘉靖、萬曆時人周弘祖《古今書刻》著錄各地刻書情況，連海南島的瓊州府也刻了《瓊州吟稿》等書三種。當時的刻書中心有南京、北京、蘇州、徽州、湖州，其中南京刻書就有 274 種，蘇州府刻書有 274 種。今人杜信孚先生在《全明分省分縣刻書考》也收錄了明代刻者 4670 人，刻書 8260 種，以及各省刻書的情況，刻書幾乎遍及全國的各府縣[195]。由此可以看出明代刻書是非常普遍，以致延伸到一些邊遠地區也有刻書。

其次就是刻書之人特別多，甚至可以用氾濫來形容。這包括官方刻書、私家刻書還有坊刻。一是官刻之風極盛。內府監司、南北兩京國子監、兩京都察院、欽天監、太醫院、大理寺、禮部、戶部、兵部等，都兼

---

[193] 同上註。

[194] (明)宋應星撰，《天工開物》〈殺青第十一卷〉，百家諸子中國哲學書電子化計劃 https://ctext.org/library.pl?if=gb&file=33042&page=138

[195] 杜信孚、杜同書作，《全明分省分縣刻書考》，北京市：線裝書局，2002。

事刻書。還有地方政府，包括各布政司、各府、各族察司刻書，據不完全統計，總數達 1,724 種。 明代十三省和兩個直隸區幾乎都有刻書活動，絕大部分的府一級政府也有印刷活動。二是諸藩王刻書之多。據周弘祖《古今書刻》載，有 15 個王府刻書，在藩府刻書中最有名的是蜀王府，刻書總 28 種。據學者統計，各藩王刻書總數達 430 種，比南北國子監刻書還多 [196]。而據張秀民《中國印刷史》載，有 42 個王府刻書，人數是 93 人，總計達 395 種書。三是私家刻書在士大夫之間蔚為風氣。杜信孚先生的《明代版刻綜錄》一書，是以出版者為綱，用他的說法，稱之「刊者」或是「監刻人」。全書共有出版者 5,257 家。其中有些是重出互見的。除掉這些重的（378 家），再將中央、省、州、縣、書院、縣學、藩刻等屬於官刻的除掉（227 家），餘下的 4652 家，便都是私刻的了。在這 4652 數字中，表明書林的有 409 家，其餘 4243 家。總括起來說，約略言之，《明代版刻綜錄》一書中的坊刻單位是 400 餘家，家刻單位是 4200 餘家[197]。

一、官刻

明代官刻從中央到地方，刻書機構之多，歷朝歷代皆難與比擬；刻書內容之豐富，亦堪稱歷代官刻之最；就數量而言，非常多的。清人袁棟說官書之風至明極盛，南北兩京、各道，無不盛行雕造的，這很好的證明了明代官刻是極其興盛的。

（一）國子監刻書

國子監是中國封建社會歷朝歷代都有設置，是封建國家的最高學府。

---

[196] 李瑞良著，《中國古代圖書流通史》上海：上海人民出版社，2000 年，頁 354。(明)周弘祖撰，《古今書刻》二卷，臺北市：成文，1978 據清光緒三十二年長沙葉氏觀古堂刊本影印，書目類編；88。

[197] 繆詠禾著，《明代出版史稿》南京：江蘇人民出版社，2000 年，頁 62。張秀民著，《中國印刷史》，上海市：上海人民出版社，1989。杜信孚纂輯，《明代版刻綜錄》，揚州市：江蘇廣陵古籍刻印社，1983。

國子監的刻書一般稱為「監本」。其起開始刊書始於五代，一直沿襲到明清時期。國子監主要是由學問淵博，德高望重的儒臣負責。國子監所刊刻的書體現著統治者的意識，所以明代的國子監主要刊刻的都是一些正經正史等學術價值比較高的書籍，因此「監本」書籍一直是歷代藏書家很愛收藏的圖書。明朝在開國之前一年就在集慶府也就是南京儒學舊址上建立了國子學，洪武十五年（1382）五月，新建太學竣工，改為國子監，這就是常稱的南京國子監。永樂間成祖遷都北京，又在北京設立了國子監，簡稱北監，又稱北雍。

　　南京國子監並未撤銷，因此明代有兩個國子監，南京國子監簡稱南監，又稱南雍。南京國子監建成以後，首先儲集了元集慶路儒學舊藏的各路史書板，又接收了元代杭州西湖書院（南宋為太學）所刻板片共 20 餘萬片，西湖書院除元刻外，又保存了不少南宋國子監的殘板。南監又從地方上收取書板，洪武年差人往取廣東布政司成化間所刻《宋史》板。《元史》則為洪武初內府板送入南雍者。洪武十五年「帝以國子監所藏書板，歲久殘剝，命諸儒考補，工部督匠修治[198]。」永樂二年（1404）明成祖下令工部修補國子監經籍板。又宋、齊、梁、陳、魏、北齊、周七史，為宋紹興眉山刊本，也在南監。洪武至嘉靖、萬曆，又迭經補修。監中所藏《二十一史》板多漫漶，《梁書》尤甚，《史記》、《前後漢書》殘缺模糊，原板脆薄，剜補遂即脫落。嘉靖七年（1728）皇帝命禮、工部將南監存留舊版用心修補，以便傳佈。因此南監也以利用這些舊書板刊書而出名。「板既叢亂，每為印刷匠竊去，刻他書以取利，故旋補旋亡。至成化初祭酒王儼會計諸書亡數已逾二萬篇。弘治初始作庫樓貯藏板片。至嘉靖二十三年（1544）亡缺者視成化初又過半矣[199]」，到了明代中後期對這些舊板保護的不得力。

　　南京國子監還有自己彙編，刊刻的書籍。據嘉靖時黃佐《南雍志》記載，南京國子監刻書多至 100 餘種。而周弘祖《古今書刻》著錄則多達 271

---

[198] (清)張廷玉．《明史》卷 138 《列傳二十六》，清乾隆四年(1739)武英殿刻本。

[199] (明)黃佐撰，《南雍志》卷十八《經籍考下篇》，朱絲欄鈔本。

種。如除刊印《二十一史》，還刊印《文獻通考》、《通鑒》、《通鑒綱目》、《通典》等，這對於保存我國重要史書，有很大貢獻，又出版虞世南、歐陽詢、趙孟頫寫的《百家姓》、《千字文》等法帖九種，以供臨摹學習；科技書有《天文志》24 卷，著名的建築書宋李誡《營造法式》30卷、《農桑撮要》、《河防通議》等：醫藥書有《大觀本草》、《壽親養老新書》[200]。

北京國子監收藏的書板少，刊刻發行的書籍也少於南監，質量也不如南監好。國子監所刊書中最重要的有《十三經注疏》、《二十一史》等。「南北兩雍所貯書籍，俱漫漶不完。近年北監奏請重刊二十一，陸續竣本，近呈御覽，可謂盛舉矣[201]。」成化時的《國子監志》卷九記載北監刊版書目有 47 種，弘治時修的《國子監續志》記錄北監刊印主要有 66 種書，但都可見北京國子監刻書遠遠少於南京國子監。

（二）司禮監經廠刻書

洪武十七年（1384）置司禮監為宦官二十四衙門之一；司禮監，旗下設有經廠，專司刻書，主要是刻印皇帝批准的各種書籍。下分設漢經廠以刻印制、誥、律、令等政令典章和經、史、子、集四部書為主；明朝皇帝，非信佛即崇道，番經廠和道經廠，則主要刻印佛典和道家書。初定南京期間，經廠有刻字、印裝訂等方面的工匠 500 人；成祖遷都北京後，經廠的工匠逐漸增多；嘉靖年間，司禮監所屬鈔刊字匠 350 名、印刷匠 134名、黑墨匠 77 名[202]，可見規模之大。由宦宮掌握中央政府的刻書事業，是明王朝的一大發明，也是中國書史上絕無僅有的怪現象。

經廠刻書主要供宮內書房學習、小內監通讀和頒賜群臣等，所以大多是政令典制和京師讀物，以及制書和經史文集。如萬曆三十三年

---

[200] 張秀明〈明代南京的印書〉，《文獻》第四期，1980 年，頁 80。

[201] (清)沈德符撰，《萬曆野獲編》卷二十五〈著述‧國學刻書〉，百家諸子中國哲學書電子化計劃 https://ctext.org/wiki.pl?if=gb&chapter=818034

[202] (明)申時行撰，《大明會典》卷一八九、〈工部九‧工匠二〉，明萬曆十五年(1587)司禮監刊本。

（1605），有人上奏《大學衍義補》二部，要重刊發行，萬曆皇帝「即命
司禮監翻刻頒行[203]」；洪武朝的制書有《皇明祖訓》、《大明律》、《御
制文集》等 30 種；永樂朝的制書有《四書集注大全》等 20 種：其它各朝
也或多或少出了一些制書，如宣宗的《御制歷代臣鑒》、《外戚事鑒》
等。當然這些書刊印成書之後，不光是供宮內學習和閱讀，也有由朝廷發
給各省地方，也有專門發給皇族、外戚和群臣的。如最典型的就是洪武時
期經廠刊行的《大誥》及其續編、三編。在該書續編中規定：全國各地百
姓，每家都要擁有一部。如果有不收藏、不敬讀的，要將全家遷居於荒原
之地，永遠不許返回原籍。甚至後來還規定，科貢以《大誥》為出題內
容。因此，各地官府和書坊紛紛翻刻，廣為銷售。迄今發現的《大誥》
有：南監本，江西、貴州布政司本，揚州、徐州、太原府本，建陽書坊本
等。

　　明內府經廠一共刻了多少書，因諸家書目所記不一，難有確數。周弘
祖《古今書刻》載有內府刻書 83 種的目錄；經廠所出的書，《內板經書紀
略》著錄書籍 158 種的目錄，共 566,358 葉（包括三部經藏）；《中國古
籍善本書目》和《明代版刻綜錄》等著錄現存的經廠本都只數十種。幾種
統計，除去重複的有 192 種。一般說法，經廠出書 200 種[204]。司禮監掌管
刻書，財力物力充足，故選料、雕印、裝幀精良。葉德輝認為「世所傳經
廠大字本《五經》、《四書》，頗為藏書家所詆斥，非盡圍棋校勘不精
也。夫以一代文教之事，以奄人主之，明政不綱，即此可見[205]。」但可能
是人們歷來對宦官印象不好，認為他們是不學無術，所以數百年來眾口一
詞的批評經廠本刻印固佳，外形固美，但校勘粗疏，就內容而言，實為金
玉其外，敗絮其中的劣等品。

---

[203] (清)沈德符撰，《萬曆野獲編》卷二十五〈著述‧大學衍義〉，百家諸子中國哲學書電子化計劃
　　　https://ctext.org/wiki.pl?if=gb&chapter=818034

[204] 繆詠禾著，《明代出版史稿》‧南京：江蘇人民出版社，2000 年，頁 52。

[205] (清)葉德輝撰，《書林清話》卷五，民國九年(1920)長沙葉氏觀古堂刊本。

（三）中央其它各部門刻書

各部院刊書，一般都是出於一定的政治目的，或是為推行其自身職能而服務。如禮部是「掌天下禮儀、祭祀、宴饗、貢舉之政令[206]」，其所刻的圖書有《洪武禮制》、《大禮集義》、《明倫大典》等。每三年舉行的科舉考試，吏部就馬上印行《登科錄》和《會試錄》。兵部「掌天下武衛官軍選授、簡練之政令[207]」，刊刻的都是和軍事相關的圖書《大閱錄》、《武經七書》、《昭代武功編》等。工部「掌天下百官、山澤之政令[208]」，刻的刻書數量極少，但也有與其行政職能相關的圖書如《工部廠庫須知》等。都察院是檢察、監察機構「職掌糾劾百司，辨明冤枉，提督各道，為天下耳目風紀之司[209]」，在相對其它中央各部來說這個部門是刻書較多的，據記載都察院刻書有 30 多種，其刻的書與其職責相關，主要有《都察院巡方總約》。欽天監「掌察天文、定曆數、占候、推步之事[210]」，「每歲冬至日，呈奏明歲《大統曆》，移送禮部頒行[211]」，每年冬天就會編出次年的曆書，先印 15 部移禮部，在頒行給而京十三省。據杜信孚的《全明各省刻書考》著錄的《大統曆》一共有 104 種，也就是 104 年的曆書。太醫院「掌醫療之法[212]」，也刻印了一些與醫藥有關的書如《銅人針灸圖》、《醫林集要》、《經驗奇效良方》等。

當然中央各部門也刻了不少與其專業職能不相關的書籍。原因也許是明代免除了書籍稅，刻書有利可圖，為了增加各自部門的收入。最為突出的就是都察院，竟然還刊有《水滸傳》、《三國演義》這樣的通俗小說。

---

[206] (清)張廷玉撰，《明史》卷七十二〈職官志一〉，清乾隆四年(1739)武英殿刻本。

[207] (清)張廷玉撰，《明史》卷七十二〈職官志一〉，清乾隆四年(1739)武英殿刻本。

[208] (清)張廷玉撰，《明史》卷七十二〈職官志一〉，清乾隆四年(1739)武英殿刻本。

[209] (清)張廷玉撰，《明史》卷七十三〈職官志二〉，清乾隆四年(1739)武英殿刻本。

[210] (清)張廷玉撰，《明史》卷七十四〈職官志三〉，清乾隆四年(1739)武英殿刻本。

[211] (清)張廷玉撰，《明史》卷七十四〈職官志三〉，清乾隆四年(1739)武英殿刻本。

[212] (清)張廷玉撰，《明史》卷七十四〈職官志三〉，清乾隆四年(1739)武英殿刻本。

（四）藩府刻書

明初，建立「皇子封親王」之制，明太祖朱元璋陸續將其二十四子和一個從孫分封到全國各地。歷代皇帝效之，又陸續分封了一些藩王。據統計，終明一代 277 年，皇族子弟封王者有六十二人，其中真正建藩者五十人。在五十個藩府中，除了因罪奪爵、無子封除之外，有二十八個藩府與朱明王朝相始終[213]。但明朝廷對藩王在政治上的官職相當嚴屬，太祖朱元璋時就「唯列爵而不臨民，分藩而不錫土[214]」。特別是在朱棣取得帝位後，進一步消除藩王的權力，使之成為位望但卻絕不允許覬覦政治的特殊階層。葉德輝說「惟諸藩時有佳刻，以其時被賜之書，多有宋元善本，可以翻雕，藩邸王孫又頗好學故也[215]。」可見明代這樣分封卻對明代刻書業，確實一個意外的收穫。

首先，藩王之國，經濟實力雄厚，皇帝給予物資和財力上的厚賜，同時也給其取之不盡的厚祿，「明制，皇子封親王，授金冊金寶，歲祿萬石，……親王嫡長子，年及十歲，則授金冊金寶，立為王世子，長孫立為世孫，冠服視一品[216]」。第二，明朝歷朝皇帝都會給各藩王賜予很多書。賜書的目的一是想借書的內容來對各藩王進行思想上的教育，另外一方面就是想藩王沉迷其中，這樣就可以消除其政治上的野心；藩王又可憑藉自己的特殊地位和財力，購買很多書籍，藏書豐富。第三，各藩王也重視教育。早在明朝建立初期，就「建大本堂，取古今圖籍充其中，征四方儒教太子諸王，分番夜值，選才俊之士充伴讀[217]」。封藩之後，各藩為教育後代，招聘不少名師，例如蜀藩招聘方孝孺、寧藩招聘胡奎、楚藩招聘管時敏等。所以在不少藩府聚集著大批文人學者，有這樣一批文人學者聚集在藩府，他們經常和藩王討論學術，有自己的見解，藩王和這些學者也會進

---

[213] 曹之著，《中國古籍編撰史》，武漢：武漢大學出版社，1991 年，頁 296 。

[214] (清)王鴻緒撰，《明史稿》卷一〇八、〈列傳三・諸王〉，清雍正元年(1723)敬慎堂刻本。

[215] (清)葉德輝著，《書林清話》卷五，民國九年(1920)長沙葉氏觀古堂刊本。

[216] (清)張廷玉撰，《明史》卷一一六〈列傳四〉，清乾隆四年(1739)武英殿刻本。

[217] 《明太祖實錄》卷三十六，臺北：中央研究院歷史語言研究所(影印本)，1962 年。

行編書，也從事刻版印刷的校勘和寫版工作。

慶王府刻書。慶藩位於今寧夏地區，慶藩刻書既是明代藩府刻書的縮影，同時通過瞭解慶藩刻書，更可以體現當時明代刻書的普遍性。明洪武二十四年（1391）朱元璋其十六子朱㮵為慶王，二十六年（1393）朱㮵就藩，先駐寧夏韋州（今同心縣韋鎮），建文三年（1401）徙寧夏（今銀川市），其府第稱慶王府。據史料記載，朱㮵及其子孫輩中，有文才並曾著書、刻書者有四人，成就最大者為朱㮵。慶藩刻書的記錄，最早見於《弘治寧夏新志》。這部書刊印於弘治十四年（1501），為寧夏人、明戶部郎中胡汝勵所修。該志經籍志載慶藩府存板的書有《崔豹古今注》等 12 種，其中有 4 種是朱㮵編著的，有 5 種為前人所著，慶府翻刻。據張秀民先生《中國印刷史》中所載，有刻書記載的 40 多藩中，慶藩刻書數量僅次於寧、戈陽、蜀、周、楚等 5 藩府。慶藩刻書在明代藩府刻書中還是不應忽視的，在寧夏地區明代出版業中，所占地位就更重要了。所刻之書有現存北京國家圖書館的《文章類選》四十卷、《增廣唐詩鼓吹續編》、《寧夏志》、《疑真搞》十八卷等書[218]。

藩刻本因道明末戰亂，多有亡佚，現存不過一百餘種。張秀明先生在《中國印刷史》中考之於諸家書目所得，不少於五百種。從刻書內容上看，絕大多數為經史文集、字書小學、戲曲樂律、詩詞曲集、五行雜著以及琴棋書畫、煉丹養生一類只談風月的消閑怡情之作。如《神靈》、《易象童》、《采芝印》等。其中不少作品，都是中央或地方政府機構不屑刻的，從而極大地豐富了明代官刻圖書種類[219]。這可能是為了避諱朝延，免除朝廷猜忌。

從總體上來看，藩府財力雄厚，府中有不乏飽學儒士，因此無論是在校對還是在裝訂等方面都很精良。另外藩府刻書既不同於純粹的官刻，很多是為了應付了事，校勘不精；更不同於坊刻為了追求利潤，所以會出現有些材料粗糙。再加之很多藩王喜歡研讀經史，親自參與編書刻書。有錢

---

[218] 徐莊〈明代慶藩刻書〉，《中國出版》，第 7 期，1994 年，頁 8。

[219] 周心慧，〈明代版刻述略〉，《中國出版史料(古代史部分)》，學苑出版社，1998 年，頁 528。

刻書就鋪陳、就考究，有閑校勘就精審，因此明代各藩府所刻的書，歷來為藏書家所珍藏。

（五）地方官府機構刻書

明代南北兩京 13 省下共設有府 140 個，州 193 個，縣 1138 個，幾乎沒有不刻書的。刻書最活躍的布政司有：山西、雲南、福州、常州、揚州、西安、武昌、成都、開封等府。這些官府除刊行地方志外，還刊行歷史、政法、醫藥、類書以及本地歷代名人的詩文集等，有大部分還委託書肆代售[220]。這些機關據刻書前人著錄就有 226 種，再加七南北直隸的刻書，可多達 783 種；各省的按察使刻書有 77 種，各府刻書多達 857 種。據明周弘祖《古今書刻》統計，萬曆前，僅徽州府官刻 31 種圖書，占同期安徽地區刻書總數的 1/3 以上。

明代官吏也刻書，所出之書，小部分用於贈送。每「奉使出差，因京必刻一書，以一書一帕相饋贈，世即謂之書帕本[221]。」多是官員用自己的俸錢刊的，此類書除用於贈送外，也出售一部分。「然校勘不善，訛謬滋多，至今藏書家，均視當時書帕本比之經廠坊肆，名低價賤，殆有過之。然則昔人所謂刻一書而書亡者，明人固不得辭其咎矣[222]。」雖然葉德輝說的有些誇張，但是書帕本確實校勘不善，名低價賤，一直以來都不被藏書家重視。

明各省府學均涉足書業，從總體上比較，沒有元代書院收入多、刻書多。

刻書最多的達百餘種，例如福州五經書院刻有《十三經注疏》、《通典》、《皇明進士登科考》等多種書。徽州的紫陽書院也是明代著名的刻書機構，《瀛奎律髓》49 卷、《鏡古錄》8 卷、《鐵橋志書》3 卷等。其它如白鹿東林、崇正、正學等書院均有刻本，但每個書院只刻一、二種書。

---

[220] 鄭士德著，《中國圖書發行史》，北京：高等教育出版社，2000 年，頁 333。

[221] (清)葉德輝著，《書林清話》卷七，民國九年(1920)長沙葉氏觀古堂刊本。

[222] (清)葉德輝著，《書林清話》卷七，民國九年(1920)長沙葉氏觀古堂刊本。

二、家刻

　　明代私家刻書風氣甚盛，特別是在江浙一帶。因為明代「書皆可私刻，刻工極廉[223]」，王慎中、唐順之在談論明代刻書時說：「數十年讀書人，能中一榜，必有一部刻稿；屠沽小兒，身衣飽暖，歿時必有一篇墓誌。此等板籍，幸不久即滅，假使盡存則雖以大地為架子，亦貯不下矣[224]」。這段頗帶諷刺意味的議論，從一個側面描述當時私家刻書的盛況。甚至有些為了體現自己的儒雅，還刻印一部自己的詩集或者是祖先的詩文集，逢人便送，不少文人和官員都有一本書，以備和別人交換贈送。明代家刻如此風行，具體到底有多少家呢？據繆詠禾在《明代出版史稿》中作者根據《明代版刻綜錄》資料統計然後計算得出，明代家刻的單位有 4200 多家，其中僅閩籍人士從事家刻的就多達 233 人。

　　如從具有代表性的江蘇來看；有兩個材料可供研究，一個是《江蘇刻家》的記載，明朝一代，江蘇刻書單位共有 657 個，分別為：官刻 72 家，坊刻 92 家，家刻 493 家：另二個材料是《江蘇文藝志》一書，該書共 8 卷 15 冊，以現行江蘇地區為準，著錄了江蘇籍作者的著作，包括流寓江蘇的作者，共有作者達 4634 人之多（南京 677 人，鎮江 221 人，常州 333 人，無錫 864 人，蘇州 1700 人，揚州 368 人，南通 208 人，鹽城 64 人，淮陰 123 人，徐州 55 人，連雲港 21 人）。這兩個材料說明，明朝一代，江蘇籍作者 4634 人，江蘇的刻書單位有 657 個，所以，不論是從全國看，還是從一個省看，在刻書單位數中，家刻都占 8/10 以上[225]。

　　這些家刻一般主要是官員，上自朝廷大臣、封疆大吏，下至知府知縣，十分廣泛，其次就是文人，還有就是普通布衣。這些家刻多是自己出錢出力，親自主持，來刊刻、印製書籍。如抗倭儒將胡宗憲在戎馬的官宦生涯裡興文重教，編刊圖書，他刊的圖書多是大部頭的，且刻印精，如嘉

[223] (清)葉德輝著，《書林清話》卷七，民國九年(1920)長沙葉氏觀古堂刊本。

[224] (清)葉德輝著，《書林清話》卷七，民國九年(1920)長沙葉氏觀古堂刊本。

[225] 繆詠禾著，《明代出版史稿》．南京：江蘇人民出版社，2000 年，頁 63。

靖間刻明唐順之撰《荊川稗編》120 卷、嘉靖四十一年（1562）刊明唐順之
輯《歷代史纂左編》142 卷等。明代文人陳仁錫，同時又是有名的刻書家，
刻書校勘精當，多數經史古文，他刻印的《大學衍義》160 卷、《陳沈倆先
生稿》兩種和《石田先生集》11 卷三書，寫刻甚工細，世人多稱善，他還
刻印了自己的作品如《四書考》、《明文奇賞》、《潛確居類書》等。徽
州歙縣鹽商吳養春的泊如齋，是徽州府歷時最久的家刻之一，他家刻的主
要作品有萬曆間刻《泊如齋重修己和博古圖》、《閨範》等。

　　總體來看，家刻之所以區別於其它書刻，他們的主要目的不是為了謀
取利潤，大多是為了彰顯學術。如許多刻書家都是藏書家，他們因藏書而
提倡刻書，在保存和傳播古代典籍上做出了可貴的貢獻。除了刊印古籍之
外，往往翻刻宋元版，這對提高刻書品質極為有利。

三、坊刻

　　在明代刻書是當時一種非常獲利的行業，不用交稅。所以不少富商巨
賈紛紛開設書坊為業。也有一些大地主高利貸者，在獲得大量資金之後，
逐漸用之於開辦工廠。由於這些人的加入，使得刻書業發展的更快，也具
有初期的資本作坊的運作。所以在全國範圍內有很多的刻書之地，而刻書
發達和著名地區，很多集中在江浙經濟較富裕地區。

　　坊刻到明代達到了鼎盛時期，特別是到明代中晚期，坊刻發展的特別
興盛。書坊幾乎遍及全國，分佈廣，且規模大，坊肆的數量已經無法精確
計算了。胡應麟說：「凡刻之地有三：吳地，越地，閩地。蜀本宋稱最
善，近世甚希。燕、粵、秦、楚今皆有刻，類自可觀，而不若三方之盛。
其稀，吳為最，其多，閩為最，越皆次之。其直重，吳為最：其直輕，閩
為最，越皆次之[226]。」從上述文字，可知宋元時代的刻書主要就只集中在

---

[226] (明)胡應麟撰，《少室山房筆叢》卷四〈經籍會通〉，明崇禎壬申(五年，1632)延陵吳國琦重刊
　　本。

四川、福建、浙江和山西，明代地域上已經遠遠的突破了前代。據張秀民《中國印刷史》中統計，明代書坊刻書有名可考的有，福建建寧府近百家，南京 93 家，北京 13 家，杭州 23 家，蘇州 37 家，徽州 10 家，當然實際上可能還遠不止這些。

　　福建省是明代坊刻產書最多的，我們從明萬曆間周弘祖所編纂的一部全國性的書目《古今書刻》中可以瞭解到當時全國各地的刻書情況。《古今書刻》分別收列嘉靖以前中央機關和各省所出版發行的書目，其中福建省居全國第一位。其中 366 種為書坊所刻，占省內總數的 78%，在全國占 14.6%[227]。尤其是建陽一地，號稱為當時的圖書之府，「天下書籍備于建陽之書坊[228]」，嘉靖《建陽縣誌》著錄建陽書坊刻書就多達 451 種之多，到清康熙《建陽縣誌》仍著錄建陽書坊刻書 147 種，足見其刻書之富，故歷來有「冊府」之譽。而建陽的書坊約有五、六十家之多，這些書坊具有相當的規模。

　　明代建陽坊刻本雖多，但也因為商業資本的加入，使得很多書坊追逐利潤的同時忘掉了校對以及刊刻的精良。明郎瑛說「我朝太平日久，舊書多出，此大幸也，亦惜為福建書坊所壞。蓋閩專以獲利為計，但遇各省所刻好書，聞價高即便翻刻，卷數目錄相同，而篇中多所減去，使人不知。故一部止獲半部之價，人爭購之[229]。」胡應麟也說：「閩中紙短窄黎脆，刻又夕中說，品最下而值最廉[230]。」官府對此也很關注，還派官員前往校書，梁章鉅《歸田瑣記》卷三《麻紗書板》條下載：「嘉靖五年，因建陽書板字多訛謬，巡按御史楊瑞、提調學校副使邵銑疏專設官第于翰林春坊中，遣一人往校，尋遣待讀汪佃行[231]。」但是由於圖書價格的便宜，圖書

[227] 參見謝順水等著，《福建古代刻書・緒論》，福州：福建人民出版社，1997 年，頁 5。

[228] 張秀民〈明代印書最多的建寧書坊〉，《文物》第 2 期，1979 年，頁 56。

[229] (明)郎瑛撰，《七修類稿》卷四十五〈事物類・書冊〉，百家諸子中國哲學書電子化計劃 https://ctext.org/library.pl?if=gb&file=33353&page=22

[230] (明)胡應麟撰，《少室山房筆叢》卷四〈經籍會通〉，明崇禎壬申(五年，1632)延陵吳國琦重刊本。

[231] (清)梁章鉅撰，《歸田瑣記》卷三〈麻紗書板〉，百家諸子中國哲學書電子化計劃

的內容豐富多彩，很受當時普通市民的歡迎，這也就推動了當時的圖書事業的發展。建本書在全國圖書市場上的佔有量是相當可觀，從一些材料可以看出當時通俗小說的暢銷，「現知萬曆年間出版小說共有 120 種，其中（建陽）書坊版約占一半，其餘金陵、杭州、成都、北京等大車國內適合起來才占一半[232]。」建陽書坊刊行的通俗小說約占此類書出版總數的 1/2，這樣的數字，在一定程度上反映出建本書的市場競爭實力。

　　江浙一帶也是當時坊刻集中地，湖州形成刻書主專業市鎮或村莊，如晟舍、匯沮就是著名刻書市鎮或村莊[233]，其代表人物就是毛晉。毛晉是當地大地主大典當商，當時他看到印書可得厚利，毛晉「本有田數千畝，質庫若干所，一時盡售去，即以此為買書刻書之用，創汲古閣於隱湖[234]」，作為買書刻書之用。其工廠規模很大，印書工匠二十多人，刻字工匠數百人，按每百字三分付酬；此外，還有專事編校的三十多人與部分抄書的童僕[235]，「又招延海內名士校書[236]」，且為他們創造良好的工作環境「汲古閣在南湖七星橋載德堂後，以延文士；又有雙蓮閣再問漁莊，以延緇流：又一閣在曹溪口，以延道流[237]」。他的汲古閣的刻書是名為家刻，實則坊刻，因為他所從事的刻印書籍完全屬於商品生產。自明萬曆迄清順治，40餘年的時間，僅據《汲古閣校刻書目》及《遺補》著錄，若都以單書計算就有 604 種，板刻共計 109,567 頁，要是每版刻 200 字，共計 21,913,400

---

https://ctext.org/library.pl?if=gb&file=33561&page=33

[232] 徐曉望〈建陽書坊與明代小說出版業〉，《出版史研究》第四輯，中國書籍出版社，1996 年，頁 75。

[233] 陳學文〈論明清江南流動圖書市場〉，《浙江學刊》第 6 期，1998 年，頁 108。

[234] (清)錢泳撰，《履園叢話》卷二十二〈夢幻‧汲古閣〉，百家諸子中國哲學書電子化計劃 https://ctext.org/wiki.pl?if=gb&chapter=291020

[235] 韓大成著，《明代社會經濟初探》，北京：人民出版社，1986 年，頁 217。

[236] (清)錢泳撰，《履園叢話》卷二十二〈夢幻‧汲古閣〉，百家諸子中國哲學書電子化計劃 https://ctext.org/wiki.pl?if=gb&chapter=291020

[237] (清)錢泳撰，《履園叢話》卷二十二〈夢幻‧汲古閣〉，百家諸子中國哲學書電子化計劃 https://ctext.org/wiki.pl?if=gb&chapter=291020

字，大約全部統計，校刻的字數總有 3,000 萬以上[238]。這不僅是一個龐大的數字，而且經史子集樣樣皆有，其中以《十三經注疏》、《十七史》、《六十種曲》及《說文解字》等最為著名，流傳也最廣。

徽州私人坊刻也極為繁榮。從宋元起徽州就有刻書，明初得到初步發展，到了隆慶、萬曆後，一大批經濟實力雄厚、文化修養很高的徽商以及亦儒亦賈的學者、附庸風雅的官僚加入到坊刻中來，他們加入出版界，使得徽州地區村墟刻鏤，很快這一地區成為明代中後期與湖州並駕齊驅的新興的刻書中心，成為明代四大刻書中心之一。徽州坊刻內容豐富，且有效地克服了明代坊刻普遍存在的改竄質差的毛病，而是以刻工精、校做審、插圖精美著稱。以致享譽全國出版界，使其出版事業從此以後經久不衰。胡應麟說：「余所見當今刻本，蘇、常為上，金陵次之，杭州有次之。近湖刻、歙刻驟精，遂與蘇、常爭價[239]。」在嘉靖時期徽州地區刻書與蘇、常爭價，到了隆慶、萬曆以後其已經超過了蘇、常。所以徽州書很受歡迎，如徽刻本書《養正圖解》繪、刻均屬上乘，致北京，被朝官、士大夫珍為奇貨。

其中刻書最多、藏書最富的，要數歙縣豐南的吳勉學。他曾建書肆「師古齋」，廣刻各類書籍，《歙縣志》稱他博學藏書，校刻經、史、子、集數百種，讎勘精審。據《訂庵偶筆》說：「歙吳勉學……廣刻醫書，因而獲利；乃搜古今典籍，並為梓之，刻資費幾十萬[240]」。根據這些記載，可以看出師古齋是為獲利而開設的印書工廠；而且該工廠規模甚大，其中單是刻工工資就花費了 10 萬兩之多，刻工們的工資如果每百字刻字費三分計算，每版 500 字刻資一錢五分，書板至少有 70 萬之多。這個數字相當於常熟毛晉開設的汲古閣書板的七倍。汲古閣刻工數百人，則師古齋刻工之多自可想見。如果連同建立廠房、購置圖書、木板、紙張等費，

---

[238] 章宏偉〈論毛晉〉，《出版文化史論》，華文出版社，2002 年，頁191。

[239] (明)胡應麟撰，《少室山房筆叢》卷四〈經籍會通〉，明崇禎壬申(五年，1632)延陵吳國琦重刊本。

[240] (清)趙吉士輯，《寄園寄所寄》卷十一〈泛葉寄〉，百家諸子中國哲學書電子化計畫 https://ctext.org/library.pl?if=gb&file=179655&page=107

其資本更為驚人[241]。吳氏刻書之多，從其資本就可以想見。僅以醫書而言，他就輯刊有《河間六書》8 種 27 卷，《古今醫統正脈全書》44 種 215 卷。他還刻印了《資治通鑒》、《兩漢書》、《世說新語》、《花間集》、《宅寶經》等典籍。

　　綜合這些地區的刻書與宋元時期相比，明代坊刻具有幾點明顯與前代不同的特點。首先明代書坊刻書更向專業化發展，專業化更細。各類書坊主要以新興的通俗小說文學為刊刻對象、還有以藝術或者是醫藥類書籍為主。其次是經營規模不斷擴大，出現異地設肆經營的新情況。家族同宗經營書業的現象更為突出，徽州許多的坊刻主人在金陵設坊，金陵書坊主汪延袖和胡正言就是徽州人；建陽的余氏，金陵的唐氏，蘇州的葉氏，他們或連手或競爭，對當地的書業非常有助益[242]。

四、明代刻印的佛藏道藏

　　明代是我國雕版印刷佛經的極盛時期，依據李際寧所著《佛經版本》記載，規模較大的刻經之舉也有五次[243]：

　　第一次刻於明太祖洪武年間。洪武五年（1372）明太祖命眾僧校刻藏經於蔣山（屬南京），該藏刻好後，收藏大報恩寺。該藏用經折裝，共六百三十六函，六千三百三十卷，因該藏刻於南京，故名〈南藏〉。

　　第二次刻於明成祖永樂年間。永樂八年（1410）明成祖倡刻，歷時三十年，至明英宗正統五年（1440）刻成。該藏用經折裝，共六百三十七函，六千三百六十一卷。萬曆十二年（1584）又續刻四十一函，四百一十卷，和初刻相加，共計六百七十八函，六千七百七十一卷。因為該藏刻於北京，故名〈北藏〉。

---

[241] 韓大成著，《明代社會經濟初探》北京：人民出版社，1986 年，頁 216-217。

[242] 任繼愈主編，《中國版本文化叢書—坊刻本》，南京：江蘇古籍出版社，2002 年，頁 39。

[243] 李際寧著，《佛經版本》，南京：江蘇古籍，2002，頁 153-163

　　第三次也是刻於明成祖永樂年間，於永樂十七年（1419）刻成，是洪武〈南藏〉的再刻本，內容略有變動。全藏六百三十八函，一千六百一十二種，六千三百五十八卷。因為該藏刻於南京，故名〈永樂南藏〉。

　　第四次亦刻於明成祖永樂間。僧人道開倡刻於杭州昭慶寺。道開撰《摹刻大藏文》，倡議把經摺裝改為方冊（即線裝本）。因為該藏刻於杭州（亦名武林），故名〈武林藏〉。

　　第五次刻於明神宗萬曆年間。萬曆十七年（1589）由僧人紫柏、憨山等發起，始刻於山西五臺山妙得庵，歷時八十八年，直到清康熙十六年（1677）才得以竣工。在刻印過程中，因五臺山地處北方，終年積雪，交通不便，供應困難，編制人員不堪苦寒，幾至中輟。四年後，遷至杭州徑山寂照庵和徑山興聖萬壽寺繼續刻印。萬曆三十一年（1603），主持人紫柏入獄而死，憨山亦流放儋耳（今屬海南），由陸光祖、馮夢禎等人贊助，在嘉興、金壇、吳江等地按原版式分別雕刻，但是，由於組織不力，進展緩慢，直到崇禎十五年（1642），版片還沒有彙集徑山，後來貴州赤水名僧繼慶毛遂自薦，自領肩負刻經重任，他調查了已刻未刻詳目，奔跑於杭州、吳興等地，未刻之版，限期完成，由於繼慶認真負責，加上著名刻書家毛晉等人的支持，該藏才能得以最後刻完。

　　該藏採用方冊裝（即線裝），全藏共六百七十八函，六千九百五十六卷。因為該藏大部刻印於徑山，故名〈徑山藏〉，又因為嘉興楞嚴寺為該藏的組織聯絡地點，又稱〈嘉興藏〉。〈徑山藏〉每卷之後有牌記，說明施主、字數、用銀、書工、刻工、校對等。據該藏所收《景德傳燈錄》卷末牌記卷計，刻印《景德傳燈錄》共用銀一百八十七兩，書工有徐普、鄒大成二人，校對有可震、海潮、在照、范時泰、宗遠、性雲等六人，刻工有洪以忠、陶邦本、丘添詳等二十三人，這些刻工分別來自進賢、上元、建陽、真州、金陵、吉水、江寧、南昌等地。

　　明永樂年間，成祖朱棣敕命四十三代天師張宇初修道藏，於英宗朱祁鎮正統九年（1444）開雕，詔邵以正督校，正統十年（1445）刊版竣工，共五千三百零五卷，四百八十函，冊數以千字文為序，始於天，終於英，

經折裝，因雕版於正統年間，所以世稱〈正統道藏〉。

　　萬曆三十五年（1607），神宗朱翊鈞，又命五十代天師張國祥續道藏，凡三十二函，經版十二萬一千五百八十九片，入清以後，版藏大光明殿，至光緒庚子時，經版盡毀。

五、《永樂大典》及其他

　　朱元璋去世以前，曾經在洪武三十一年（1398）下詔編纂一部類書，包括經史百家之言，稱作《類要》，由侍讀唐愚士等人纂修，但是並沒有成書。燕王朱棣從建文帝手中奪得了帝位以後，遂即在永樂元年（1403）七月命翰林學士解縉等修纂此書，飭諭中說：「天下古今事物散載諸書，篇帙浩穰，不易檢閱。朕欲悉采各書所載事物類聚之，而統之以韻，庶幾考索之便，如探囊取物爾。嘗觀《韻府》、《回溪》二書，事雖有統而採摘不廣，記載太略。爾等其如朕意，凡書契以來經史子集百家之書，至於天文、地志、陰陽、醫卜、僧道、技藝之言，備輯為一書，毋厭浩繁[244]。」解縉等人受命之後即開館纂修，第二年纂集成書，上表進呈，賜名《文獻大成》。由於時間匆促，內容簡略，朱棣感到不滿意，又加派太子少師姚廣孝等監修，參加編纂、校對、錄寫的達三千人，到永樂六年（1408）全書告成，共二萬二千八百七十七卷，凡例和目錄六十卷，共一萬一千零九十五冊，重新定名為《永樂大典》。

　　明代官修書中，《永樂大典》是最著名的一部大書，它不僅是我國最大的一部類書，也是至今被世界公認的一部類似百科全書的大書。朱棣命令儒臣編纂此書，是有其政治意圖的，據《春明夢餘錄》稱：「至靖難之舉，不平之氣，遍於海宇，文皇借文墨以銷塊壘，此系當日本意。」又說：「宋太宗既平列國，所得降臣至多，恨無地以處之，於是設為六館，

---

[244] (清)錢大昕撰，《十駕齋養新錄》卷十三〈永樂大典〉，清嘉慶丙寅(十年，1806)刊本。

修三部大書。……永樂靖難後，復修《永樂大典》，亦意許[245]。」這就說
明成祖修《永樂大典》與宋太宗修《太平御覽》等三大類書的目的有相似
之處。總之，朱棣通過一場王室內部的爭權鬥爭取得勝利後，有許多人不
服，為了轉移他們的視線，牢籠士大夫而編此書。（圖34）

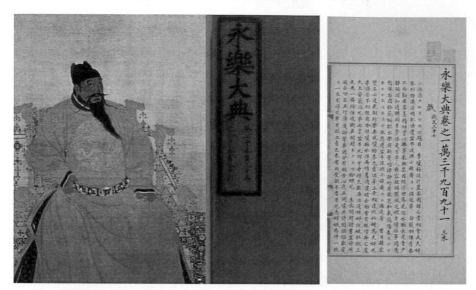

**圖 34：《永樂大典》明成祖朱棣下令編撰，明嘉靖隆慶間（1522-1572）內
府重寫本**

　　《永樂大典》編成後，因工程浩大，未能刻印，全部由手工抄寫。初
藏南京，永樂十九年（1421）遷都北京，《永樂大典》亦隨之入藏北京。
嘉靖四十一年（1562），又派員重錄正副二本，至隆慶初年完成，所錄正
本藏文淵閣，副本藏皇史宬，明亡時，正本可能佚失，清乾隆年間，北京
皇史宬藏本亦缺失一千多冊。1900 年八國聯軍攻陷北京時，該書大部分被
焚，其餘被搶掠運走，散藏於各圖書館或私人手中。

　　《永樂大典》的內容及編排體例，據郭伯恭《四庫全書纂修考》說：
「自書契以來，凡經史子集百家之書，以至天文、地志、陰陽、醫卜、僧
道、技藝之言，全行采入。以《洪武正韻》為綱，每字之下，詳列各書，

---

[245] (清)孫承澤撰，《春明夢餘錄》卷十二〈文淵〉，清康熙間(1662-1722)鈔本。

或以一字一句分韻，或析取一篇，以篇名分韻，或全錄一書，以書名分韻。元以前之佚文秘典，往往全部收入。故能分門排纂，湊和成部，各自為書[246]。」清代修《四庫全書》時，在《永樂大典》中輯出古書三百八十五種，四千九百二十六卷。由此可以看出《永樂大典》對於保存我國古代文獻的功績。

明代私人編纂的類書，有俞安期編纂的《唐類函》二百卷，此書將唐代類書刪除重複匯為一編，分四十五部，以《藝文類聚》條目為主，不加刪削，然後以《初學記》、《北堂書鈔》、《白氏六帖》作為補充，刪去重複，另外，兼取韓鄂《歲華紀麗》、杜佑《通典》中的某些材料。徐元太編《喻林》一百二十卷，專收譬喻詞語，分十門，五百八十餘子目。王志慶編《古儷府》十二卷，專收六朝唐宋駢文辭藻。王圻及其子王思義合撰《三才圖會》是一種附圖的類書性質的書，普及性讀物，分十四門，自成卷第，計天文四卷，地理十六卷，其他人物、時令、宮室以至鳥獸草木八十六卷，共一百零六卷，一般繪圖於前，綴論說於後，「人」這一部分占內容五分之四，其中有器用、衣服、儀制，更具有實用性，用文字不易說清楚的，看圖則可以一目了然[247]。

明嘉靖年間以後，中國封建社會經濟的發展，進入了一個新的歷史時期，其主要表現為江南地區的商品經濟繁榮起來，出現了資本主義因素的萌芽，手工業生產方式和生產技術有了普遍的發展和提高。從十六世紀中葉到明代末年將近一百年的時間裡，有一大批反映這一時期生產技術和科學成就的巨著編纂問世，人們把這一時期稱作中國科學技術發展史上一個群星燦爛的時代。

首先是集古代農業科學大成的、徐光啟編纂的《農政全書》六十卷，總括農家諸書，粹為一集，計農本三卷、田制二卷、農事六卷、水利九卷、農器四卷、樹藝六卷、蠶桑四卷又蠶桑廣類二卷（包括木棉、麻苧之類）、種植四卷、牧養一卷、製造一卷、荒政十八卷（包括備荒、救荒本

[246] 郭伯恭著，《四庫全書纂修考》，北平市：國立北平研究院史學研究會出版，1937，頁 9。
[247] 盧賢中著，《古代刻書與古籍版本》，合肥市：安徽大學出版社，1995，頁 65。

草、野菜譜等）。徐光啟生前沒有最後定稿，經陳子龍整理並作了增刪後刊印。徐光啟還曾筆錄利瑪竇口譯的歐幾里德《幾何原本》前六卷，崇禎初年主持修訂曆法，採用西方科學成就，編成《崇禎曆書》一百三十餘卷。

宋應星於崇禎十年（1637）完成了《天工開物》十八卷，這是第一部關於農業和手工業生產技術的百科全書，包括作物栽培、糧食加工、熬鹽、釀酒、榨油、養蠶、紡織、染色、採礦、冶鑄、錘鍛、兵器和舟車製造、製瓷、燒製石灰、造紙、養蚌取珠等，全書附有二百多幅插圖，形象地描繪具體的生產過程。

李時珍從嘉靖三十一年（1552）起著手編撰《本草綱目》五十二卷。他取諸家本草薈萃成書，「復者芟之，闕者補之，訛者糾之」，共記載了藥物一千八百九十餘種，有三百七十四種是李時珍所補充的，書前附圖一千一百一十幅，其中一二卷為序例，三四卷為百病主治藥，五至五十二卷為藥品各論，共十六部六十二類，每一種藥標正名為綱，附釋名為目。這是一本集歷代本草大成的書。另外，在臨床醫學方面進行了總結的，有張介賓的《景岳全書》，此書包括傳忠錄三卷，統論陰陽六氣及前人得失，然後是脈神章三卷，傷寒典、雜證謨、婦人規、小兒則、痘疹詮、外科鈐，凡四十一卷，本草正二卷，新方二卷，古方九卷。

徐弘祖撰《徐霞客遊記》，則是一部關於地理學的專著，又是以日記體裁寫下的遊記。作者遍遊名山大川，考察風土人情，所經之地從山川源流、地形地貌、動物植物、礦產手工業等，均有翔實記錄，特別是對西南地區石灰岩溶洞的特徵作了具體細緻的考察記述，是重要的科學文獻。與過去的地理志書偏重於疆域、沿革、山川、物產記述不同，徐弘祖通過實地考察，主要記述了地貌，包括岩石、水文、植物、氣候等方面，但是，徐弘祖生前沒有來得及將這部巨著整理成書，死後由王忠級、季夢良敘次補綴，因地分集，錄為一編，以後輾轉傳抄，清代乾隆年間才有刊本問世。

鄭王世子朱載堉是一位科學和藝術大師，他編撰的《樂律全書》；包

括《律曆融通》四卷附《音義》一卷，《聖壽萬年曆》二卷，《萬年曆備考》三卷，《律學新說》四卷，《算學新說》和《樂學新說》，《律呂精義》內篇十卷、外篇十卷，以及《操縵古樂譜》、《旋宮合樂譜》、《鄉飲詩樂譜》、《小舞鄉樂譜》、《久代小舞譜》、《靈星小舞譜》等。朱載堉身為貴族，但是他辭爵讓國，潛心研究，在天文、曆法、數學、物理、音樂、舞蹈多方面學科中作出了貢獻。明朝行用的曆法叫《大統曆》，一切數據和計算方法直接依據元代郭守敬《授時曆》，長期沿用不作修改，和實際天象已經發生差錯。嘉靖二十三年，朱載堉以萬曆為元，參考《授時曆》與《大統曆》，「和會兩家酌取中數，立為新率，編撰成書[248]」，進《聖壽萬年曆》和《律曆融通》。他的最主要成就是在《律呂精義》中所發明的十二平均律，即「新法密率」，解決了音律學上長期存在的難題，他不宗黃鐘九寸之說，不用三分損益之法，不拘隔八相生之序，不取圍徑皆同之論，創建了新的音律理論。

　　明代還編纂刊印了不少史書。明太祖洪武元年（1368）二月詔修《元史》，第二年，以中書左丞相李善長監修，宋濂、王褘任總裁，開設史局於南京天界寺，到八月即修成一百五十九卷，計本紀三十七卷，志五十三卷，表六卷，列傳六十三卷。《元史》取材於元代官修各朝實錄，但是順帝一朝三十六年之事，既無實錄可據，又無參稽之書，無從撰述，第二年二月，重開史局，在歐陽祐采訪的遺聞資料基礎上續編，七月間又修成五十三卷，計本計十卷，志五卷，表二卷，列傳三十六卷，兩次修撰用時不過一年，合編為二百一十卷，又目錄二卷。

　　《元史》記載了從成吉思汗元年（1206）到至正二十八年（1368）共計一百六十命年的歷史。從內容來說，詳略不均，如〈世祖本紀〉十四卷，〈順帝本紀〉十卷，占本紀篇幅一半以上，而太宗、定宗共一卷，定宗卒後三年未記一事，這是受到原始資料多寡的限制；列傳部分，漢人往往有碑傳可考，而蒙古將相大臣缺乏資料，其中耶律楚材、張柔、董俊均為元初之人，卻列在順帝時期余闕、福壽、月魯不花等人之後，可能是困

---

[248] (清)張廷玉等撰，《明史》卷三十一、志第七〈曆〉，清乾隆四年(1739)武英殿刻本。

為第二次纂修之稿，因前稿已進呈，史臣未能再作調整的緣故。

宋濂所定《元史》纂修凡例，共五項：「本紀准兩漢史，事實與言辭並載；志准《宋史》，條分件列，覽者易見；表則《遼史》、《金史》；傳准列代史而參酌之；紀志表傳之末不作論贊，據事直書，使其善惡自已[249]。」這最後一條，是朱元璋的意見，朱元璋提倡文字淺顯，進《元史》表中稱：「欲求議論之公，詞勿致於艱深，事蹟務令于明白，苟善惡了然在目，庶懲勸有益於人。此皆天語之丁寧，愈見聖心之廣大[250]。」

《元史》選舉、百官、食貨、兵、刑法諸志，底本是虞集主編的《經世大典》；天文、曆法等志，本於郭守敬《授時曆》；地理志本於岳鉉所修《大元一統志》；河渠志本於歐陽玄的《河防記》等書。永樂年間，解縉等曾奉命改修，作《元史正誤》，明清兩代又有不少人對《元史》作過考證、補充和改編。

明代的編年體史書，主要是對朱熹《資治通鑑綱目》所作的增補，如薛應旗、王宋沐所纂《宋元資治通鑑》等。至於紀事本末體的史書，陳邦瞻的《宋史紀事本末》二十八卷和《元史紀事本末》六卷，則是繼《通鑑紀事本末》之作，萬曆三十二年（1604）開始編纂，宋史分立一百零九目，元史立十七目。凡例稱：以至元十六年宋亡以前之事歸入宋編，朱元璋起兵以後之事列為明史，所以《元史紀事本末》較為簡略，目錄之名附元諸帝紀年，取材以明代官修《續通鑑綱目》和薛應旗編的《宋元通鑑》為主。兩書敘事條理分明，互相銜接，重要事件都有概括敘述。

國史、翰林在唐宋以來是各有分工的，前者掌記注、修史，後者為文學顧問。明代沿舊制設翰林院，但將兩者合而為一，翰林院設編修、修撰、檢討等官。洪武六年命詹同與宋濂為總裁官纂修《大明日曆》，自朱元璋起兵淞濠到即位六年，凡征伐次第、禮樂沿革、行政設施、群臣功過、四夷朝貢之類莫不具載，合一百卷。宋濂又建議仿《貞觀政要》分類，更輯《皇明寶訓》，自敬天到制蠻夷，分四十類，釐為五卷，以後隨

---

[249] (明)宋濂撰，《元史・進元史表》，明洪武三年(1370)刊嘉靖間南監修補本。

[250] (明)宋濂撰，《元史・纂修凡例》，明洪武三年(1370)刊嘉靖間南監修補本。

類增入。明代的實錄與歷代實錄相同，是編年體的史料長編。洪武三十一年敕修太祖實錄，明成祖即位以後，又命夏原吉、姚廣孝重修，英宗復辟以後也又重修實錄，在記載中有曲筆諱飾之處是必然的。明代修撰的實錄，自太祖到熹宗，共記十五帝事蹟，二千九百二十五卷。

　　私人撰修史書，從明代中葉以後發達起來，著名的看李贄《藏書》六十八卷、《續藏書》二十七卷，體裁仿紀傳體，戰國至元代人物約八百人，取材於歷代正史及《資治通鑒》，《續藏書》敘述至明神宗以前人物約四百人，取材於傳記和文集。李贄將歷史人物分類敘述，並有所評論，如大臣總論、富國名臣總論、智謀名臣總論等。

　　另一部是談遷的編年體書《國榷》。黃宗羲在《談孺木墓表》中講到他「汰十五朝之實錄，正其是非；訪崇禎十七年之邸報，補其闕文[251]」。從天啟元年（1621）開始，六年完成初稿，以後又陸續修訂補充，六易其稿，寫成一百零八卷，其中卷首四卷，彙集明代典章制度，正文編年記載史事，上起元天曆元年（1328），到南明弘光元年（1645）為止。在義例方面指出：「事辭道法，句權而字衡之，大抵寧潔毋靡，寧塞毋猥，甯裁毋贅。若亥豕之詐，雌黃之口，尤其慎旃，不敢恣臆[252]。」談遷要求文字簡潔，據實以書。

　　王世貞推崇司馬遷的《史記》，重視紀傳體史書的編撰，他所撰《嘉靖以來首輔傳》八卷，即依照《史記》的體例。另有《弇山堂別集》一百卷，是史料性質，卷一至十九，包括《皇明盛事述》五卷，《皇明異典述》十卷，《皇明奇事述》四卷，記述朝章典故、君臣事蹟、社會經濟、人物軼事、民族關係等；卷二十至三十為史乘考誤，前八卷考國史、野史之誤，後三卷考家乘之誤；卷三十一至三十六記述帝系和宗藩；卷三十七至六十四為吏表，上自功臣公侯下至督府守備，共分七十二目；卷六十五至六十九為親征、巡幸諸考；卷七十至七十五為謚法考；卷七十六至八十

---

[251] (清)黃宗羲撰，《南雷集》卷八〈談孺木墓表〉，百家諸子中國哲學書電子化計畫 https://ctext.org/library.pl?if=gb&file=78969&page=128

[252] 同註 251。

四為賞功、科試諸考；卷八十至八十八為詔令雜考；卷九十至一百為中官考。

六、木活字和銅活字

到了明代，隨著社會經濟與文化的發展，木活字比過去大為流行，尤其萬曆年間（1573-1620），印本更多。明胡應麟認為：「活字版始宋畢昇，以藥泥為之，今無以藥泥為之者，惟用木稱活字云[253]。」清魏崧說：「活版始于宋，……明則用木刻[254]。」龔顯曾云：「明人用木活字版刷書，風乃大盛[255]。」從以上三人的說法及流傳的實物來看，明代用木活字印書已比較普遍。

明代分封各地的藩王，除大量雕印書籍，以表示崇好文學、附庸風雅外，也有採用活字的。藩王們履豐席厚，錢糧富足，製造活字自然是輕而易舉，可考的有蜀府活字與益府活字，前者嘉靖辛丑二十年（1541）印有蘇轍的《欒城集》八十四卷，序跋中稱「校正鋟梓，以廣其傳[256]。」蜀王號適庵，為明太祖七世孫，書印於成都；後者則於萬曆二年（1574）印有元代武進入謝應芳所撰的《辯惑編》四卷，附錄一卷，謝氏站在儒家的立場駁斥有關生死、疫癘、鬼神、相法、祿命等迷信。原有明初洪武本，益王「恐其傳播之未廣也，爰循舊本，益加校訂，命世孫以活字摹而行之[257]」。附錄末頁中間有「益藩活字印行」一行，同年又印行曾做過蘇州知

---

[253] (明)胡應麟撰，《少室山房筆叢》卷四〈經籍會通四〉，明崇禎壬申(五年，1632)延陵吳國琦重刊本。

[254] (清)魏崧撰，《壹是紀始》卷九，百家諸子中國哲學書電子化計畫 https://ctext.org/library.pl?if=gb&file=106874&page=675

[255] (清)龔顯曾撰，《亦園脞牘》卷一〈活字版〉，錄自古籍網，https://www.bookinlife.net/book-216004-viewpic.html#page=38

[256] (宋)蘇轍撰，《欒城集·序》，明嘉靖間蜀藩木活字本。

[257] (明)謝應芳撰，《辯惑編·序》，明萬曆二年(1574)益藩木活字本。

府況鍾幕僚的顧亮所著的《辯惑續篇》七卷附錄二卷。

宋元有不少書院刻書，而書院有活字，則起於明代。常熟人錢夢玉，曾以東湖書院活字，印行其師薛方山中會魁的三試卷。

明代私人藏有活字的，有南京國子監胡昺等。正德戊寅（1518）曾有人借其活字摹印《莊子》，後來南京人李登字士龍，用家藏活字，印其自己的著作《冶城真寓存稿》八卷，數百本，以贈送朋友。自己有了活字，出版著作，自然省事，活版又可借人使用，真是自己方便，與人方便。這也充分說明活版比雕版優越之處。嘉定徐兆稷借得活版，印了他父親徐學謨的《世廟識餘錄》一百部，全書共二十六卷，記載了明世宗嘉靖一朝的掌故，富有史料價值，約印於萬曆初期，卷首有徐兆稷印書的牌記，兆稷字孺谷，是學謨的次子，以詩文名。

明代木活字流行的範圍，除上述南京、四川等處外，又有杭州、浙東、福州，以至邊遠雲南，而以蘇州一帶為較盛。弘治甲子（1504），吳門刊有《文心雕龍》、長州韓氏有《曹子建集》十卷、麗澤堂印《璧水群英待問會元》九十卷、隆慶己巳（1569），海虞黃美中校印正世貞《鳳洲筆記》二十四卷、常熟人趙用賢印《十字》、雲間潘思有《玄覽堂詩鈔》四卷、太倉趙樞生有《含玄先生集》、張溥印《百三家集》。

錢塘人陳善官雲南布政使時，當地的屬官把他的詩文題為《黔南類編》八卷，梓完，囑萬文彩寫序文，時在隆慶五年（1571）。方體活字，印刷清楚，凡改正之字，均用另紙印好貼上，附《公文批詳》二卷，多有關雲南地方史料。

明木活字本內容相當廣泛，有經學、歷史、哲學、文學、小說、科技、藝術，而以詩文集較多。浙江已開始用木活字印家譜，值得注意的是，崇禎十一年（1638）起開始用木活字印「邸報」，清初大學者顧炎武認為修明史可以邸報為依據，並說「憶昔時邸報，至崇禎十一年方有活版，自此以前並是寫本[258]」。我國創立報紙，早於世界各國，唐有「開元

---

[258] (清)顧炎武撰，《亭林文集》卷三〈與公肅甥書〉，百家諸子中國哲學書電子化計畫 https://ctext.org/library.pl?if=gb&file=41868&page=30

雜報」，南宋京城有小販「供朝報」，明代的報紙已採錄地方新奇新聞。因為開始是寫本，發行傳佈自然受一定的限制，至改用活字排印，在新聞史上確是一大進步。

明活字本一般多校勘不精，脫誤錯字不少，如《鶡冠子》，乾隆說它「字體不工，且多訛謬」，《朝野新聲太平樂府》字體潦草惡劣，至於行字歪斜，墨印濃淡不勻，更是普遍現象。排字工不小心，有時漏排成空格，有的個別字橫排，或倒置，這些偶然錯誤，今日恰成為鑑定活字本的有力證據。

我國銅活字起於何時，還是一個謎。宋代岳珂在《九經三傳沿革例》中有「五代天福銅版九經」的話，九經有四十多萬字，刻成銅版，工程巨大，在國家處於分裂狀態的五代時期，經濟上是無力負擔的，所以有人認為只有銅活字印刷才可能，但無確證，還有人認為最早的銅活字印本是元朝元統元年（1315）以後印製的《御制策》。現在流傳最古的活字印本，要算弘治正德嘉靖間的銅活字本。當時蘇州、無錫、南京一帶，活字印書盛行，尤以無錫華氏和安氏用銅活字排印的書種類既多，數量也大，他們印的古類書和唐宋詩文集，水利專業用書等，行銷各地，為後來藏書家所重視，所以今日保存下來的也比較多。

華氏會通館銅活字印本最為著名，傳世本有弘治五年印《錦繡萬花谷》，弘治八年印《容齋隨筆》、《文苑英華辨證舉要》，弘治十一年印《會通館集九經韻覽》，弘治間《會通館印正本諸臣奏議》等。關於華氏事蹟，邵寶文莊公《容春堂後集》中，有〈會通君傳〉，「會通君，姓華氏，諱燧，字文譚，無錫人。少於經史多涉獵。中歲好校閱同異，勤為辨證，手錄成帙。遇老儒先生，即持以質焉。既而為銅字版以繼之。曰：吾能會而通矣。乃名其所曰會通館。人遂以會通稱，或丈之，或君之，或伯仲之，皆曰會通云。君有田若干頃，後以制劫書故，家少落，而君漠如也。三子，郎、奎、璧[259]。」

---

[259] (明)邵寶撰，《容春堂後集》卷七〈會通君傳〉，明正德戊寅(十三年，1518)嘉靖壬午(元年，1522)內江張偉武林遞刊本。

　　弘治十五年，無錫華珵銅活字印本《渭南文集》，刻印至精，字體與各家不同，字畫起落轉折有稜角。《無錫縣志》載：「華珵，字汝德。以貢授大官署丞，善鑒別古奇器法書名畫，築尚古齋，實諸玩好其中，又多聚書。所製活版甚精密。每得秘書，不數日而印本出矣[260]。」

　　稍晚，到正德間，華堅蘭雪堂也用銅活字排印了許多書。傳世本有正德八年印本《元白長慶集》，十年印本《藝文類聚》，十一年印本《春秋繁露》、《蔡中郎集》等。弘治正德間，華氏一家創舉以銅活字印書，為出版史增添不少美談，對於促進後來的印刷事業的發展，起了很重要的作用。

　　到了嘉靖年間，繼華氏而起的有無錫的安國，《常州府志》載：「安國，字民泰，無錫人、居積諸貨，人棄我取。贍宗黨，惠鄉里。乃至平海島治白茅河，皆有力焉。父喪，會葬者五千人[261]。」又《無錫縣志》說：「安國，字民泰，富幾敵國。居膠山，植叢桂於後岡，延袤二里餘，因自號桂坡。好古書彝鼎，購異書。又西林膠山，安氏園也。嘉靖中，安桂坡穿池廣數百畝，中為二山，以擬金焦。天下名士遊賞其中，二百年來東南一名區也[262]。」安氏銅活字印本，據知見傳本有嘉靖間印《吳中水利通志》、《古今合璧事類備要》、《顏魯公文集》、《重校鶴山先生全文集》等。

　　除華氏、安氏兩家以外，明初用銅活字印古籍的還有：金蘭館於弘治十五年印《西湖居士集》，弘治十六年印《西庵集》，字體秀氣，筆劃挺拔，與華氏安氏所用字體迥然不同；建業張氏印《開元天寶遺事》；常熟楊儀（字夢羽，號五川，嘉靖間藏書家）五川精舍印的《王岐公宮詞》；五雲溪館印的《玉台新詠》；嘉靖三十一年芝城姚奎（字近軒）印《墨

[260] (清)華希閎、王鎬撰，《無錫縣志》卷三十三，百家諸子中國哲學書電子化計畫 https://ctext.org/library.pl?if=gb&file=121871&page=30

[261] (清)于琨撰，《常州府志》卷二十五，百家諸子中國哲學書電子化計畫 https://ctext.org/library.pl?if=gb&file=121777&page=28

[262] (清)華希閎、王鎬撰，《無錫縣志》卷三十三，百家諸子中國哲學書電子化計畫 https://ctext.org/library.pl?if=gb&file=121871&page=29

子》等。另外，蘇州地區也印了不少唐人集子。

七、明代的套版印刷

所謂套印，是套版印刷的簡稱，表現為書本的直觀面貌，就是一本書不止用一種色印刷。但是用雕版印刷方法製作的古籍，其中的套印本，專門是指那些根據分色的不間，同一頁書雕刻多塊書版，再用不同的色分別塗在這些不同的雕版上，並分次刷印於同一紙面，合成含有兩種或兩種以上顏色的書頁。由此而印成的書。

在寫本時代，人們曾經用不同的顏色來區別書中作用不同的文字，也用與正文不同的顏色來作種種標記，比如，用黑色寫正文，用紅色寫注文或用紅色作標點等，這是很清晰悅目的。但是自雕版印刷術發明後，一塊版上只能刷一種顏色，也就是說，只能進行單色印刷。為了解決這個問題，人們便發明了套版印刷術，套版印刷就是將同一版上需要用不同顏色印刷的部分，分別刻成同樣大小的版，然後逐次加印在同一紙張上的方法，例如，要印紅、黑兩色的文字，就刻成兩塊同樣大小的版，一版只刻要印紅色的字，另一版只刻要印黑色的字，然後將這兩塊版先後印在同一張紙上，就成朱墨分明的套印本了，由於印刷時必須使兩版版框嚴密吻合，所以稱為套版或套印。套版初期只有兩色，後來發展到五色、六色。

我國目前已知的最早套印實物，是 1974 年在山西應縣佛宮寺木塔內發現的《南無釋迦牟尼佛》，其印刷時間是在遼統和年間（983-1011），也就是說，至遲在遼代我國已經發明了套版印刷技術。元代至元六年（1340）湖北江陵資福寺無聞和尚套印的《金剛經》，經文紅色，注文墨色，這是繼遼代《南無釋迦牟尼佛》之後，又一部較早的套印作品（圖 35）。套印一頁要刻幾次版，要刷印幾次，費時費工費錢，成本較高，一般平民無力購買，書商亦無利可圖，故一般書坊不屑為之。因此套版雖然在遼代就已發明，但在較長一個時期內並沒有被普遍採用，只是到了明代後期，套版才得以廣泛應用，這是因為，第一，明代經濟繁榮，有雄厚的物質基礎；

第二，明代印刷技術已趨完善和成熟，使套印的普及有了技術準備；第三，明代套印的廣泛應用也與評點的盛行有關，因為評點的書是最適合套印的。

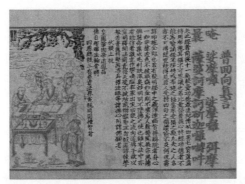

圖 35：元代至元六年（1340）湖北江陵資福寺無聞和尚套印的《金剛經》，經文紅色，注文墨色。

評點始於南宋，劉辰翁[263]是我國第一個評點《世說新語》和杜詩的人，除了《世說新語》和杜詩之外，他還評點過王維、李賀、陸游等人的詩，對後世影響較大。元代方回[264]也喜歡評點，他所編唐宋詩選《瀛奎律髓》以評點的形式標榜江西詩派。明代評點之風最盛，李卓吾、楊慎、鍾惺、孫鑛等都評點了不少書，李卓吾評點有《水滸傳》、《三國志通俗演義》、《琵琶記》、《浣紗記》、《金印記》、《繡襦記》、《香囊記》、《鳴鳳記》等，楊慎評點有《晏子春秋》、《商子》、《公孫龍子》等，鍾惺評點了《水滸傳》、《封神演義》等。另外，明代科舉考試以八股文取士，「四書」以朱熹的《四書集注》為標準，五經以宋元注疏為準繩，為了輔導人們應考，四書五經的評點著作尤其氾濫成災，四書講章充斥天下。明代出版家對於評點非常重視，爭相出版評點本，有的甚至

---

[263] 劉辰翁(1232-1297)，字會孟，別號須溪。又自號須溪居士、須溪農、小耐，門生後人稱須溪先生。廬陵灌溪人。他一生致力於文學創作和文學批評活動，為後人留下了可貴的豐厚文化遺產。

[264] 方回(1227～1305)，字萬里。徽州歙縣(今屬安徽)人。南宋理宗時登第，不久罷官，即徜徉於杭州、歙縣一帶，晚年在杭州以賣文為生，以至老死。方回罷官後，致力於詩，選唐、宋近體詩，加以評論，取名《瀛奎律髓》，共49卷。

假託名人評點編造偽書欺世。

　　明代用套版方法刷印古籍的代表人物，要算萬曆天啟間的吳興閔齊伋一家和凌濛初一家，世稱閔氏和凌氏，由他們套印的古籍稱「閔刻本」或「凌刻本」。閔齊伋和凌濛初都是吳興的望族，富有資產，他們彙集刊刻套印了各家批、注、評、點的古書，其版式特色是周圍有版框，中間無行線，這樣便於欄上錄批評，行格之間加圈點，書的每頁雖然數版套印，但是技術上掌握得非常準確，從傳本中極少發現參差錯誤，套版的顏色從朱墨兩色增加到朱墨、黛、紫、黃五色套印。兩家所用紙張，都選用上等、潔白如玉，加以彩色斑爛，令人展卷時精神為之一振，各種顏色分別代表批、注、評、點，閱讀非常醒目。閔氏最早的套印本是萬曆四十四年（1616）套印的朱墨本《左傳》，以後又相繼套印了不少書。閔刻本的內容比較豐富，經、史、子、集等無所不有。閔齊伋刻有朱墨本《東坡易傳》、《老子》、《莊子》、《列子》、《楚辭》、《陶精節集》、《柳宗元集》、《花間集》等，三色本《孟子》、《戰國策》、《杜子美七言律》和四色本《國語》等；閔光瑜刻有朱墨本《邯鄲夢》；閔齊華刻有朱墨本《九會元集》；閔繩初刻有四色本《文心雕龍》；閔昭明刻有朱墨本《新鐫朱批五經七書》。凌濛初，字玄房，號初成，別號空觀主人，浙江烏程人，他編的《初刻拍案驚奇》和《二刻拍案驚奇》較為著名。凌濛初刻書多戲曲小說，多用朱墨二色套印，並附插圖，所刻戲曲今存有《琵琶記》、《繡襦記》、《幽閨記》、《南柯記》等，此外還刻有朱墨本《韓非子》、《呂氏春秋》、《孟浩然集》等；凌汝亨刻有朱墨本《管子》；凌瀛初刻有四色本《世說新語》；凌濛初、凌贏初合刻有三色本《古詩歸》、《唐詩歸》等。凌啟康刻有四色本《蘇長公集》。

　　套版印刷應用到圖畫上就產生了餖版和拱花，圖畫最宜於用顏色套印，但在技術上也最困難。最初人們在一塊版上分別塗上不同顏色，如花塗紅色，葉塗綠色，枝塗褐色之類，大約在萬曆二十八年（1600）印成的程君房的《墨苑》，就是用的塗色方法。但這樣印成的書，由於相鄰的顏色容易混淆，並不十分美觀，所以不久即出現了分版分色套印的辦法，

《墨苑》的第二版就是一例。民間年畫用這種方法印製的更多，但是因為每版顏色的濃淡通常是一致的，很難顯出陰陽向背、濃淡分明的神態，因此顯得板滯，為了解決這個問題，就導致了餖版和拱花的發明。

「餖版」是一種分色分版的套印方法，根據畫稿上的色彩，每色經勾描，雕刻成一小塊木板。每張畫所刻小木板，多寡不等，最多能刻數十塊乃至百塊以上。印刷時，依色逐塊套印，使色彩交輝相映，濃淡深淺，陰陽向背，十分逼真。從印刷術的繼承關係來看，餖版是在套版印刷的基礎上發展起來的。餖版又稱木刻水印，或木板水印。餖版與套版從本質上看，都是屬於多塊木板套印，不同的是，餖版是許多小塊木板分別套色拼成絢麗多彩的整幅畫面，而套版則是分別用整版雕刻所需同一色彩的部分，其餘刻空不使著色，以便套印別

種顏色部分。餖版僅用於彩色版畫，套版多用於幾色印本書籍[265]。「拱花」採用凸凹兩版嵌合擠壓原理，使紙面花紋突起，並不著墨色的一種印刷方法，具立體感，適於印鳥類的羽毛和山水。是古代印刷術中的絕妙佳品[266]。

餖版和拱花技術，很長時間曾被認為是明徽州人胡正言發明的，因為當時能見到的餖版拱花印本只有明崇禎十七年（1644）胡氏刻的《十竹齋箋譜》和《十竹齋畫譜》。1963 年春，上海博物館於浙西採訪到明天啟六年（1626）顏繼祖用餖版印製的《蘿軒變古箋譜》上、下兩冊，書前有顏繼祖小引說：「《蘿軒變古箋譜》書成於天啟丙寅。」丙寅即西元 1626年，早於胡正言《十竹齋箋譜》十九年，是目前所見餖版刻印的最早傳本，這部箋譜是江寧吳發祥四十八歲時在金陵刻成的。

明崇禎年間，住在金陵雞籠山側的徽籍胡正言，利用餖版和拱花這兩種方法，編印了《十竹齋畫譜》和《十竹齋箋譜》二書，其套印之精緻，

[265] 沈津〈餖版〉，《圖書館學與資訊科學大辭典》，1995 年 12 月，https://terms.naer.edu.tw/detail/1679975/?index=1

[266] 沈津〈拱花〉，《圖書館學與資訊科學大辭典》，1955 年 12 月，https://terms.naer.edu.tw/detail/1681994/?index=1

著色之豔麗，在技術上達到了很高的境地。胡正言，字曰從，原籍徽州，寄寓南京雞籠山側，因其家中院落種竹十餘竿，故名其居室曰「十竹齋」。他幼時師從著名小學家李登學習，精研六書（古文、奇字、篆書、隸書、篆書、蟲書），精於篆刻，又善繪製墨，喜藏書，好刻書，刻有《六書正偽》、《千文六書統要》、《牌統孚玉》、《古今詩餘醉》、《詩譚》等。他的著作有《印存玄覽》、《胡氏篆草》、《詞林紀事》、《十竹齋畫譜》、《十竹齋箋譜》等。

第六節　清代的版刻

　　清朝是北方落後少數民族入主中原的朝代。清朝統治，一方面繼承和發展了明代的絕對君主專制，另一方面又加入了殘酷的民族歧視和民族壓迫政策，在政治上、軍事上，清統治者在大力鎮壓漢族人民反抗的同時，在思想文化上也採取了嚴密控制的方針，由此產生出來的文化政策，也是以扼殺民主和民族思想，鞏固清廷在精神領域的統治地位為目標的，他們曾先後採取了尊孔崇儒、開科取士、提倡理學、編纂大輸、大興文字獄等各種政策措施。

　　印刷術發明以後說產生了刻書事業。當時雖還沒有「出版」這樣一個觀念。但是購置稿本、刊刻版片、印刷、售賣、保護所有權等一系列的組織活動已經自然而然地產生出來，因而也就很接近於現代前說的出版事業了。自唐末到五代已經發展出三種經營刻書事業的人：書坊、私家和政府。因而對書籍就有坊刻木、家刻本和官刻本的區別。它們互相影響、互相激盪，因而促進了印本書籍的不斷發展。

一、政府刻書

　　五代以後，歷朝政府都以刻書作為其文化設施的一個部分。官刻的書籍以「正經」、「正史」及皇帝所自撰或審定、批准的書為主。清代官刻書幾乎全集中在內府。清內府刻書，以康雍乾三朝為最盛。蓋校勘雕鏤既精，而又往往以特製之開化紙印行，使人賞心悅目。內府刻書處稱為武英殿刻書處，是康熙十二年（1673）所設，因此它所刻的書，一般稱為殿版。所刻書除「正經」、「正史」外，多是「御撰」、「御批」、「欽定」的書。但內容則遍及經、史、子、集。刻書之數，以康熙（1662-1722）、乾隆（1736-1795）兩朝為最多。道光（1821-1850）以後，就微不足道了。殿版書籍有陶湘的〈清代殿版書目〉可稽。另陶湘有〈清代殿版書始末記〉一文，述內府刻書，至為周詳。具錄如下：

　　清代殿版書，實權輿於明代經廠本。惟明以司禮監專司，清則選詞臣從事耳。順治一朝，纂刻書籍，均經廠原有工匠承辦，故其格式，與經廠本小異而大同。康熙一朝，刻書極工，自十二年敕廷臣補刊經廠本文獻通考脫簡，冠以御序。此後刻書，凡方體均稱宋字，楷書均稱軟字（見《大清會典》），雖雜出眾手，必齊若劃一。於武英殿設修書處，校對官員，寫刻工匠，咸集於茲。又敕刻銅字（非鑄），活板擺印（初印曆算等書，繼印圖書集成），其書均稱內府本。兩淮鹽政曹寅，以鹽羨刻全唐詩，軟字精美，世稱揚州詩局刻本，以奉敕亦稱內府本。雍正一朝，精刻內典，別規格式，字體力求方整，刀法力求勻淨。乾隆一朝，四年詔刻十三經、二十一史（內典停刻），於武英殿設刻書處，特簡王大臣總裁其事，殿板之名遂大著（凡前稱內府本，後亦統稱殿本）。十二年刻明史、大清一統志，次刻三通，再次刻舊唐書。凡在十二年前刊印者，其寫刻之工緻，紙張之遴選，印刷之色澤，裝訂之大雅，莫不盡善盡美，斯為極盛時代。十三年，開三禮館，刻三禮義疏，與

易、詩、書、春秋傳說彙纂合裝，總名御纂七經，而三禮義疏即遜於四經彙纂。 揚州詩局，於曹寅故後，工亦中輟。……然自此以後，敕纂各書之寫刻印裝，每下愈況。試舉三十年後所刻之六通，四十年後所刻之舊五代史，五十年後所刻之續纂大清一統志，與十二年前所刻諸書校，其優劣判若霄壤。嘉慶一朝，四年刻續纂八旗通志，工料愈遜。九年，敕纂熙朝雅頌集，特諭阮元刊進，亦不如乾隆初年諸殿本。十九年，敕纂全唐文，仍由揚州詩局承辦，然亦不如全唐詩。道光、咸豐兩朝，天下多故，稽古右文，萬機無暇，同治一朝，大亂甫定，天子沖齡，此事遂廢。八年夏，武英殿災，凡康熙二百年來之藏書儲板，一炬蕩然。幸大內宮廷殿閣、奉天陪都、熱河行宮陳設書籍，尚有存者。武英殿既災，纂修協修之官名猶在，寫刻印裝之工匠亦未撤，而刊書之事，終同治一朝，闃寂無聞，此為極衰時代矣。

按陶氏酷嗜殿本，收藏甚多。又曾為故宮博物院整理殿本圖書。所見既博，故所言亦精。

殿版書籍以康熙一朝所印為最精美，其中很多是書寫工整的軟體字（即手寫體的字），如《御完全唐詩》和《七經》都是。根據康熙命令編制的書，如《康熙字典》、《淵鑒類函》、《經籍纂詁》、《駢字類編》、《數理精蘊》等，雖是宋體字，但刊刻精工，紙精墨妙，不失為印本中的上品。乾隆初年校刊《十三經注疏》和《二十四史》，都以明北監本為底本，而刻印較工致，因此頗為當時人所重。

清代殿版充分利用了活字印刷和套版印刷術。康熙年間由陳夢雷主編的《古今圖書集成》是一部巨大的類書，分卷一萬，字數一億以上。雍正四年（1726）由武英殿用銅活字印行，至雍正六年（1728）告成。這是舊式活字本中最大的一部書，字體也極精美。這副銅活字後來藏在清宮武英殿，可惜在乾隆初年被毀掉去鑄錢了。乾隆三十八年，用木活字排印從《永樂大典》中輯出的一百三十四種書，後人稱之為〈武英殿聚珍版叢

書〉。但排印技術以及字體都不如銅活字精美。嘉慶年間（1796-1820）又陸續用木活字印了上十種書。

套印書籍從順治年間（1644-1661）就開始有了。康熙年間的《勸善金科》（劇本）是極精美的五色套印書。此外，《詞譜》、《曲律》也都用鮮明的朱、墨套印。乾隆時的《御選唐宋文醇》是朱、墨、綠三色套印，《昭代簫韶》（劇本）是五色套印。這些書在刊印工藝上確是具有高度的水平。

清代殿版還有精美的版畫。康熙時的「耕織圖」、「南巡盛典」等，雍正時《古今圖書集成》的插圖，都是由著名畫家和優秀刻工合作而成的。但乾隆年間的內府版畫就漸顯草率。道光以後就不見版畫了。

清代地方官刻本很少，主要是地方志。刊刻工藝很普通，善本也很少見。

清代初年官署刻書之風，稍遜於明。各地撫署、臬署、縣署及學署等雖有刻本，然為量不豐。嘉慶二十年阮文達在南昌府學所刻十三經註疏，其最著者也。蓋其時封疆大吏雖多用公帑刻書，然不以官署名稱行之，故仍可入之私家。而專設書局刻書，則始於洪楊亂後。曾文正慨兵燹之餘，書肆蕩然無存，乃於江寧設金陵書局，於揚州設淮南書局。於是杭州浙江書局，蘇州江蘇書局，武昌崇文書局，長沙思賢書局，濟南山東書局，廣州廣雅書局，以及江西、河南、天津、蘭州等官書局，相繼而起，所刻四部之書極夥，復極一時之盛。地方官署，設專局刻書，蓋前所未有也。各局刻書，校勘均尚不苟，嘉惠士林者良多。以視明代書帕本，蓋不啻霄壤之判矣。總起來說，中央官刻書中，清代前期內府刻本最多最精，可謂集手工業印刷術之大成。一八四〇年鴉片戰爭以後就日趨衰落了。刻書機關，清代就以內府為主了。至於地方官刻書，清代前期的地方官刻為數寥寥。太平天國革命失敗以後，許多省雖然設有官書局，也校刻了一些比較好的書，但所起作用不大。

綜上所述，歷代官刻的書，能夠集中全國的人力、物力，所以常能夠刻出工藝上極精美的書，從而促進印刷工藝的發展。在封建制度下，他們

刊刻書籍的舉動，又往往為士大夫們所追隨，因而也起了推動刻書事業的作用。

二、私家刻書

私家刻書起於五代。兩宋時日趨發達，到明清而極盛。清初私家刻書大體上有兩類。一類是著名文人研刻自己的詩文集之類。如汪琬、宋犖、王士禎的文集，都是當時工書的人研寫，楷法工整，刻工也是名手。印刷紙盤都經過選擇，是印本中的精品。當時，這種用手寫體上版雕刻的風氣極為普遍。徐乾學研主持編印的《通志堂經解》是清初的一部大叢書，也是宋、元以來理學書籍的大結集，就是用手寫體刊印的。朱彝尊的《曝書亭集》和他的《經義考》、《日下舊聞考》也是用精緻的手寫軟體字刊印的。另一類是一些大學問家的學術著作，如顧炎武的《音學五書》、《日知錄》、黃宗羲的《明儒學案》，閻若璩的《潛邱札記》等，或者是自己付印，或者由其親戚朋友出資代刻。這些書用的都是「宋體」字，普通竹紙。校對雖很謹慎，工藝水平則不很高。但是，它們的學術價值有時則遠超過某些文人的集子。由此可見，版刻的精美程度和書籍內容的價值並非總是一致的。

乾、嘉時代考據學興起之後，又有藏書家和校勘學家刊刻的書。一些著名藏書家以其所藏宋、元善本，或者影摹上版或者重行校勘付印。前者如黃丕烈的《士禮居叢書》、後者如鮑廷博《知不知齋叢書》，都是最有名的。校勘學家也往將其所手校勘正的書閱雕付印，如盧文弨的《抱經堂叢書》、顧廣圻的《恩適齋叢書》，孫星衍的《平津館叢書》、畢沅的《經訓堂叢書》等。這些人所刻書，底本優良，校勘工細，對讀者最為有益。嘉慶年間阮亨所刻《文選樓叢書》是這類書中傑出的範例之一。他所校刻的《皇清經解》，結集了清代漢學家研究古代經典著作的大志，校印精審，與《通志堂經解》並稱，代表了宋以後經學上的兩大學派。

隨著校勘學的發達，產生了輯編逸書的風氣。繼《武英殿聚珍版叢

書》之後，黃奭的《漢學唐叢書》、馬國翰的《玉函山房輯佚書》，嚴可均的《全上古三代秦漢三國六朝文》，都是著名的輯逸叢書，為我們搜集了散在很多書中的珍貴資料，對研究古代文化有很大幫助。

刊刻叢書是清代家刻本中一大特色。乾、嘉以後發展出很多類型：如專門搜輯已經失傳的書的輯逸叢書；專門搜集一個地方的人士的著作的郡邑叢書；專門搜集一姓一家的著作的氏族叢書；專門搜集一門學問的著作的專類叢書等。這種風氣一直延續到民國初年。

由於清代家刻本之多而且精，書坊所賣的學術性書籍及文人詩集，幾乎都是家刻本，清代書坊是很少刊刻這類書籍的。

總的說來，家刻本的特點是底本好、校勘精、刊工良、紙墨都是上乘。這主要是由於刻書者的目的，或者旨在宣傳自己的著作，或是志在傳播自己所愛好的古書。他們往往是地主、豪紳、富商、巨賈，所以不惜時間，不惜工本。他們的刻書是業餘活動而不是謀利為生，這就使他們所刻的書與書坊有很大的不同，但由於售書畢竟可以獲利，可以轉化成為書坊，因而染上書坊習氣的人，也不在少數。這在宋、元時代尤為顯著。

三、書坊刻書

書坊刻書是書籍生產的基本力量。書坊是商品書籍流通分配的主體。它們分佈最廣、影響最大。在我國書籍發展上有不小的功績。

所謂書坊，指的是擁有自己的刻工和印工並自己或請人編輯書籍的書店。用現在的名詞說，就是兼營編輯、出版、印刷和發行的書店。當然，不能想像所有書店都是書坊。但是在寫本時代，書店所售書籍，只能自己抄寫或僱人抄寫，因而都有書坊性質。

坊刻書籍是我國最早的印本。唐代刊本都是坊刻。五代時仍以坊刻為多。宋以後雖然官刻本和家刻本不斷增加，但從書籍的總生產量看，坊刻本的比重一定很大，只因缺乏詳細記載，提不出確實統計數字而已。

書坊所刊的書有幾種類型。第一，前代的著作。這類書籍以宋、元為

多，經、史、子、集四部各有。在刊行前代著作時，他們往往進行加工。例如，經書中的疏，自唐以來，本是與注分別單行的，把它們合在一起以便誦讀，就是南宋建安書坊所創始的。他們還往往為一些書添製插圖。增加參考資料。一些宋、元版的「纂圖」、「互注」、「重言重意」的經書和子書，都出於書坊之手。明代此風漸衰，清代更少見了。第二、日用參考資料和許多著名的文集、類書以及日用便覽之類，都是書坊所編。而像清朝的《縉紳錄》、《京報》、《諭摺匯存》等史料，也是書坊所裒集。第三、童蒙讀本。如《千字文》、《三字經》、《百家姓》、《唐詩三百首》、《千家詩》以及《四書集注》等。這些書一向不為刻書家所注意。如果沒有書坊的大量刻印，全國兒童將無書可讀了。第四、學習、考試應用的工具書。唐末早有字書、韻書的刊行。這個傳統一直為後世書坊所繼承。宋、元以來，書坊為了迎合應試士人的需要，還編了不少模範詩文選、帶批點評注的文章、經義、帖括，甚至包括一些供夾帶抄襲之用的書。除字書外，這類書根本談不上學術價值，是坊刻中最下的東西。但它們是書坊謀利之所在，產量也最多。第五、民間詩歌、戲曲、小說、評話、小唱、彈詞、寶卷之類的所謂民間文學。清代也有一些這樣的書坊。例如，清代後期北京的「聚珍堂」，就排印了許多鼓詞、小說之類的書。此外，蘇州、成都、西安等許多地方有這類書訪。應該注意，這是坊刻書中最有價值的東西。因為它反映出民間文化的一面。當然，其中有很多糟粕，然而大眾所喜聞樂見的書，只有他們才肯付印，因而為我們保存了許多民間創作。

坊刻書籍的刊刻工藝，總地說來，是不如官刻和家刻精美的。這主要是由於成本關係。因為坊刻書籍定價不能高，必須適應大家的購買力，他們也創造出一些人民愛好的藝術風格，並且影響了其他方面。明代後期版畫藝術空前發達，也是由建安的書坊開始的。刻書字體的變化，坊刻書也是主要源泉。至於人民所需要的書籍，反映人民生活風俗習的書籍，也只有在書坊出版的書中去找。書坊對於我國書史的發展是有很大的功績的。

坊刻書籍的一個重大缺點是，有時粗製濫造、校勘不精、內容平庸、

紙墨低劣。有時還刊印一些低級趣味的書。主要根源在於他們都是謀取利潤的組織。為了博取利潤，有時就不擇手段。坊刻書因此不為藏書家和學術研究工作者所重視。但是這不過是一部份投機書商之行為，也是私有制社會中必然會產生的現象，我們不能因此全盤否定坊刻書的價值。

我國書坊刻書的歷史，是我國書史文化史上一個重要組成部分。深入研究他們的發生、發展以及刻書工人、印刷工人的生活和組織，是我們一個重要的工作。

四、《古今圖書集成》

《古今圖書集成》是清代初年完成的一部大型類書，也是現存中國古代類書中規模最大，資料最豐富的一部。中國古代的類書，有著悠久的歷史淵源，且其成就也蔚為壯觀。三國魏王象等人編纂的《皇覽》是中國古代成書最早的一部類書，明代解縉等人所編的《永樂大典》是中國古代規模最大的一部類書。當《永樂大典》還全部或大部分存在時，《古今圖書集成》在卷帙方面還不能稱雄，但現今《永樂大典》只殘存了百分之三，因而沒有別的古類書能在分量上與《古今圖書集成》匹敵。康有為曾對此書作了高度評價，他說：「《古今圖書集成》為清朝第一大書，將以軼宋之《冊府元龜》、《太平御覽》、《文苑英華》，而與明之《永樂大典》競宏富者……誠中國之瑰寶也[267]。」（圖 36）

---

[267] 盧賢中著，《古代刻書與古籍版本》，合肥市：安徽大學出版社，1995 年 12 月，頁 100。

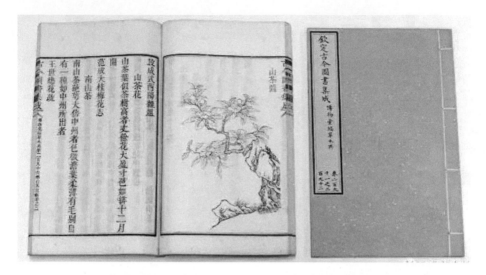

**圖 36：《古今圖書集成》雍正四年（1726）用銅活字排印，兩年完成，是
對我國傳統學術文化的一次系統整合。**

《古今圖書集成》一書，舊稱蔣廷錫等奉敕撰，雍正《御製序》曰：

> 聖祖命廣羅群籍，分門別類，統為一書，成冊府之巨觀，極圖書之
> 大備，而卷帙浩富，任事之臣，弗克祇承，既多訛謬，每有闕遺，
> 經歷歲時，久而未就。朕紹登大寶，思繼先志，特命尚書蔣廷錫等
> 董司其事，督率在館諸臣，重加編校，窮朝夕之力，三載之勤。
> 凡釐定三千餘卷，增訂數十萬言，圖繪精審，考定詳悉，書成進
> 呈[268]。

實際上，《古今圖書集成》並非蔣廷錫所撰，而是由陳夢雷一手完成
的。

《古今圖書集成》的初稿創始於清康熙四十年（1701）十月，完成於
康熙四十五年（1706）四月，是清聖祖玄燁的侍臣、侍奉皇三子胤祉的陳

---

[268] (清)蔣廷錫奉敕撰，《欽定古今圖書集成·御製序》，清光緒十六年(1890)北京總理衙門石印
本。

夢雷所倡議並初稿完成後，正在修訂之際，清廷內部發生了一場政治鬥爭，在這一衝突中，陳夢雷成了無辜的犧牲者。

　　陳夢雷，字則震，一字省齋，福州侯官人，生於清順治八年（1651），年十九中舉人，未冠成進士，授翰林院編修。康熙十二年（1673），請假返閩省親，次年，逢耿精忠起兵響應吳三桂，以後脅迫閩中諸名士，繫陳夢雷及其父於僧寺中，夢雷托言有疾，疾癒當起，而暗中遣使間道入京師報訊，因兵阻不得進，當時有個叫陳昉的，接受了耿精忠的委職，京師誤傳為陳夢雷。「三藩之變」平，陳夢雷被逮議罪論斬，後聖祖特旨減死，謫戍奉天尚陽堡，歷十六年，至康熙三十七年（1698），聖祖東巡，夢雷獻詩稱旨，釋歸，教習西苑，侍四皇子胤祉[269]。《古今圖書集成》的初稿就是編成在這個時期。

　　這部巨大的類書，起先的名稱是《彙編》，陳夢雷的集子《松鶴山房文集》卷二裡有一篇《進彙編啟》，詳細敘述了他編纂這部大書的經過，下面摘錄幾段，以供參考。

　　　　為恭進彙編目錄、凡例，冒懇慈恩代奏，乞賜暫假還鄉，省親父母墳墓，願得終生圖報事。雷以萬死餘生，蒙我皇上發遣奉天，又沐特恩召回京師，侍我王爺殿下筆墨恭遇我，王爺殿下睿質天縱，篤學好古，禮士愛人。自慶為不世遭逢，思捐頂踵，圖報萬一。無奈賦命淺薄，氣質昏愚。讀書五十載，而技能無一可稱。涉獵萬餘卷，而記述無一可舉，深恐上負慈恩。惟有綴拾簡編，以類相從，仰備顧問。而我王爺聰明睿智，於講論經史之餘，賜之教誨，謂三通、衍義等書，詳於政典，未及蟲魚草木之微；類函、御覽諸家，但資詞藻，未及天德王道之大。必大小一貫，上下古今，類列部分，有綱有紀，勒成一書，庶足以大光聖朝文治。雷聞命踴躍，喜俱交并，自揣五十年來，無他嗜好，惟有日抱遺編。今何幸，大慰

---

[269] 趙國璋、潘樹廣主編，《文獻學大辭典》，揚州市：廣陵書社，2005 年 12 月，頁 597。李玉安、黃正雨編著，《中國藏書家通典》，香港：中國國際文化出版社，2005 年 12 月，頁 354-355。

所懷。不揣蚊力負山,遂以一人獨肩斯任。謹於康熙四十年十月為始,領銀雇人繕寫。蒙我王爺殿下頒發協一堂所藏鴻編,合之雷家經史子集,約計一萬五千餘卷。至此四十五年四月內,書得告成。分為彙編者六,為志三十有二,為部六千有零。凡在六合之內,鉅細畢舉。其在十三經、二十一史者,隻字不遺。其在稗史子集者,十亦只刪一二。以百篇為一卷,可得三千六百餘卷。若以古人卷帙較之,可得萬餘卷。

雷三載之內,目營手檢,無間晨夕,幸而綱舉目張,差有條理。

謹先謄目錄、凡例為一冊上呈,伏惟刪定。贊修上聖之事,雷何人斯,寧敢輕言著述,不過類聚部分,仰待我王爺裁酌,或上請至尊聖訓,東宮殿下睿智,何者宜存,何者宜去,何者宜分,何者宜合,定其大綱,得以欽遵檢校。或賜發秘府之藏,廣其所未備,然後擇于江南、浙江都會之地,廣聚別本書籍,令精力少年,分部讎校,使字畫不至舛訛,繕寫進呈,恭請御製序文,冠於書首,發付梓人刊刻。較之前代《太平御覽》、《冊府元龜》廣大精詳,何止十倍。從此頒發四方,文治昭垂萬世,王爺鴻名卓越,過於東平、河間,而草茅愚賤,效一日犬馬之勞,亦得分光不朽矣[270]。

由此可見《彙編》一書實由陳夢雷倡議,得到後胤祉同意和鼓勵,撥給圖書資料、經費、抄手,並由陳夢雷獨力主持編纂完成的。但是到了清世宗御撰的《古今圖書集成》序中,卻說此書是聖祖康熙帝續其所教修的各專科書籍而編的一部綜合性巨著,其稱:

欽惟我皇考聖祖仁皇帝聰明睿智,重生知之質,而又好古敏求,孜孜不倦,萬幾之暇,置圖書於左右,披尋玩味,雖盛暑隆寒,未嘗暫曠,積數十載之久,研綜古今,搜討殆遍。屢命儒臣弘開書局,

---

[270] (清)陳夢雷撰,《松鶴山房文集》卷二〈進彙編啟〉,百家諸子中國哲學書電子化計劃 https://ctext.org/library.pl?if=gb&file=40415&page=9

若周易折中發四聖之微言。朱子全書會群儒之奧義，皆稟自睿裁，復躬加校定。若律曆測源推軒皇之神策，葉虞代之元聲，皆親行指授。乃命廣羅群籍，分門別類，統為一書，成冊府之巨觀，極圖書之大備[271]。

　　從而一筆抹殺了陳夢雷編纂《古今圖書集成》的功績。

　　雍正帝胤禛因爭奪皇位和他的兄弟有矛盾，對三哥胤祉也不例外，當他奪得皇位後，處處排擠打擊胤祉，而陳夢雷也被看成是胤祉集團的一個要員，不僅被抹去其編纂《集成》之功，甚至再次遭到流放。

　　雍正登位未及數月，便下諭說：

陳夢雷原系叛附耿精忠之人，皇考寬仁免戮，發往關東。後東巡時，以其平日稍知學問，帶回京師，交誠親王（胤祉）處行走。累年以來，招搖無忌，不法甚多。京師斷不可留，著將陳夢雷父子，發遣邊外。陳夢雷處所存《古今圖書集成》一書，皆皇考指示訓練，欽定條例，費數十年聖心，故能貫通古今，匯合經史，天文地理，皆有圖記，下至山川草木，百工製造，靡不備具，洵為典籍之大觀。此書工猶未竣，著九卿公舉一二學問淵通之人，令其編輯竣事。原稿內有訛錯未當者，即加潤色增刪，仰副皇考稽古博覽之至意[272]。

　　因此，就有了任命蔣廷錫等「董司其事」之舉，實際上蔣廷錫只是坐享其成而已。《集成》基本上是在陳夢雷完成的生坯上略作修訂的原稿，原來的六編，仍是六編，原來的三十二志，依然是三十二志，至於三千六

---

[271] (清)蔣廷錫奉敕撰，《欽定古今圖書集成‧御製序》，清光緒十六年(1890)北京總理衙門石印本。

[272] 王先謙撰，《東華錄》卷六十〈雍正一〉，百家諸子中國哲學書電子化計劃 https://ctext.org/library.pl?if=gb&file=17055&page=32

百多卷析為一萬卷,也並非在分量上有增加。陳夢雷本來就有此安排,他在〈進彙編啟〉裡就講了「若以古人卷帙較之,可得萬餘卷」。因此,《清史稿》卷二百九十五蔣廷錫列傳,未提他編修或校定《古今圖書集成》之事,是充分尊重歷史事實的。

《古今圖書集成》分為六個彙編,三十二典,六千一百零九部,共一萬卷。其〈編次凡例〉說:「法莫大乎天地,故彙編首史象而繼方輿;乾坤定而成位,其間者人也,故明倫次之;三才既立,庶類繁生,故次博物;裁成參贊,則聖功王道以出,次理學經濟,而是書備焉。」六個彙編的下屬目次是:

〈曆象彙編〉四典:乾象典,紀天地,陰陽五行,日月星辰,及風、雲、雨、雪、電等,旁及火與烟;歲功典,紀季節、月令、寒暑、干支、晨昏、晝夜等;曆法典,紀曆法、儀象、漏刻,兼及測量、算法、數目等;庶征典,紀變異、災荒、夢、謠、讖等。

〈方輿彙編〉四典:坤輿典,紀土、泥、石、砂、汞、磯、黃灰、水冰、泉、井,以及歷代輿圖、分畫、建都、留都、關隘、市肆、陵寢、家墓等;職方典,分紀清代各省府地理;山川典,紀名山大川;邊裔典,紀外國。

〈明倫彙編〉八典:皇極典,紀帝王之事;宮闈典,紀太上皇、後妃、宮女、乳保、東宮、皇子、皇孫、公主、駙馬、外戚、宦寺等;官常典,紀百宮之事;家範典,紀家庭閨事,兼及家屬、戚屬、奴婢等;交誼典,紀師友、鄉里,以及社交、世態等;氏族典,分紀名姓氏,按韻編次;人事典,紀身體、年齡、名號、命運、感應等;閨媛典,紀婦女之事。

〈博物彙編〉四典:藝術典,紀農、醫、卜、星相、術數,以及畫、弈、商賈、傭工、優伶、娼妓之類;神異典,紀鬼、神、釋、道等;禽蟲典,分紀各動物;草木典,分紀各植物。

〈理學彙編〉四典:經籍典,紀河圖、洛書、十三經、國語、國策、列代史、通鑒、史學、地志,及諸子、集部、類書、雜著等;學習典,紀

人品、學問、名賢、列傳，及遊俠、勇力等；文學典，紀文學總論、各代列傳，及各體文、詩、賦、詞、典等；字學典，紀音義、字體、法帖、書法、聲韻、方言，以及筆、墨、紙、硯等。

〈經濟彙編〉八典：選舉典，紀學校、教化，及取士之科等；銓衡典，紀官制、祿制、封建，及黜擢之法等；食貨典，紀戶口、農桑、田制、蠶桑、荒政、賦役、漕運、貢獻、鹽法、雜稅、平准、國用、飲食、布帛、珠玉、金、銀、錢鈔等；禮儀典，紀冠婚、喪祭、朝會、燕饗等禮，而祀典為最詳；樂律典，紀律呂，歌舞，及各種樂器等；戎政典，紀兵制、田獵、兵法、兵略、屯田、馬政、驛遞、兵器等；祥刑典，紀律令及盜賊、牢獄、聽斷、刑制、赦宥等；考工典，紀諸工匠、規矩準繩度量、權衡、城池、橋樑、宮室、器用等。

綜觀《古今圖書集成》全書，不論在形式上還是在內容上，都比較典型地體現了中國古代類書的基本格局。全書嚴格按類編排，儘管類目極其複雜精細，但「彙編」、「典」、「部」三大框架層層統攝，使得各層次類目清晰，有條不紊，每部中所輯的資料，仍按類別逐項排比，使資料有較強的系統性，類書「以類聚事」的特點在《古今圖書集成》中貫徹得比較徹底，至於所輯資料的廣博、全面，在現存的古代類書中，沒有一部能與之匹敵。

五、《四庫全書》及其他

繼《永樂大典》之後，我國另一部巨大的寫本是清代乾隆年間所纂修的《四庫全書》。該書是按照清高宗的意旨編纂的。從著作類型看，《四庫全書》實是一部規模巨大的叢書，內容包括經、史、子、集四大部分，共編集了古代直到當時的著作三千五百零三部，七萬九千三百三十七卷，分裝三萬六千冊，另有《四庫全書總目提要》一百卷。卷帙之多，相當於《永樂大典》的三倍半。（圖 37）

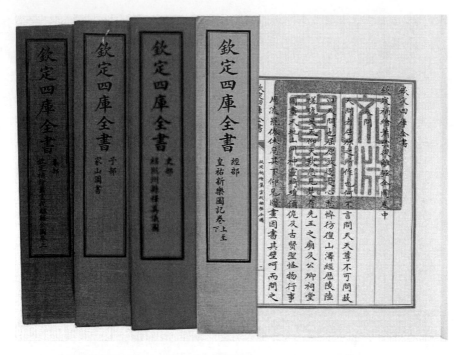

圖 37：《四庫全書》為了美觀與便於識別，採用分色裝幀，經部綠色，史部紅色，子部月白色（或淺藍色），集部灰黑色。

　　《四庫全書》的來源共有五個方面。第一，是乾隆下令各省徵集採購的書，這些書是經過審查選定之後收入的，在《四庫全書總目》內稱為採進本；第二，是原來儲藏在宮內的舊刻本和抄本，稱為內府本；第三，是清初到當時奉清帝命令編纂的各種官書，稱為敕撰本；第四，是當時一些藏書家應乾隆的命令進獻的，稱為進獻本；第五，就是從《永樂大典》中輯取出來的，稱為永樂大典本。

　　當時領導這項工作的是乾隆特派的三位皇子和幾位軍機大臣，但實際負責任的是總纂官紀昀和總校官陸費墀。編纂官則多半是當時有名的翰林和學者，如邵晉涵、戴震、周永年、姚鼐、朱筠等人。專校天文算學的有陳際新等，專門繪圖的有門應龍等，專校篆隸等古體字的有王念孫等，這些人都是全國著名的學者，至於擔任繕寫、裝訂等工作的最多時達到三千八百多人。為了保證抄書的品質，繕寫處還規定了記過的辦法，規定每三

個月考核一次，對記過多者要給以處分。最初擬定只寫四部，乾隆四十六年十二月（1782）第一部繕寫完畢，特在北京宮內建文淵閣收藏，第二年春，其餘三部也先後告成，分藏在瀋陽的文溯閣，圓明園的文源閣和熱河避暑山莊的文津閣。乾隆隨即又命令添寫三部，分藏於揚州、鎮江和杭州。這項工作從乾隆四十七年（1782）七月開始，至乾隆五十二年（1787）六月完成。揚州的藏書處稱文匯閣，鎮江稱文宗閣，杭州稱文瀾閣，都允許讀書人入閣看書。

《四庫全書》是軟面的包背裝，用綠色絹作經部封面，紅色作史部封面，藍色作子部封面，灰色作集部封面。框界都是紅色，版心上欄寫《四庫全書》，中寫本書書名卷次及頁碼，每部書卷首有本書提要。北方四閣都用開化榜紙，潔白堅韌，南方三閣改用白太史連紙，品質次於開化紙。南方三閣的書型較小，封面顏色也和北四閣略有不同，抄寫工作比較草率，缺卷缺頁所在多有。

乾隆為什麼化這樣大的氣力來編這部書呢？這是因為滿清統治者想要利用編書來達到禁錮人民思想的目的。

西元 1644 年清王朝在北京建立政權，並繼續向南方進軍，這就使當時農民起義軍的反明鬥爭轉為抗清鬥爭，使民族矛盾上升為主要矛盾。起義的農民、城市居民和一些團結在明王朝殘餘勢力周圍的官僚、地主知識份子都起來抵抗清兵的侵犯。清兵對這些起義軍進行了極其殘酷的屠殺和血腥鎮壓。經過三十多年的時間，清王朝把反抗它的起義軍民逐漸鎮壓下去，鞏固了它的封建統治，迫使革命力量轉入地下，他們組成了各種秘密結社，繼續廣泛地傳播民族思想。直到康熙十八年（1679），清政府開博學鴻詞科，以搜羅、收買並軟化有民族思想的知識份子，這標誌著在血腥鎮壓的一手之外，又開始了另一手的文化籠絡的政策。清王朝所採用的這種方法，主要是用博學鴻詞科或其它薦舉的手段，招收那些人來編集《明史》和一些大部頭的類書、叢書等；與此同時，有意識地興起了一些文字獄，以教育、恐嚇、打擊那些不肯就範的人，乾隆纂修《四庫全書》正是這文化兩手政策的組成。

　　乾隆在他即位的三十多年裡，平定了中國西北和西南各少數部分民族地區，奠定了中國的邊疆，這對全中國的統一和發展是有一定的意義。但他的主要目的是鞏固他的封建統治，佔有更多的勞動人民和土地，以進行奴役、剝削和壓迫，這就構成所謂「十全武功」和「乾隆盛世」的主要內容。由此，掀起了他的進一步的計畫，提出纂修《四庫全書》的辦法，想藉以燒盡殺絕有漢民族思想的一切文化典籍。這才是乾隆纂修《四庫全書》的真正目的。

　　為了讓百姓交出藏書，以便一網打盡，乾隆於是下了幾道命令，始而說「即或書中字義偶有觸礙，亦是前人偏見，與近時無涉，何必過於畏首畏尾繼而說書中即有忌諱字面，並無妨礙，或有妄誕字句，亦不過將書毀棄，轉諭其家不必收存終於說，明季末造，野史甚多，其間毀譽任意，傳聞異辭，必有抵觸本朝二處。正當及此一番查辦，盡行銷毀，杜遏邪言，以正人心而厚風俗。斷不宜置之不辦。……若此次傳諭之後，復有隱匿存留，則是有心藏匿偽妄之書。日後別經發覺，其罪不能道，承辦之督撫等亦難辭咎」。這樣就把搜集遺書的真實用意完全暴露出來了。因此，在編纂《四庫全書》的同時，他就把各省搜集來的書籍交付四庫全書館嚴加審查，經他認為對統治者有利的書就收入《四庫全書》，而他認為對他不利的書就開列目錄，全部或部分禁用，並下令全國繳送銷毀。幾次目錄所列禁毀之書，將近三千多種，而各省官吏逢迎意旨，認為應禁毀的，為數更多，人民害怕惹禍，自行焚毀的，更無法計數。所以，被禁的書遠比收入《四庫全書》的多。有人認為自秦始皇焚書以後，沒有比這次再殘酷的了，實不為過。

　　至於這七部書的現狀，圓明園文源閣所藏已在第二次鴉片戰爭時被英、法聯軍全部燒毀；文淵閣所藏原在北京故宮博物院，後由國民政府運往臺灣；文津閣所藏於民國初年移歸京師圖書館，現保存在北京圖書館裡；文溯閣所藏現歸遼寧省圖書館；文匯閣和文宗閣所藏毀於太平天國戰火中；文瀾閣所藏其時亦遭焚劫，當時杭州藏書家丁丙、丁申兄弟曾自費收購了失散的一部分，後來又出資陸續抄補了一些；辛亥革命後，由浙江

省立圖書館接收保管，並陸續派人到北京抄補，到 1925 年補齊。因此，現存的還有四部。

　　《佩文韻府》是清康熙命張玉書、陳廷敬等七十餘人編撰的查找詩詞文句和典故的工具書，康熙四十三年（1704）六月開始編纂，至康熙五十年（1711）十月完成，歷時七年。康熙認為元代陰時夫編製的《韻府群玉》，以及明代稚隆編製的《五車韻瑞》，兩部書皆過於簡略，論證不無謬誤，有必要作大規模的修訂，為此，下令在這兩部音韻學著作的基礎上增訂、補缺、考證，重修一部大型音韻詞章學工具書，將這一部大型音韻學工具書命名為《佩文韻府》。

　　編製《佩文韻府》，康熙一開始就「親加考訂、證其訛舛、補其脫漏，或對某經、某史、某字、某事，未備者，時時面諭，一一增錄，漸次成帙。」他特此欽命「內閣大臣，更加搜採，以裒益之，既有原本增本，又有內增外增」。對照《佩文韻府》所依據的兩種底本，廣采博覽各種有關資料、論著，進行全面修訂、增補、改寫。他還指令翰林及有關人員，每天詳盡校對後，再送上原稿校樣親自審閱，自 1704 年夏天開始編纂，一年半以後，即 1706 年春天，這部大型著作就由清朝出版官書的武英殿開始雕版了，至西元 1711 年全部刻成。整個編印工作進展是很快的，就其印刷品質來說，無論刻工、刷印、用紙、剪裁、碼邊、封面等，都是精益求精，刻印的文字，字跡秀美，從第一冊到第一百零五冊，書寫得一樣工整，紙質柔軟潔淨。

　　卷帙浩繁的《佩文韻府》是一部查找我國康熙以前的古典詩文詞語、典故的大型工具書。書中以單字統詞語，單字按照〈平水韻〉的一百零六韻排列，在每韻部之下又按平、上、去、入四聲收載所屬之字，每個單字下加注反切和解釋；下刊末字與字頭相同的語詞，分為二字、三字、四字三大類，依照字數多少為順序，字數相同的則按照這個字出自經、史、子、集不同典籍的來源為順序；語詞下面準確列舉古書裡用過的詩文、典故例句。另外，還排刊了「對語」（對仗的語句）、「摘句」（刊舉包括這個字的詩句），且注明了出處，所收的字均先注音後釋義。此書共收了

一萬餘單字，引錄文章典故不下一百四十萬條，材料極其豐富，正如康熙在為《佩文韻府》親筆撰書的序言中指出：「囊括古今，網羅巨細，韻學之盛，未有過於此書者也。」

《佩文韻府》的版本有：清康熙五十年（1711）內府刊本、清道光年間海山仙館刊本、清光緒十二年（1886）上海同文書局影印本、日本明治四十一年（1908）宏文館石印本、商務印書館「萬有文庫」（1937）二集本等。

清康熙四年（1665）開明史館纂修《明史》，命內閣學士徐元文監修，翰林院掌院學士葉方靄、右庶子張玉書為總裁，徵博學鴻儒五十人授翰林院編修等官職，右庶子盧琦等十六人纂修，大規模的修史工作就此開始。這時，清代政權逐漸穩定，抗清鬥爭轉入低潮，有些明代著名學者也加入了修史的隊伍，如黃宗羲、顧炎武、萬斯同等人。康熙三十年（1691）完成了初稿四百十六卷，基本上是由萬斯同審閱定稿的。

康熙三十三年（1694）又詔令續修，監修總裁張玉書、陳廷敬、王鴻緒等分別審定志、表、本紀、列傳，此次修訂將原稿擴充到四百六十卷。康熙五十三年（1714），王鴻緒刪定原稿列傳部分為二百零五卷進呈，雍正元年（1723）又將本紀、志、表部分進呈，全稿三百一十卷，後來以《橫雲山人史稿》名義刊行，即《明史稿》。

雍正元年七月重開史館，以隆科多、王碩齡為監修，張廷玉、朱軾等為總裁，由楊椿、汪由敦、吳麟等人在王鴻緒稿的基礎上纂修，並增加了論贊。雍正十三年（1735）全書告成，凡本紀二十四卷，志七十五卷，表十三卷，列傳二百二十卷，目錄四卷，共三百三十六卷。乾隆四年（1739）雕版刊行。《明史》前後纂修經歷了九十年時間，在歷代官修史書中是較好的一部。

清代也有刊刻佛藏之舉。雍正十一年（1733），由雍正皇帝胤禛倡刻，開藏經館於北京東安門外賢寺，由親王允祿和弘晝總理藏經館事務，下設校閱官、監督、監造等大小官員一百三十三人。歷時五載，於乾隆三年（1738）十二月十五日竣工，全藏共七百二十四函、七千二百四十卷，

六千七百多萬字。後乾隆帝敕修《四庫全書》，對該藏經先後三次撤經毀版；乾隆三十年（1765）抽毀錢謙益注《楞嚴經疏解蒙抄》；乾隆三十四年（1769）抽毀《永樂御製序贊文》等四種；乾隆四十一年（1776）抽毀武則天為《華嚴經》撰寫的序文。該藏先後刷印一百五十餘部。爾後經版交北京圖書館保存。

　　清代私人刻經首推楊文會。楊文會（1887-1911），號仁山，安徽石埭縣人（古地名，今屬蕪湖地區）。自幼好學，不喜舉業。同治元年（1866）他在南京結識了王梅叔、劉開生、曹鏡初等人，以為佛經多毀，不利弘揚佛學，主張恢復刻經。於是建金陵刻經處，募款重刻方冊藏經，親自參加校勘。贊助最力者為江都人鄭學川，鄭在揚州磚橋設江北刻經處，與金陵刻經處分工合作。同治十二年（1873），楊文會研究造像，請畫家畫成極樂世界依正莊嚴圖、大悲觀音像等，與他搜集的古代著名佛像圖，一併刻版流通。後來，他先後赴英法日等國，在日本搜羅二百八十餘種《大藏經》未曾收錄的重要著術，擇要刊印。光緒二十三年（1897），他於南京延齡巷修建居室數間，附帶收藏經版並流通佛經，四年後他將這些房屋捐給金陵刻經處。光緒三十四年（1908）他於刻經處創辦祇洹精舍，招收僧俗學徒十餘人，由他親自講授佛學，著名佛學研究者歐陽竟無居士就是他的高足。楊文會宏揚佛學四十年，以刻經、講經為己任，對中國近代佛學影響甚大。

六、清代的活字本

　　活字印書，清代又有所發展。雍正四年內府曾用銅活字印製《古今圖書集成》一萬卷，乾隆三十八年武英殿又用木活字印了《聚珍版叢書》一百三十多種。清代除政府用活字印書外，私家和坊間也用活字印了不少書。清代活字印本，從製作材料來區別，可分為銅活字、木活字和泥活字。

（一）銅活字印本

清代用銅活字排印的書不多，從傳本中看到的以內府本《古今圖書集成》為最著名。可惜，所用銅活字，在使用一次以後就被銷毀熔化，鑄成銅錢了。康熙二十五年（1686）吹藜閣用銅活字排印的陸燦選、門人劉士弘訂的《文苑英華賦選》，半頁十行，行十八字，單欄、黑口、雙魚尾，印得很精，前有封面，左題「吹藜閣銅版」五字。康熙五十二年（1713）用銅活字排印的陳夢雷撰《松鶴山房詩集》九卷。福州林春祺是歷史上造銅字最多的人，他克服重重困難，化費二十多萬兩銀子，用了二十多年時間，共造銅活字四十多萬個。他的原籍在福清縣的龍田，所以他的銅活字定名為「福田書海」，他印的書有《軍中醫方備要》，顧炎武《音論》和《音本詩》等。他還寫過一篇〈銅版敘〉，說明他造字的原因和經過，這是我國古代製造金屬活字僅有的一篇文獻。滿人武隆阿在嘉慶十二年（1807）任臺灣總兵官職時，曾用銅活字印過《毗陵徐氏宗譜》，這是家譜中唯一的銅活字本。此外，用銅活字印書的還有咸豐二年（1852）吳鐘駿在杭州印《妙香閣文稿》三卷和《妙香閣詩稿》一卷；咸豐三年（1853）麟桂在杭州印《水陸攻守戰略秘書》七種。

（二）木活字印本

清代政府不但用鉛活字印書，又採用木活字，並且規模相當大。乾隆帝修《四庫全書》時，想把從《永樂大典》內輯出來的佚書，刊印流傳，但因種類太多，「付雕非易」，於是金簡建議用木活字來排印。他把刻木版與木活字仔細對比，舉出一個生動的例子，他說，雕十五萬個大小棗木字、木槽板、格箱等，共需銀一千四百餘兩，而刻一部司馬遷《史記》，需寫刻字一百十八萬九千，需梨木板二千六百七十五塊，合計工料銀也要一千四百五十餘兩。有了一副棗木活字後，各種書籍都可任意刊印，而雕版印出來的只是一部《史記》。他用這種算細帳的辦法，說服了乾隆。第二年五月，即乾隆三十九年（1774）共刻成大小棗木活字二十五萬三千五百個，實用銀一千七百四十九兩，連同排印活字的設備、工具，統共用銀二千三百三十九兩。用這套新造的活版工具，先後共印成《武英殿聚珍版

叢書》一百三十四種，二千三百多卷，每書前面冠有乾隆御製《題武英殿聚珍版十韻詩》一首。乾隆因為活字版之名不雅，乃改名為「聚珍版」。乾隆四十一年（1776）把這部叢書頒發到東南五省，並准各地翻版通行。

這次聚珍版是在元代王禎的方法基礎上，加以發展和改進的。如王禎先在一塊整版上雕字，用細鋸鋸開，加以整修，而這次則先做一個個獨立的木子，把字樣復貼於木子上，再刻字。王禎削竹片為界行，而這次則先用梨木版，按書籍式樣，每幅刻十八行格線，名套版，印刷時先印匡禎格子，再印文字於套格內。因此武英殿聚珍本每頁四周邊欄介面處，都是嚴絲合縫，不像一般活字本留有大缺口。王禎用各樣小竹片來墊版，這次則改用紙折條；王禎發明轉輪排字盤，以字就人，而這次則改用字櫃，按照《康熙字典》分子、丑、寅、卯十二支名，排列十二個大字櫃，每櫃做抽屜二百個，每屜分大小八格，每格貯大小字母各四，俱標寫某部某字，及筆劃數於各屜之面。取字時先按偏旁應在何部，則知貯於何櫃，再查筆劃數，則知在於何屜，如法熟悉，極為迅捷；排版時按書需要某字時，向管字的喊取，管字的聽聲就給他。這個方法既與王禎的不一樣，也與現在的排字工人揀字不同。印書時如遇到大熱天，木子滲墨膨脹，即略為停手，將版盤風晾片刻，再為刷印。又恐同時排書，某一類字字數不敷應用，則創為按日輪轉之法，暫排別書，等木字歸類後，再繼續去排。大約排大字書，每人一日可排二版，小字只排一版。金簡把這次印書經驗，從「成造木字、刻字、字櫃、槽版、夾條、頂木、中心木、類盤、套格、擺書、墊版、校對、印刷、歸類、逐日輪轉辦法」，分別條款，繪圖立說，寫成總結，用木字排印，定名為《欽定武英殿聚珍版程式》。這比王禎的〈造活字印書法〉講得更加具體明瞭，是我國印刷史上的重要文獻。

清同治、光緒間有不少地方官府用活字印書，如吳門節署、陳州郡署、四川提署、黔南撫署、汀州官廨、寧化縣署等，印數均不多。清政府在太平天國以後為了表示復興文教，粉飾太平，在南方省紛紛設立「官書局」，印行經史各書，多者至數百種，其中也不乏用活字印刷，如金陵書局同治間用木活字印《三國志注》、《吾學錄初編》、《兩漢刊誤補

遺》，江西官書局光緒末用木活字印《毛詩補箋》，安徽官書局同治間用木活字印《易經詮義》、《孝經章句》等。

清代民間木活字較之公家更多，或為書坊所有，或為譜匠所有，皆以營利為目的。其中尤以北京書肆為多，如龍威閣、善成堂、榮錦書坊、琉璃廠半松居士等，均用木活字排印書籍。又有聚珍堂，光緒間排印過《紅樓夢》、《兒女英雄傳》、《蟋蟀譜》等十餘種。南方蘇州書坊翻印《佚存叢書》，常昭排印局印《通鑑論》，桐城吳大有書局印巾箱本《劉海峰文集》，汀州東璧軒活字印書局印黎士弘的《托素齋文集》及《仁恕堂筆記》。清代士大夫為了顯名揚親與表彰先賢，往往自製活字，或借用或購買活字，來刊行自己或祖先的著作及地方文獻，如成都龍萬育節約俸銀，製造聚珍版，於嘉慶十四年（1809）印顧炎武的《天下郡國利病書》，又於嘉慶十六年（1811）印成清朝地理學家顧祖禹的名著《讀史方輿紀要》，並且寫了一篇〈仿刊聚珍版恭記〉，用的是駢體文，來記述自己印書的經過和表達自己的欣喜之情；又如著名藏書家常熟張金吾從無錫得到十萬多個活字，排印了自著的《愛日精廬藏書記》，又印行了宋李燾的史學巨著《續資治通鑑長編》五百二十卷，用十六個月印成一百二十冊，目錄前有大書牌說：「嘉慶己卯仲夏，海虞張氏愛日精廬印行」，字體整齊劃一。此外，嘉興王氏信芳閣，寧波文則樓，常州謝氏瑞雲堂、匯珍樓，蘇州徐氏靈芬閣，南京倦遊閣、宜春閣，山東雅鑒齋，嶺南壽經堂等都曾用木活字印過書籍。

（三）泥活字印本

清代用泥活字印書正式可考的，有泰安徐氏、涇縣翟氏和吳郡李氏三家。清金埴《不下帶編》說：「康熙五十六、七年，泰安洲有士人，忘其姓名，能鍛泥成字，為活字版。」這位不知姓名的山東士人，叫徐志定，徐志定字靜夫，雍正元年舉人，曾做過知縣。在康熙五十七年冬天（1718）他創造了磁活字，第二年（1719）春天，很快印成了他的同鄉張爾岐所著的《周易說略》，封面上題「泰山磁版」，序末題「泰山後學徐志定書於七十二峰之真合齋」。徐氏真合齋又以磁版印成張氏的《蒿庵閒

話》二卷。徐氏一再提到磁刊或磁版，說明他燒造活字時似乎是加過磁
釉，因此稱為磁版，而不稱為泥版或陶版。磁的硬度很高，所以他說，
「偶創磁刊，堅致勝木」。

　　翟金生字西園，是安徽涇縣西南八十里水東村的一個窮秀才，靠教書
為生，他能做詩、寫字與繪畫，有相當藝術才能。他感覺到一般人的著
作，因為雕版費用太大，無力刊行，往往被埋沒，深為可惜。讀了沈括
《夢溪筆談》所記的泥版，很感興趣，就不顧「家徒壁立室懸磬」，生活
如何困難，設法仿照，把一生精力都消耗在這上面，他的毅力和決心是感
人的。舊社會不重視科學，凡從事科學研究或技術創造的人，往往被笑為
玩物喪志，或不務正業。所以翟金生也認為自己的工作，只不過是「雕蟲
小技，博儒林佳話而已。」翟氏親手製造的泥字，共有十萬多個，均為宋
字，約分大小五種型號。製造的方法是「摶土熱爐，煎銅削木」，「直以
銅為範」，「調泥埏埴，磨刮成章」，大約是先做木模，或澆鑄銅模，後
造泥字，入爐燒煉，再加修整。可惜也沒有把製造方法與整套工序，詳細
記錄下來。因為製造相當複雜，又需要一定的費用，所以揭三十年辛勤不
倦的勞動，才能完成。到道光二十四年（1844）試印自己的詩集，那時他
已是古稀之年了。書上注明自造泥字，其子翟一棠、一杰、一新、發曾
等，同造泥字，孫子翟家祥，內侄查夏生檢字，學生左寬等校字，外孫查
光鼎等歸字。用白史連紙，自己印刷，字劃精勻，紙墨清楚，若書上不說
明是泥字，很容易誤認為木活字本。他為紀念這次試印成功，因此即名其
詩集為《泥版試印初稿》，或簡稱《試印編》，還做了五首絕句，題目有
自刊、自檢、自著、自編、自印，翟氏自稱為「泥鬥版」。泥字並非如一
般想像的觸手即碎，澄漿細泥經過燒煉後，硬得同石頭骨角一樣，並且它
比木字還有一個優點，就是木字印幾百部後，字劃就容易「脹大模糊，終
不若泥版之千萬印而不失真也」。

　　《試印編》出版後三四年，翟金生又印成他的朋友黃爵滋的詩集《仙
屏書屋初集》。黃氏路過涇縣時，翟氏願意用泥字排印他的詩集，不久黃
氏就把詩集底本寄去，于道光二十七年（1847）付工，第二年（1848）五

月翟家就把印好的四百部書送往黃家。詩集封面上有「澀翟西園泥字排印」兩行小字，總目後泥印排檢名單中，除翟金生本人外，有其家屬翟廷珍、一熙、家祥、文彪、一蒸、承澤、朝冠等七人。這部詩集所用泥字較小，稱小泥字，詩中小注，字體更小，共五冊。雖經兩次校正，把誤字排印在集前，但校勘不精，錯誤還是不少。泥印本很快被作者分完，道光二十九年（1849）黃氏由浙入京路過蘇州，又把它刻成木版，並說：「覽者自當以今刻為定。」因此，《仙屏書屋初集》同時有兩個版本，一為小泥活字本，一為大字木刻本，內容幾乎相同。

道光二十八年（1848）翟氏還排印了其族弟翟廷珍《修業堂集》二十卷。道光三十年（1850），翟氏又排印了黃爵滋《仙屏書屋初集詩錄》十六卷，《後錄》二卷，為黃氏詠物、題畫、紀遊、唱和、感舊、懷人之作。咸豐七年，翟金生又叫孫子翟家祥利用這套活字排印了明嘉靖年間翟震川所修輯的翟氏宗譜，名為《水東翟氏宗譜》。

除了翟金生用泥活字印書外，還有吳郡（今蘇州）李瑤編並於道光十二年用膠泥活字排印的《校補金石例》四種（即《濟南潘氏蒼崖金石例》十卷、《長洲王氏止仲墓銘舉例》四卷、《姚江黃氏黎洲金石要例》一卷、《吳江弨氏祥伯金石例補》二卷）。前有封面，刻有「七寶輪藏定本仿宋膠泥版印法」十三個篆字，在自序後題；「道光十有二年冬嘉平既望，吳郡李瑤子玉氏序于杭州吉羊里寓樓。」由此推知，該書印刷地點，大約在杭州一帶，並且早於翟金生泥活字印本十餘年。翟氏、李氏兩家泥活字本的傳世，說明泥活字能夠印成書，證實了沈括《夢溪筆談》所記的畢昇泥活字印書，是完全可信的。

清代前期，套印版畫在明末的影響下，取得了一些成績。順治年間的代表作有：陳洪綬畫、項南洲刻《張深之正北西廂秘本》插圖六幅；蕭雲從畫，劉榮、湯義、湯尚刻《太平山水圖》四十三幅。陳洪綬、蕭雲從都是明末清初的著名畫家，項南洲、劉榮、湯義、湯尚都是明末清初的著名刻工。康熙年間的代表作有：劉源繪、朱圭刻《凌煙閣功臣圖》三十幅，朱圭為吳中名工，他還刻有《大汕畫傳》、《耕織圖》四十幅、《萬壽盛

典圖》等，《大汕畫傳》是明遺民僧人大汕的傳記，冠於大汕文集《離六堂集》卷首，共三十三圖，其中有負薪圖、讀書圖、吟哦圖、釣魚圖、樂琴圖、長嘯圖等，每幅圖反映了遺民生活的一個側面，帶有連環畫的性質；《耕織圖》是反映農業生產的連環畫。南宋樓璹在寧宗時，曾進獻過一種《耕織圖》，先刻圖於石，後有木刻本流傳，今已亡佚。清朱圭等刻《耕織圖》，耕、織各二十三圖，耕有浸種、耕耘、插秧、收割、入倉等；織有浴蠶、採桑、練絲、緯織、經織、成衣等，圖為著名畫家焦秉貞繪。吳逸繪、阮溪水香園刻《古歙山川圖》二十四幅是徽派版畫的代表作之一。程致遠畫、鄭子獻刻《第六才子西廂記》也是較好的作品。另外，康熙間李漁的女婿沈心友還用餖版印了《芥子園畫傳》，刻印俱佳。康熙間還有人用餖版翻印過《十竹齋書畫譜》，但品質遠不如胡正言原本。雍正年間的代表作有內府銅活印本《古今圖書集成》，其山川地志、名物圖錄均為良工刻本，極為精細；金聖嘆評本《第五才子書》冠圖四十幅，是翻刻陳洪綬的畫稿。乾隆年間的代表作有：《南巡聖典圖》、《避暑山莊圖詠》、《圓明園圖詠》、《江南名勝圖》等。以上各書均為內府刻本，乾隆三十年（1765）方觀承進獻有《棉花圖》，該圖仿《耕織圖》把棉花的整個生產加工過程用十六幅圖表現出來。另外，金簡《武英殿聚珍版程式》中，用十六幅圖表現了木活字印書的全過程。乾隆晚期，版畫套印已漸趨衰敗，如乾隆五十六年（1791）程偉元活字本《紅樓夢》附圖二十四頁，雖然是《紅樓夢》最早的插圖本，但人物形態稍嫌呆板；嘉慶以後，雖然戲曲小說的插圖本很多，但因刻印粗率，故不為世人所重。

七、其他文字書籍的刊刻

我國是一個多民族的國家。其中漢族是開化較早、比較先進的民族，有著豐富的文化典籍。其他民族也各有其悠久的歷史，在歷史進程中，他們也會創造了許多書籍。可惜，過去關於這方面的文獻記載極少。從文獻上看許多民接在過去都有豐富的著作，但是流傳下來的卻很少。

　　清代也刻了不少滿、蒙、藏文的書籍。滿文的書刻的比較多，絕大部分是內府所刻。共內容主要是漢文經史的譯文，也有小說的譯文，如《三國演義》之類。但也有用滿文寫作的國史，如滿文《實錄》之類。其書籍制度完全與漢文的書相同，是很考究的線裝，在書籍工藝中屬於上品。但規模最宏偉的要算乾隆年間先後所刻的藏文《大藏經》、《甘珠爾》和《丹珠爾》。這兩部大書都是貝葉裝。在西藏人民生活中有很大影響。

第三章　歷代版刻的特點

　　刻書是人類社會重要的文化活動之一，它的風格面貌反映著當時的政治、經濟狀況和文化風尚。書籍校勘的精粗、開本的大小、版式的規制、刀法的精拙、印紙的優劣、墨色的好壞、字型的風格、裝幀的特點等，都可以透露出社會的時代氣息。掌握一個時期刻書的風格特點，對於刻版的考定和版本學的深入研究大有裨益。

　　古籍收藏自古就有。俗話說「一頁宋版，一兩黃金」。宋元時期是雕版印刷的頂峰，雕刻精美、字型端莊、紙膜考究、校勘質量高。從明中葉起，宋元版本就成為藏家追逐的熱點，但宋元時期的精品刻本，早已寥若晨星。

　　明代的印刷業規模大、分佈廣、品種多，是中國古代印刷史上的全盛時期。明代印刷技術更加成熟，圖版刻印更為精良。清代及民國時期的精刻本，也多有特色。明清兩代的善本，乃是如今古籍收藏家競相追逐的目標。

第一節　宋代刻書的特點

一、版式

　　中國書籍的發展，是經歷了很多階段的。從簡牘書籍出現以後，雖然書籍的書寫材料和裝幀方法不斷革新，但書籍的基本形式卻代代相沿保留了下來。簡版的書是用一條條的竹、木片作為書寫材料製成的，一部書的若干篇章，可能要寫很多根竹、木簡，為了把一部書的竹、木簡聯綴起來，古人就用麻繩或絲線繩，從兩端無字處編聯起來，為了查找方便，每

編完一篇一章一節，就卷成一卷，古人就稱此為篇，為了顯示不同書或同書不同篇章之間的區別，又常在每篇之前用一根單簡標注篇名，為了顯示哪一篇屬於哪部書，於是又在篇名下標注書名，這就是所謂的小題在上，大題在下。待到帛書、紙書出現以後，竹木簡這種格式和裝幀樣式，被繼承下來。如果把一篇簡牘書打開，那編聯竹、木簡兩端的麻繩或絲線繩，就彷彿形成了上下兩道邊欄，而一條條竹、木簡之間又彷彿形成了無數的界行。故帛書或紙書出現以後，雖然在書寫材料上發生了變化，但仍然模擬簡版形制，即不但在帛、紙上描繪上下邊欄，在每行文字之間也畫以界行，使人看上去仍很像一條條的竹、木簡。等到宋代版印書籍大興，書籍雖然由手寫變成了刻印，但在書籍的形式上，仍然模擬簡牘書和紙書、帛書。

　　宋代前期刻書多白口、四周單邊，後期亦多白口、左右雙邊、上下單邊，少數四周雙邊。南宋晚期有的出現細黑口，也叫線黑口。版心有魚尾，上魚尾上方多鐫本版大小字數，上下魚尾之間多鐫書名、卷次、頁碼，下魚尾下方多鐫刊工姓名，有時鐫齋、堂、室名。前期刻書首行小題在上，大題在下，序義、目錄和書之正文不分開，互相連屬。官刻書多在卷末鐫校勘人銜名，私宅和坊刻本多在卷末鐫刻書題記或牌記[1]。宋代刻書之所以形成這樣的版式風格，既有時代特色，也有歷史淵源（圖38）。

---

[1] 張麗娟、程有慶著，《宋本》，南京市：江蘇古籍出版社，2002 年 12 月，頁 35-36。

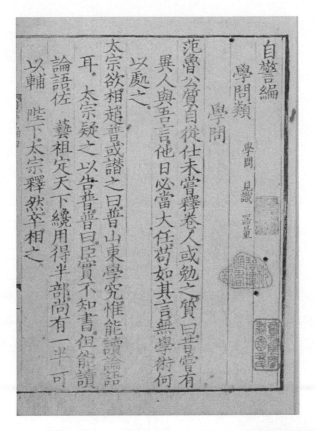

圖 38：（宋）趙善璙撰，《自警編》，宋刊本（國家圖書館藏品）

　　宋代前期所刻書之所以多白口，四周單邊，小題在上，大題在下，就是因為它繼承了這種古簡書、帛書和手寫紙書卷子裝的形式。把一頁頁的宋版書粘聯起來，使上一頁的左邊欄與下一頁的右邊欄互相重迭，而後縱觀橫看，都仍不失簡牘書與紙卷子書、帛卷子書的遺意，後期雖多左右雙邊，其實也只不過是開頭一行多刻一道界線。雖然宋版書的版式風格直接繼承了古寫本的風貌，但版印書籍的形式又不完全同於古寫本書籍，寫本書盡可一行接一行地寫下去，除在每篇每卷寫完外，用不著一版一版地斷開，版印書籍就不同了，儘管在行格、邊欄方面仍可模擬古寫本，但它必須受書版的制約，形成一塊一塊的形式，同時考慮到這種版印書籍的裝訂形式與使用方便，於是又在一版中間留下書口，飾以魚尾，鐫刻書名、卷

次、頁碼、大小字數和刊工姓名。這又是版印書籍所特有的形式，並且影響了以後元、明、清歷代刻書的風格。所以說宋刻書的版式對後代書籍的形式來說，也是一個創新。

清人江標輯有《宋元行格表》一書，目的是想從行款規格上摸索出鑒定宋元書籍版本的規律，他把所見到的宋元書之行格加以登記排比，對於今人考定某書版本，核對一下行格，確有不少功用。但如果想從行款規格中尋出鑒定宋元書籍的妙方，則不可能。因為宋元本書籍，並沒有什麼絕對劃一的規律，例如，有人認為宋代國子監所刻經書是八行十六字的款式，其實並不盡然，現存宋刻《監本纂圖重言重意互注毛詩》，就不是八行，而是十行，咸淳元年吳革所刻朱嘉的《周易本義》（圖 39），反倒是六行，看上去行格疏朗，字大如錢，蔡家塾所刻《漢書集注》，紹興十二年汀州寧化縣學所刻《群經音辨》，兩浙東路茶鹽司所刻《周易注疏》、《尚書正義》、《周禮疏》、《禮記正義》、《事類賦》，慶元六年紹興府所刻《春秋左傳正義》，同年尋陽郡齋所刻《輶軒使者絕代語釋別國方言解》等，反倒都是八行的款式，而現存宋刻《陶靖節先生詩》則是七行。可見宋刻書，無論經、史、子、集，也不論官刻，私刻，並沒有一定的款式規格。兩浙東路茶鹽司所刻之書多是行寬字大，原因是茶鹽司主管茶鹽稅務，財力充裕；江南東路轉運司所刻《後漢書注》只有九行的款式，原因是轉運司負責轉輸各地賦稅到中央，其財力可想而知；但紹熙二年余仁仲萬卷堂所刻《春秋公羊經傳解語》、《禮記注》，卻只有十一行，可見私宅即或是刻經書也達不到刻八行的規格，這無疑是他們的財力不敷的原因；而咸淳元年吳革刻印朱熹《周易本義》上採取了半頁六行的款式，是因對朱熹理學的崇仰。

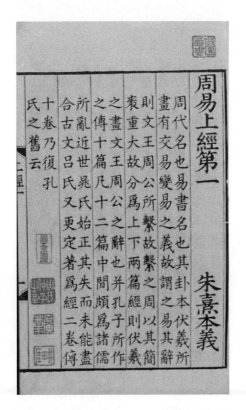

圖 39：（宋）朱熹撰，《周易本義》，清雍正間內府覆刊宋咸淳本（國家圖書館藏品）

二、字體

　　據明代張應文說，「藏書者貴，宋刻大都書寫肥瘦有則，佳者絕有歐、柳筆法[2]」，謝肇淛說，「凡宋刻有肥瘦兩種，肥者學顏，瘦者學歐[3]」，明高濂說，「宋人之書，紙堅刻軟，字畫如寫[4]」。細審現存宋版書的

---

[2]　(明)張應文撰，《清秘藏》卷上〈論宋刻書冊〉，精鈔本。

[3]　(明)謝肇淛撰，《五雜俎》卷十三〈事部一〉，明萬曆間(1573-1620)刊本。

[4]　(明)高濂撰，《雅尚齋遵生八箋》第十四卷〈燕閒清賞箋上卷〉，明萬曆間(1573-1620)建邑書林熊氏種德堂刊本。

字體風格,確實有如上述所論者。

　　唐代的歐、柳、褚、顏諸家,在書法上的最大成就,即是把楷書推向了高峰,而刻書的字體又恰恰需要這種端莊凝重的楷字,因而唐代諸大家的字也就被宋人選為模仿物件而應用於刻書了。並且由於各地所宗的書家不同,又形成了各自不同的特點,如四川宗顏,福建學柳,兩浙則崇歐,江西則兼而有之。廖瑩中世采堂在臨安所刻韓、柳集,其秀雅似歐,歷來被譽為神品;宋蜀刻《開寶藏》以及唐人文集等,其端莊厚重,古樸類顏,特色鮮明;福建黃善夫所刻《史記集解索引正義》、《後漢書注》、《王狀元集百家注分類東坡先生詩》等,其筆勢間架,剛勁似柳,一看便知。當然,坊間所刻之書由於書手造詣不深,加上追求速售牟利,其特點不甚明顯,更有粗製濫造者。但總的看,宋刻本的字體是很有特色的。

三、內容

　　宋代刻書的內容以經史、醫書、文集為多。大量刻印經史著作的原因,一是封建統治者需要通過大量刻印經史著作,向人們灌輸封建思想,從而鞏固封建統治;二是經史著作,尤其是經書擁有大量讀者。經書是士子飛黃騰達、一舉成名的敲門磚。宋代從官方到民間也很重視刻印醫書,國子監刻印醫書也很多,民間刻印醫書者如劉甲刻《經史證類備用本草》、徐正卿刻《針灸資生經》、嚴用和刻《嚴氏濟生方》、勤有堂刻《婦人大全良方》、杭州大隱坊刻《南陽活人書》等。有些暢銷書,書坊爭相刻印,例如《南陽活人書》就有京師、湖南、福建、浙江等多種刻本。當《易簡方》盛行時,《易簡繩愆》、《增廣易簡》、《續易簡》等改編續補之作便接踵而來。宋代刻醫書多的原因,一是宋代皇帝重視醫學,宋代皇帝詔令搜求名方、校刊醫書、頒行醫書,次數之多,在中國歷史上是僅見的,例如太平興國六年(981)宋太宗在〈太平興國六年十二月訪求醫書記〉中說:「宜令諸路轉運司,遍指揮所管州府,應士庶家有前代醫書,並許闕詣進納。及二百卷以上者,無出身與出身,已任職官者亦

與遷轉；不及二百卷，優給緡錢賞。有詣闕進醫書者，並許乘傳，仍縣次續食[5]。」二是宋代醫學出現不少總結性的成就，小兒科、婦產科、外科和針灸科方面均有長足的發展。宋代醫學，人皆為之，國家專門建立考試制度，選拔醫學人才。很多歷史名人都有醫學專著，例如文彥博有《節要本草圖》，司馬光有《醫問》，沈括有《沈氏良方》，張來有《治風方》，莊季裕有《本草節要》，鄭樵有《本草成書》和《食鑒》等。宋代醫學研究的興盛，為雕版印刷提供了源源不斷的書稿；三是醫書的讀者面廣，千家萬戶不可缺。宋代文集大量印行，一是因為宋代的印刷能力大大提高，除了刻印經史著作和實用圖書之外，完全有能力刻印詩文著作；二是文集擁有大量讀者。

四、裝幀

書籍的裝幀與書籍的製作材料和製作方法有著密切的關係。用竹、木簡和縑帛製作的書，其裝幀只能是卷軸的形式，到了採用紙張書寫，仍有很長一段時期沿用卷軸的形式，今天存世的數以萬計的敦煌遺書，都是卷軸形式，就是有力的證明。但是用紙寫書畢竟與用縑帛寫書不同，紙雖具有縑帛的柔軟，但缺乏縑帛的堅韌，來回卷舒，不但檢索文字不便，也很容易斷裂，所以進入唐代以後，卷軸式的裝幀形式就逐漸經旋風裝向經折裝等冊頁形式過渡，這固然與整個社會的文化發展，人們需要查找的文獻日漸增多有關係，但與製作書籍的材料普遍採用紙也很有關係。北宋歐陽修在其《歸田錄》卷二中說：「唐人藏書皆作卷軸，其後有葉子，其制似今策子。凡文字有備檢用者，卷軸難數難舒，故以葉子寫之[6]。」這說明了唐代書籍裝幀形式的演變過程。

宋代版印書籍大興，製作書籍的技術由手寫變為雕版印刷，書籍的形

5　楊家駱編著，《宋大詔令集》卷二一九，台北市：鼎文，民國 61 年。

6　(宋)歐陽修撰，《歸田錄》卷二，明萬曆間會稽商氏刊本。

式也不再是手寫時毫無間隔地一行一行聯寫下去，而是一版一版間隔開來。這種書籍製作技術的改革，必然影響到書籍裝幀形式的變化，唐以前長期採用的卷軸式，唐代出現的旋風裝和經折裝，對於一版一版印刷出來的書籍來講，都已不盡適用，於是又出現了蝴蝶裝和包背裝，把冊頁裝幀的方式向前推進了一大步。

蝴蝶裝是隨著版印技術發展，適應書籍雕印成一版一版的新形式而出現的新的裝幀方式。這種裝幀方法，是將一版一版印好的書頁，以印字的一面為準，面對面地相對折齊，形成版心在裡四周朝外的形式，然後把若干如此折好的書頁，均從反面版心處相互粘聯，再用一張厚紙對折之後粘於書脊作為書衣或叫作書皮，最後將上下左三面裁齊，一書就算裝成了，翻開後書頁朝兩面分開，狀似蝴蝶展翅，所以稱為蝴蝶裝。這種裝幀的優點是適應了雕版印書的形式，保護版心和版框之內的文字，天頭地腳和左邊外露，但都是框外無字的合幅，雖易磨損，卻無傷正文。缺點是書頁均是單層，每翻一頁，首先看到的並不是文字，而是背面的空白，且書脊處只用漿糊粘聯，容易脫落，所以到了宋代後期出現了包背裝。

包背裝的特點是將書頁無字的一面面對面地折迭起來，版心向外，書頁左右兩邊版框外的餘幅向著書背，在餘幅的適當位置打眼，用紙撚訂起、裁齊，再用一張較厚的紙對折，用漿糊粘於書背。這種裝幀形成，從表面看很像蝴蝶裝，但一打開已不是兩個單頁像蝴蝶翅膀一樣地展開，而是合頁裝訂的正面文字了。當然，我們今天所能看到的宋版書，多數已由後人改裝成線裝形式了，從直觀的裝幀特點上已很難看出宋版書裝幀的原貌了，但瞭解宋版書裝幀上的這些特點，仍然可以啟發我們從版口、餘幅上找出一些當時裝幀的蛛絲馬跡，有助於版本的識別和考定。

第二節　金代刻書的特點

北宋亡後，南宋與金同時並存，金在北方，宋在南方。趙構南渡臨安

時，汴京書肆和雕版工人，一部分隨之南遷，一部分則移往平陽（又名平水，今山西臨汾縣），從此黃河以北地區的出版中心，由河南的汴梁轉為山西的平陽。所刻流傳到今天的已經很少。

　　平陽私人開設的書肆也很多，所刻多是一些醫學、類書和民間盛行的說唱諸宮調，來適應人民大眾的需要，如《劉知遠諸宮調》就是金時平水坊刻本的一種，文物出版社印本，即據此帙影印。金時刻書除平水外，山西運城所刻的《金藏》和河北甯晉刻的經書、音韻字書，也很有名。又如《新雕雲齋廣錄》八卷《後集》一卷（見圖 40），白麻紙印本，避北宋帝諱，有政和辛卯李獻民自序。潘氏《滂喜齋藏書記》定為北宋政和間刊本。宋代周密的《志雅堂雜鈔》稱買到北本《雲齋廣錄》，宋人稱金刻本為北本，趙萬里先生認為潘氏藏本即金刻本。按：現已定為金平水刻本。不僅根據版式，平水出產白麻紙也可以作為一個參考因素。

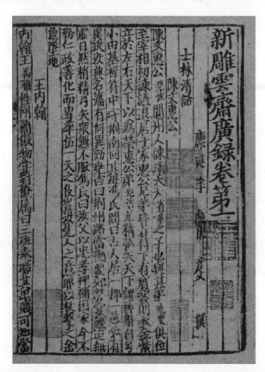

圖 40：（宋）李獻民撰，《新雕雲齋廣錄》，金刊本（國家圖書館藏品）

一、字體

近於柳體，字畫結構瘦俏有神，起落頓筆，折筆有稜角，顯得特別精神。

二、紙、墨、刀法、版式

與宋本沒有多大區別，多左右雙欄，上下單欄，也是上下欄細，左右欄的外線粗，行款較密。

金刻本與北宋有密切的關係，其鑒別近年才受到注意。但由於相關資料太少，其研究的視野相對狹窄。既然《天祿琳琅書目》中標為宋本的《周禮》和《南豐曾子固先生集》都被改判為金刻本，那是不是還有我們沒有注意到的金刻亦混跡於宋本之中？總之，對於金刻本，我們過去的研究還不多，在新材料陸續出現後，有很多問題還需要我們進一步研究。

第三節　元代刻書的特點

元代刻書，繼承宋、金傳統，各地官刻本由官家撥款出資，不惜費用，選擇良工，紙墨用上等；私家刻書，校勘都很認真；書坊刻書，也多延請名家校訂，為了節省紙張降低成本，行緊字密，印數較多，流傳較廣。元刻本中有不少精刊佳刻，形成了元代刻本的特點和風格。

一、字體

元代刻書大多模仿趙孟頫的字（圖 41）。趙孟頫，字子昂，號松雪，

宋太祖子秦王趙德芳之後。至元二十三年（1286），行台侍御史程鉅夫奉詔到江南為忽必烈招賢納隱，推薦趙孟頫入見皇帝，忽必烈見了之後很是高興，此時正遇朝廷成立尚書省，忽必烈便命剛剛招來的趙孟頫草擬詔書，頒行天下，詔書草擬後，忽必烈看了非常高興，說是此詔「得朕心之所欲言者」，此後倍受寵信。一次，趙孟頫退朝騎馬行走在東御牆外，不慎，馬跌墜於河中，皇帝聞此消息後，竟下令將御牆拆掉後移重築，還下令，趙孟頫出入宮門不要像其他人一樣設禁。仁宗繼位以後，又詔授趙孟頫為集賢講學士，中奉大夫。延祐元年（1314），改翰林院侍講學士，三年（1316），拜翰林學士承旨，榮祿大夫。此後的皇帝對待趙孟頫更加敬重，甚至不肯直呼其名，皇帝曾經同侍臣們議論文學造詣與才氣，竟把趙孟頫比作唐代的詩仙李白、宋代的蘇軾，還曾經稱讚趙孟頫操履純正，博學多聞，旁通佛老，書畫絕倫。後來趙孟頫累月不至宮中，帝問其故，謂其年老畏寒，於是立即命內府賜予貂裘。至治二年（1322）卒，年六十九，追封為魏國公，諡文敏[7]。由此可見，趙孟頫在元朝前半期受到恩寵，獲得很高的地位，這使他社會上影響頗深。

趙孟頫的「篆、籀、分、隸、真、行、草書，無不冠絕古今，遂以書名天下。天竺有僧，數萬里來求書歸，國中寶之[8]。」「宋時維蔡忠惠、米南宮用晉法，亦只是具體而微。直至元時，有趙集賢出，始盡右軍之妙，而得晉之脈。故世之評書者，以為上下五百年，縱橫一萬里，舉無此書。又曰：自右軍以後，唐人得其形似而不得其神韻；米南宮得其神韻而不得其形似；兼形似神韻而得之者，惟趙子昂一人而已[9]。」這就是說，趙孟頫的書法成就，實係王羲之之後的第一人，故「元代不但士大夫竟學趙書，如鮮於困學、康裡子山。即方外，如伯雨輩，亦刻意力追，且各存自己面目。其時如官本刻經、史，私家刊詩文集，亦皆摹吳興體。至明初，吳中

7　(明)宋濂撰，《元史》卷一百七十二〈列傳卷第五十九〉，明洪武三年(1370)刊嘉靖間南監修補本。

8　(明)宋濂撰，《元史》卷一百七十二、列傳第五十九〈趙孟頫〉，明洪武三年(1370)刊嘉靖間南監修補本。

9　(明)何良俊撰，《四友齋叢說》卷二十七，明隆慶己巳(三年，1569)華亭何氏原刊本。

四傑高、楊、張、徐，尚沿其法。即刊版所見，如《茅山志》、《周府袖珍方》，皆狹行細字，宛然元刻，字形仍作趙體[10]。」可見，在元代社會上，不但士大夫竟學趙字，就是一般文人也刻意模仿，一直到刻書事業上，也附庸這種社會風氣，皆以效法趙字為美，所以元代刻書的字體，無論官刻私雕，幾乎都是趙字的風貌。當然，在元朝的刻本中，字體也有不似趙書的，明初刻書的字體仍有元人遺風，這是需加區分的。

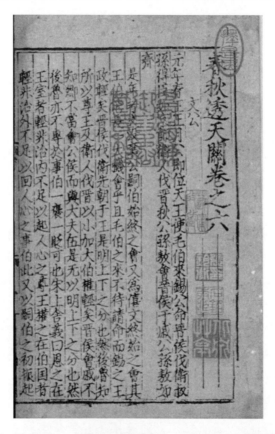

圖 41：（宋）晏兼善，《春秋透天關》，元刊本（國家圖書館藏品）

---

[10] (清)徐康撰，《前塵夢影錄二》，百家諸子中國哲學書電子化計劃 https://ctext.org/library.pl?if=gb &file=32999&page=15

二、多簡

　　刻書用簡體字，在南宋已經開始，元時更為流行。在傳本中所見，以官、私、坊刻而論，官刻、家刻各書用簡字為少，比較嚴肅認真，而坊肆刻書簡字較多；以內容類別來說，經、史、文集用簡字較少，小說類書簡字較多。此類書多坊肆刻本，為求速成以取高利，故力求簡易而形成風氣。我們今天的簡化漢字，有些字在元代刻本中已經流行。元朝中葉以後，坊間刻本使用簡體字就非常普遍了，建本中的《樂府新編陽春白雪》、《古今翰墨大全》、《古今源流至論》，虞氏務本堂刻的《全相平話五種》（樂毅伐齊、七國春秋、前漢書平話、秦並六國、三國志平話），書中簡體字更多。

三、版式

　　元初接近宋版，行字疏朗，中期以後，行格漸密，由左右雙欄漸趨四周雙欄，目錄和文內篇名上嘗刻有魚尾，版心多作黑口，雙魚尾，而魚尾又多是花魚尾。

四、紙張

　　早期白麻紙黃麻紙兼而用之，中期以後則多用黃麻紙，也有用竹紙的，少數用蠶繭紙。

五、裝幀

　　以包背裝為主，蝴蝶裝較少，佛經大都用經折裝。

第四節　明代刻書的特點

　　中國歷代封建王朝，雖然有很多相同的方面，但歷代又各有自己條件、政治傾向和文化風尚。這些社會情況反映在刻書特點上，也就呈現出後期對前朝既有繼承或類似的一面，又有自己創新的一面。

一、形式

　　明初到正德一百多年間的刻書特點，無論官刻私雕，概括起來講，那就是「黑口、趙字、繼元」（圖 42）。

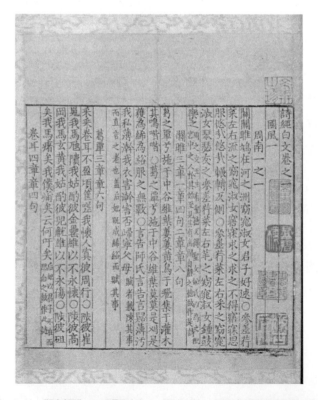

圖 42：《詩經》，明刊本，經折裝（國家圖書館藏品）

「黑口、趙字」，本是元代刻書的風格，其形成的原因，其一是刻字工匠貪圖速成易售，在技術上苟且敷衍，掉以輕心，把必須經過精細剔剜才能形成的細黑線，變為不用剔剜的寬粗墨條，投機取巧，省時省工；其二是趙孟頫在元代影響極大，因此士大夫和一般文人都竟學趙體字，刻意模仿，乃至刻書業也附庸這種社會風氣，皆以效法趙字為美，所以元代刻書的字體，無論官刻私雕，幾乎都是趙體的風貌。入明以後，許多舊的書鋪子和刻書工匠，帶著自己早已形成的習慣和風格跨進了新朝，朝代雖然變了，時間也往後推移了，但這些書鋪子和刻書工匠的技術風格及刻書特點，卻是一脈相承的，加上明初的徭役制度，對工匠施行住作匠和輪換匠的辦法，這樣就使來京城入內府服刻書之役的工匠們，更有了交流和統一風格的機會，所以明代的內府刻書，幾乎都是粗大墨口，有些書雖然也是內府刻本，實則是由政府指派各地書鋪子承刻的，但上行下效，又恰與自己原有的風格相近，故輕車熟路，亦多是大黑口（圖 43）。明朝政府或皇帝的某些官修、敕撰或御制之書，政府又明令地方翻刻時只能照式翻雕，不得隨意改變款式和風貌，這樣一來，官刻書的風格便逐漸統一了。至於各地書坊和私宅所刻之書，雖然不完全相類，但流風所至，亦大同而小異，這就是明正德以前，刻書風格繼承元代餘韻的一個方面。明代初期刻書的字體，也和版式風格一樣，仍然繼承元人刻書字體的遺風，還是多效趙孟頫，當然，所謂像趙字，也只能就大體而言，至多也只能說某些方面像，要真正做到形神俱似，維妙維肖，那就遠不是一般書鋪的書手所能做到的了。

圖43：（元）陳澔撰，《禮記集說》，明刊本（國家圖書館藏品）

明朝是一個高度中央集權制的國家。朱元璋登基以後，先後廢除了有一千多年歷史的丞相制度和七百多年歷史的中書、門下、尚書三省的制度，將軍政大權都攬在皇帝手裡，這是秦漢以來專制主義中央集權的進一步發展，這種政治上高度統一高度專制的社會氣氛，表現在刻書上也容易形成大體一致的風格和特點。嘉靖間，福建建寧書坊為了牟利，迎合時好，刻了一些有關科舉考試的用書，因其中有某些文字訛誤，且變通版式，引起了提刑按察司的干預，並下發牒文，明令嚴禁，牒文稱：

> 福建等處提刑按察司為書籍事，照得《五經》、《四書》，士子第一切要之書，舊刻頗稱善本。近時書坊射利，改刻袖珍等版，款制褊狹，字體差訛，如「巽與」訛作「巽語」，「由古」訛作「猶古」之類。豈但有誤初學，雖士子在場屋，亦訛寫被黜，其為誤亦

已甚矣。刻本司看得書傳海內，板在閩中。若不精校另刊，以正書
坊之謬，恐致益誤後學。議呈巡按察院詳允，會督學道選委明經師
生，將各書一遵欽頒官本，重複校仇。字畫句讀音釋，俱頗明的。
《書》、《詩》、《禮記》、《四書傳說》款識如舊，《易經》加
刻《程傳》，恐只窮本義，涉偏廢也。《春秋》以《胡傳》為主，
而《左》、《公》、《穀》三傳附焉，資參考也。刻成合書刊佈。
為此牒，仰本府著落當該官吏，即將發出各書，轉發建陽縣，拘各
刻書匠戶到官，每給一部，嚴督務要照式翻刊。縣仍選委師生對
同，方許刷賣。書尾就刻匠戶姓名查考，再不許故違官式，另自改
刊[11]。

　　皇帝和地方司法、教育機關如此控制刻書款制，自然容易形成一體化
的版式風格。尤其是明代政府的官書和儒家經典，一經政府頒刊，各地便
只能照式翻刻，其版式的風格特點也就難以區分了。

　　明初，皇帝極其專斷，藩王大臣霸佔文壇。如洪武年間曾規定，寰宇
中士大夫不為君用，罪該抄斬，詩人高季迪就因辭官而被腰斬，蘇州文人
姚潤、王謨被徵不來，就都被抄家斬首。從洪武十三年至二十九年（1380-
1396），朱元璋還大興文字獄，藉以鉗制人言，穩固自己的統治，在這種
封建淫威之下，文人為免於慘禍，全都謹小慎微，這也是一時的社會風
氣。加上明朝自朱元璋時候起，就以《四書》、《五經》為國子監的必修
課程，並明令全國府州縣學及閭裡私塾，都要以孔子所定經書誨書生，還
規定八股文取士制度，確定八股文程式，並規定士子只能依朱熹的注解加
以闡述，這樣，就把整個的學術思想桎梏在狹小的天地裡了。與此同時，
在文學方面則是以楊士奇、楊榮、楊溥為代表的「茶陵詩派」統治文壇，
他們的詩文雖然空洞無物，極其平庸，但由於他們先後都曾官至大學士，
做了多年的太平宰相，所以很為一般追求利祿的文人所傾倒，因而逐漸形

---

[11] （清）葉德輝撰，《書林清話》卷八，百家諸子中國哲學書電子化計劃 https://ctext.org/wiki.pl?if=
　　gb&chapter=345461

成了勢力和風氣，霸佔了整個文壇。明朝前期刻書風格之所以百餘年間變化不大，正是這種社會思想長期僵化的側面反映。

明代嘉靖至萬曆，又有近百年的歷史。這一時期的刻書特點，除司禮監刻書仍一遵舊式很少變化外，其餘無論官刻私雕，則完全變成了另外一種風格，即「白口方字仿宋」。明代社會發展到弘治、正德時期，統治階級已十分腐朽，社會政治更趨腐敗，學術文化空氣更加沉悶，整個社會蘊育著變革的風暴，文化藝術向來是政治風雲的晴雨表，明代中葉的風暴也首先是從文壇開始的。以前後七子的文學復古運動為旗幟向統治文壇多年的「臺閣體」和形式主義的八股文取士法，展開了猛烈的衝擊。前七子以李夢陽、何景明為代表，他們不但在文學方面提出了「文必秦漢，詩必盛唐」的口號，用以啟迪人們的思想，開闊人們的視野，反對「臺閣體」和「八股文」的流弊，而且在政治上他們也都是敢於向殘暴貪婪的大貴族、大宦官進行鬥爭的顯赫人物；後七子以李攀龍和王世貞為代表，提出「文自西京，詩自天寶而下，俱無足觀[12]」，繼續發動文學復古運動，李攀龍死後，王世貞獨主文壇二十年，聲勢更大，一時士大夫及山人詞客、衲子羽流，莫不奔走門下，形成了一股聲勢浩大的社會潮流。這種文學上的復古運動，影響了整個社會風氣，反映在刻書風格上也一洗前朝舊式，全面復古，文學上的復古，是復漢、唐之古；刻書上的復古便是復趙宋之古了。宋代是我國雕版印刷史上的黃金時代，宋代的刻書，不但保存著許多唐五代舊本的風貌，版刻上的刀法剔透、白口大字、端莊嚴肅、古樸大方的風格，也被歷來的版刻家尊為典範。明代正德以後，特別是嘉靖一朝，無論是官刻私雕，不但把宋元舊籍的內容照樣翻刊，而且在版式風格、款式字體上亦全面仿宋，這一時期所刻的書，幾乎都是橫輕豎重、方方正正的仿宋體，並且紙白墨黑，行格疏朗，白口，左右雙邊，頗有宋版遺韻。

前後七子之後，雖有歸有光、王慎中、唐順之、茅坤等唐宋派；袁宗道、袁宏道、袁中道的公安派以及以鍾惺、譚元春為代表的竟陵派等，先

---

[12] (清)張廷玉等撰，《明史》卷二百八七、〈列傳〉第一七五〈文苑三李攀龍〉，清乾隆四年 (1739)武英殿刻本。

後起來反對「文必秦漢，詩必盛唐」的文學復古運動，但他們藉以立論的依據，卻仍是推崇宋代諸大家，繼續給刻書上的全面復宋以更濃的社會氣氛，故嘉靖至萬曆百年間，刻書風格雖也時有不同，但總的看卻是白口方字仿宋。

萬曆以後稱為晚期。明朝帝王中當政最久的是神宗朱翊鈞，這一時期刻書也最多，字形由方變長，字畫橫輕豎重，更顯死板，諱法也較前期為嚴。

二、內容

明代刻書的內容多，數量大。明代文人學者多有文集刻印行世，據統計，明文集共二千多種，幾乎是唐宋遼金元諸代總和的兩倍。永樂十六年（1418），明成祖詔天下郡國皆修志書，到了萬曆年間，郡縣莫不有志，據載，明代刻方志共八百六十種，是宋元兩代總和的二十二倍。明代印雜史也多，《明史·藝文志》雜史類著錄雜史二百一十七種，二千二百四十四卷，謝國禎《增訂晚明史籍考》著錄明末雜史一千餘種，大多出於明人之手。明代小說戲劇盛行，刻書家為投大眾所好，也大量出版，據傅惜華《明代雜劇全目》和《明代傳奇全目》著錄，明代雜劇有五百二十三種，傳奇有九百五十種。十五世紀中葉以後，西學東漸，明代翻譯了一百多種反映西方科學技術的書籍，其中有利瑪竇的《同文算指》、《測量法義》、《乾坤體義》、《萬國輿圖》等，熊三拔的《泰西水法》、《表度說》等，湯若望的《渾天儀說》、《遠鏡說》等。

三、地區

明代的刻書地區遍及全國各地，河北、江蘇、安徽、浙江、江西、福建、湖北、湖南、河南、陝西、寧夏、山東、山西、四川、廣東、雲南、

貴州等省都刻了不少書。建陽、蘇州、金陵、新安、杭州、北京等地刻家雲集，刻本眾多，是明代刻書的中心地區，此外，大名刻書也比較發達，大名位於河北、河南交通要衝，漳、衛二水穿境而過，為歷來河防要地，宋時為京師汴京的屏障，地理位置十分重要。明代在大名設府，轄區大約相當於今天河北的元城、大名和魏縣，河南的南樂、清豐、內黃、滑縣和長垣，山東的東明等地。明代大名刻有《大名府志》、《經驗方》、《山海經》、《遵道錄》、《國語》、《此事難知》、《格致餘論》、《何子十二論》、《元城語錄》、《家規輯要》、《長垣縣志》、《王太傅詩選》、《褚氏遺書》、《古篆體》、《正蒙會稿》、《楊誠齋易傳》、《文公宇刻》、《經驗藥方》、《安鼎名臣錄》、《史談補》、《守令懿範》、《皇明三儒言行要錄》、《救荒本草》、《兩京遺編》、《匯刻三代遺書》、《適志集》、《匡民詩集》、《皇明疏議輯略》、《皇明兩朝疏草》、《記纂淵海》、《槐野先生存笥稿》等。

四、紙張

主要用棉紙和竹紙。一般說來，官刻本、家刻本多用棉紙，坊刻本多用竹紙。若按時期來分，初期多有棉紙，用竹紙的較少；中期仍以棉紙為多，漸有用竹紙者；晚期則多數用竹紙，少數用棉紙。

五、裝幀

嘉靖以前多包背裝，至萬曆時才逐步變為線裝。

明代刻書事業取得的成就是輝煌的，但存在的缺點也是十分明顯的，分述如下：

（一）校勘不精，脫誤甚多。如北監本《十三經注疏》和《二十四史》，版式凌雜，字體時方時圓，校對草率，舛訛甚多，遼金諸史，缺文

動輒數頁，難怪顧亭林慨歎：「秦火所未亡，而亡於監刻矣。」

（二）妄改書名，隨意刪節內容。萬曆三十年（1602）陳嘉猷刻的《回生捷錄》，原名《如宜方》，郎奎金刻《釋名》，改作《逸雅》，這種亂改書名的現象比比皆是。這種把書名所包括的內容範圍一再擴大的做法，無非是要炫世駭俗，吸引顧客。刪節圖書內容的例子也很多，李綱《梁溪集》一百三十卷，閩本作《李忠定集》，且只有四十卷；《朱子集》原本三百餘卷，明本只有四十卷。

（三）偽撰古人評注。蘇時學《爻山筆話》云：「明人刻古人書，往往偽撰古人評注，如《管子》、《莊子》、《鶡冠子》、《楚辭集注》等，皆有唐宋諸公評，意若古書必藉此而增重者，漸而至於經傳亦偽之。今市上所傳有《蘇批孟子》，以為出於老泉，尤可嘻也[13]。」這種隨意偽造古人評注的現象，在明刻中是不少的。

（四）偽造古書。明人高濂在《遵生八箋》中記載了當時偽造古書的情況：

> 近日作假宋板書者，神妙莫測，將新刻模宋板書，特抄微黃厚實竹紙，或用川中繭紙，或用糊褙方簾綿紙，或用孩兒白鹿紙，筒捲用槌細細敲過，名之曰刮，以墨浸去嗅味印成。或將新刻板中殘缺一二要處；或濕黴三五張，破碎重補；或改刻開卷一、二序文年號；或貼過今人注刻名氏留空，另刻小印，將宋人姓名扣填；兩頭角處或粧茅損，用沙石磨去一角，或作一二缺痕，以燈火燎去紙毛，仍用草烟薰黃，儼狀古人傷殘舊跡；或置蛀米櫃中，令蟲蝕作透漏蛀孔。或以鐵線燒紅，錘書本子，委曲成眼，一二轉折，種種與新不同。用紙裝襯綾錦套殼，入手重實，光膩可觀，初非今書彷彿，以惑售者。或札夥囤，令人先聲指為故家某姓所遺。百計瞽人，莫可

---

[13] (清)蘇時學撰，《爻山筆話》，北京市：北京出版社，2000 年據清同治三年五羊城味經堂刻本影印，載錄自《四庫未收書輯刊第 7 輯第 11 冊》。

窺測。多混名家，收藏者當具真眼辨証[14]。

像這樣以種種手段製作偽書的現象，在明刻中並非鮮見。

（五）無用的序跋太多，連篇累牘，徒費紙墨。當時有一種風氣，一本書刊印之前，總要攀龍附鳳，找一些名人吹噓一番，流於形式。

第五節　清代刻書的特點

關於清代的科書特點，從來很少有人去認真總結歸納過。推其原因大概有二，一是過去治版本學的人，其研究、鑒別、考定的對象，多至明刻本而只。對於清朝所刻之書，以其時進易得而鮮有論列。二是清代刻書特點比較龐雜，也確實難以歸納。綜觀清代刻書情況，其特點大致歸納如下。

一、字體

清初刻書字體，仍是明末風韻，字形長方，橫細豎粗，如順治刻本《梅村集》、《甲申集》、《浮山文集》、《懷舊集》等，如不以序跋所記年月和文字內容來識別，單憑字體，與明刻本是很難區別的。康熙以後，盛行著兩種刻書字體，一種是「硬體字」，也叫仿宋體，這種字體清刻本中最為普遍（圖 44）。硬體字在道光以前刻的比較秀麗美觀，其硬體筆劃橫輕豎重，撇長而尖，捺拙而肥，右折橫筆粗肥，雖與明正、嘉、隆年間字體同稱仿宋，但兩者迥然不同。道光以後，字體結構顯得呆板，故世稱「匠體」，而且行字特密，閱讀起來，使人有一片黑糊糊的感覺；另

---

[14] (明)高濂撰，《雅尚齋遵生八牋》〈燕閒清賞箋上卷·高子論藏書〉，明萬曆間(1573-1620)建邑書林熊氏種德堂刊本。

一種是「軟體字」，也稱「寫體」。寫刻上版的書，多出名家手筆，較著名的有《林佶四寫》（清康熙間林佶為汪琬著《堯峰文鈔》、陳延敬著《午亭文編》、王士禎著《古夫於亭稿》和《漁洋精華錄》書寫手稿上版雕刻，稱《林佶四寫》）、《四婦人集》（清嘉慶年間松江沈慈等刻唐《魚玄機詩》、《薛濤詩》、宋《楊太後詩》、元孫蕙蘭《綠窗遺稿》四位婦女的集子，稱《四婦人集》，均為手寫稿上版雕刻）、《板橋集》（清鄭板橋將自己的著作手寫上版刻印）等，字體優美，刷印亦佳。

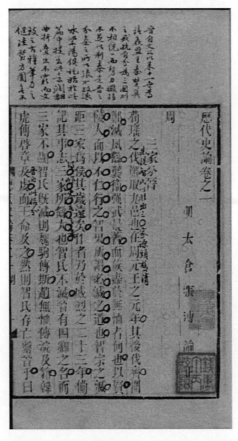

圖44：（明）張溥著，《歷代史論》，清刊本（國家圖書館藏品）

二、紙張

　　清代印書用紙，種類繁多。最好的是開化紙（南方稱桃花紙），其次是開化榜紙、太史連紙、連史紙、棉連紙、料半紙、粉連紙、玉版宣紙、竹紙、毛邊紙、毛太紙、各省土產棉紙，其中開化紙是印書最優紙料，潔白細薄，柔軟耐久，無簾紋而有韌性，為清初特產，比較貴重。武英殿本和楊州詩局刻本採用此紙較多，名家著作也偶用之，如康熙內府刻朱墨套印本《曲譜》（康熙年間楊州詩局刻本）、雍正九年陸鐘輝水雲漁屋刻本《南宋群賢詩選》、《笠澤叢書》等，均用開化紙刷印。

三、版式

　　清代刻書版式，一般是左右雙邊，也有四周雙邊或單邊的。大部分是白口，也有少數黑口。字行排列比較整齊，書前刻封面的較多，一般封面多刻三行字：中間一行是書名，字個略大，右行刻編著者，左刻藏版或雕梓者，有的把雕刻年月橫刻在上欄線外。

四、裝幀

　　基本上採用線裝。私坊刻本版框大小不盡一致，裝訂時以齊下欄為規矩。殿本書框大小要求較嚴，裝訂整齊，清代前期的殿本多以藍色綢緞作書衣，以月自絹布為書簽，裝幀莊重、典雅。當時還創造出一種「毛裝」，即將印好的書頁疊齊，下紙撚後不加裁切，用此法裝訂書籍，一是為表示書系新印殿本，二是為了日後書若有汙損可再行切裁。此外，開本大，行距寬也是多數殿本的裝幀特色。

第四章　古籍版本的鑒定

　　閱讀古書，研究古籍，必須對古籍版本進行科學的選擇和鑒定，從而分辨其真偽及優劣。這是研究古籍、進行校勘的前提。瞭解有關版本學的知識，可以幫助我們審定古籍版本的優劣，避免誤讀古書；判定古籍的文物價值和使用價值；發現和確定古籍善本，充實和豐富民族文化遺產；為目錄、辨偽、輯佚和校勘學的研究和實踐提供必不可少的工具和手段。

　　古籍刊刻年代的鑒定主要是依據牌記、內封、序、跋、避諱字、文獻中職官、地名等稱謂、書口下的刻工及藏書家的題跋、識語、藏書印、文獻內容、紙張、版式風格、相關書目的著錄及相同文獻的版本比對等條件來進行的。在古籍版本鑒定中並非這些條件皆備方可，但也絕不可僅憑一個孤立的條件就來斷定一部書到底是哪個朝代的版本，一定要幾個條件綜合地來考查，方能做出正確地判斷。

　　版本鑑定是版本學研究中極為重要的部分，著重於對古籍版本的區別時代，辨別真膺，它是隨著歷代典籍的出版和研究工作的需要而逐步發展起來的。鑒定版本，必須對一書之紙張墨色、刀法字體、序跋牌記、行款刻工、避諱、藏書印以至於裝訂形式等作全面的考查。在鑒定中，除了比對原書所具有的記載和特徵，還應該通過各種書目及參考書考查書籍刊行流通及現存各種版本情況、歷史文獻記載，或考查原書與歷代所記載各本異同及其特點。對前人有關圖書的記述（如書目、論著等），要經過分析研究論證，從而得出正確的結論。鑒別版本，要不斷實踐，反覆考察，多看實物，積累經驗，並以書影圖譜作研究的補充和參考，逐步做到確切的瞭解和掌握。版本鑑定主要有以下途徑：

一、根據版刻的風格特點初步鑒定版本

書籍的刊刻風格依託於當時的文化政治背景，刊刻的風格有著非常強
烈的時代氣息，所以，掌握一個時期刻書的風格特點，對於版刻時地的考
定和版本學的研究大有裨益。如宋代刻書從版式上講，前期多白口四周單
邊，後期則出現細黑口，版心有魚尾，版心常鐫有本版的字數、書名的簡
稱、卷次、葉碼、刻工姓名等，早期刻本卷端多小題在上、大題在下。官
刻書多在卷末刻有校勘人銜名，私刻本則卷末多有題記或牌記。宋代四
川、兩浙、建陽、江西等四大刻書地，在用紙、字體上也各自存在著比較
明顯的特徵。四川崇顏體、浙江崇歐體、建陽崇柳體、江西兼而有之。而
從現存古籍看，用紙方面建陽多竹紙，其他地區則多為皮紙[1]。

元代的刻書一般來說具有黑口、趙體字、無諱、多簡化字等特點，這
和元代少數民族政權統治以及皇室寵倖趙孟頫等多方面因素有關。明代初
期仍然沿襲元代刻書風格，中期則多為仿宋字白口，晚期則又表現為白口
長字，有避諱[2]。清代初期刻書，沿襲明晚期刻書風格，至康熙年間隨著館
閣體的流行，反映在當時的刻書上就形成軟體寫刻的風格。而發展到嘉慶
以後，字體就逐漸呆滯無神[3]。從裝幀上看，宋元多蝴蝶裝，以後逐漸過渡
到包背裝、線裝。

二、根據原書序跋鑒定版本

根據與古籍合刊的序跋來鑒定古籍的版本，是古籍版本鑒定中最常用
和比較可靠的方法。我國古時刊行的書籍，絕大多數都是對以往經、史、
子、集中的經典著作翻印重刊。在翻印重刊時，出版者出於對原作者的尊

---

[1] 張麗娟、程有慶著，《宋本》，南京市：江蘇古籍出版社，2002 年 12 月，頁 35-45。

[2] 趙前著，《明本》，南京市：江蘇古籍出版社，2003 年 8 月，頁 73-77。

[3] 黃棠著，《清刻本》南京市：江蘇古籍出版社，2002 年 12 月，頁 14-21。

重，往往僅對原著中的脫衍錯訛進行校勘更正。除此之外，刊刻出版者只能通過撰寫序跋來對這次刊刻的由來、過程及影響作用加以敘述並隨原著一併刊行於世[4]。因此，對古籍序跋的辨別考據，就成為古籍版本鑒定的最有效手段之一。

姚伯岳教授在所著《中國圖書版本學》提及以「序跋」作為版本鑑定時也有說明：

> 圖書之前多有序文，書後多有跋文，此為古今通例。印本書之序、跋中常常敘述版本的刻印出版情形，是鑑別版本非常有用的資料來源。
>
> 序跋可分為著者自作的序跋、他人序跋、刻印出版者序跋等。其中刻印出版者所作之序跋主要是敘述刻印出版的動機、經過及本版情形，並記其完成時間等。一般說來，這種序跋中所記載的版本情況是相當可靠的，可以直接依據。至於刻印出版時間，可依序跋文中所提及或文末所署之年月斟酌參定。如無刻印出版者序跋，則可參考其他序跋中年代最晚者作出判斷。這種鑑別方法人們稱之為「以序斷年」。以序斷年時，必須十分謹慎，因為序跋的情況是十分複雜的，例如後人翻刻時常將原序刻入而不加刻新序，甚至還有將序年挖改作偽的情況，所以只有在確認作序或跋之年與實際刻印之年十分相近或相同，或實在找不到其他關於本書版本情況的任何說明文字時，才能採用這種方法[5]。

這裡對以「序跋」判斷某書版本提出說明十分清楚，同時也提出在使用這種方法的侷限性。在判定某書版本年代時，一律以序跋年代作為刊印年代。這樣做法，有些可以說得通，有些則有待商榷。例如說明代王崇慶

---

[4]　徐昱東〈刊刻序跋在古籍版本鑒定中的重要作用〉，《邊疆經濟與文化》2014 年第 2 期，頁 169-170。

[5]　姚伯岳著，《中國圖書版本學》(北京：北京大學出版社，2004 年 12 月)，頁 111-112。

《山海經釋義》曾刊行過兩次，即可根據跋文所署年月不同，加以判別。

又例如「國立臺灣圖書館」藏一部《山海經詳註》，該館據書前有「康熙七年柴紹炳序」訂為該年刊本。然從內文看，其避諱字有避「玄」、「寧」、「丘」諸字，又有不避者，如「泫」（按應缺末筆）、「禎」（按「示」應從「礻」）、「熙寧」（按「寧」應缺末筆）、「淳熙」（按「淳」應作「湻」）諸字。又此類有圖像《山海經》的書大多出現乾隆以後，而此作康熙間實有疑義。或據避諱，略可將是書刊印往後判定至咸豐年間。也因為以「序跋」鑑定版刻年代亦有侷限。在鑑定時不應以此為唯一法則，應廣為尋覓某書其他有助於鑑定的情形，再加以判定。如非不得已，必須以序跋作為刊板年代，不妨加上年代後加「序刊本」，以為保險。

剜改序跋而使成為偽序跋，多為書賈所為。書賈通過剜改序跋時間、人物、書名以售其欺。如明柴奇《黼庵遺稿》10 卷，集末有其五世孫胤壁跋，署「嘉靖乙亥」。王重民鑑定「嘉靖」二字為剜補重寫者，認為：「以甲子推之，當為崇禎八年，則書賈不過欲以崇禎印充嘉靖印本，所求甚微，而造偽之愆則大也。」[6]而剜改序跋作偽伎倆較容易被識破。

依據原書的序跋斷定版刻年代是常用而且比較可靠的方法，序跋書寫的年份、序跋中記載的有關刻書人、時、地的情況，均可作為斷定版刻年代的參考。需要特別注意的是判定版本必須結合版刻特點等其他因素，避免重刻而保留舊序舊跋的誤導，造成判斷錯誤。

三、根據書牌、木記鑑定版本

牌記，是出版者用以說明版本情況的一種專門標誌，又叫牌子，書牌，或稱書牌子。牌記主要記錄刊刻時間、刊刻地點、刊刻者姓名、室名、書坊字型大小、版本特點以及刊刻經過。帶有牌記的書籍起源於唐、

6　王重民，《中國善本書提要》，上海：上海古籍出版社，1983 年，頁 597。

五代，到了宋、元，已廣為推行，但最多的還是明、清兩代的刻本。牌記不但內容豐富，形式多樣，而且分佈靈活，無固定位置。它們有的出現在序文、目錄、跋之前後，有的反映在卷首、卷中、卷末，有的直接刻在版心處，還有的將刊刻時間和藏板處直接刻印在書的封面，甚至有一書出現兩種以上的牌記等[7]。例如，蒙古定宗四年張存惠晦明軒刻本《重修政和經史證類備用本草》刻有長篇牌記，頂部二龍飛舞，底部雙龜靜伏，圖形巧思異構，風味別調。宋紹熙間眉山程舍人宅刊本《東都事略》目錄後有牌記一方，上面寫著：「眉山程舍人宅刊行，已申上司不許複板」。聲明禁止翻印，可見刻書事業之發達，這是中國書籍出版史上最早的版權聲明。一些獨特造型的專用牌記，還往往能給版本鑒定者據此判定版刻年代提供有力的證明。例如，南宋咸淳間廖瑩中世彩堂刊本《昌黎先生集》，用的是「亞」字形牌記，中間篆書「世彩堂廖氏刻梓家」二行字。

據《古籍版本學概論》一書記載：上海圖書館收藏的舊刻本《顏氏家訓》，曾經清代名家何焯、孫星衍、錢大昕、黃丕烈等人鑒定，宋槧元刊，莫衷一是。最後還是根據刻本中一個琴形牌記「廉台田家印」確定為元刻本，因為這個特殊圖案的牌記只在其他元刻本中出現過[8]。因此，牌記作為版本鑒定的依據之一，在古籍版本鑒定中往往起到重要的作用。

古人刻書特別是坊肆刻書，常常在書前內封面鐫雕牌記，與現在出版物的版權頁有相近之處，注明了書名、著者、批點評論者、刊版年月、雕版的齋室堂名等。這種牌記如果不是後人故意作偽，應該是鑒定版本最直接的根據。如，中國國家圖書館藏《黃氏補千家集注杜工部詩史》[9]，原來根據版刻風格等諸因素，斷定為宋本。二十世紀 70 年代，山東朱檀墓出土一部此書，與國家圖書館藏本比對，應為同版，而此書有牌記稱「武夷詹光祖至元丁亥重刊於月崖書堂」，有明確的刊刻時間，足以幫助我們斷定

7　顧惠冬，〈牌記在古籍版本鑒定中的作用〉，《南通職業大學學報》第 16 卷第 1 期，2002 年 3 月，頁 58。

8　嚴佐之著，《古籍版本學概論》，上海：華東師範大學出版社，1989 年 10 月，頁 131。

9　台北國家圖書館藏有《黃氏補千家集注杜工部詩史》元前至元壬午(19 年，1342)建刊本，存目錄一卷，又卷四至卷七、卷十三、卷二十一至卷二十三，存九卷。

此書並非宋刻，而是元刻，糾正了前人編目的錯誤。但也經常會有後人因書版易主更改牌記或書商故意剗改舊牌記以冒充早期刻本的情況，應區分刻版處和藏版處的不同。

使用牌記注意事項[10]：

（一）要利用前人的研究成果來為我所用。很多古籍的版本源流問題，前人早有考訂，特別是清代的一些著名藏書家、目錄版本學家和校勘家，他們對古籍版本的研究，遠勝今人，常有精湛絕妙、定不能移的論斷，我們應加以充分吸取。但在利用前人的研究成果中，還要注意避免盲聽盲從，因為智者千慮，難免一失，即使是名家手裡的考證也未必能盡依盡信。例如，清代名家黃丕烈對宋版頗有研究，自命為老眼，曾說過宋本版口從無闊黑口。到見了宋刻本《新定嚴州續錄志》，版口闊而黑時，仍懷疑不是宋刻本，後與顧千里仔細研究，才肯定為宋版。據此可知白口黑口不能作為宋元本的唯一區別點。

（二）根據牌記來考訂版本源流時，注意有例外的情況出現。一般是後人翻刻時將牌記或封面照樣刻入造成，也有後人在用某書原版複印時換刻了封面，而正文並未改動，封面雕鑴年月與原版刻時間不同，貌似另一刻本。另外，還有後世作偽，挖改牌記，以冒充早期刻本的情況。

（三）牌記作為古籍鑑定的依據之一，要結合原書的序跋、批校、印章、版式、行格、字體、紙墨、刻工、諱字等古籍本身特徵來綜合考訂，相互對比、相互鑑別、相互印證。我們在研究古籍版本中，要運用哲學辯證原理去觀察問題，分析問題，解決問題，辯證地思考，批判地繼承，綜合地考訂。這就是我們在古籍版本研究中運用牌記應注意的方法。

---

[10] 顧惠冬，〈牌記在古籍版本鑒定中的作用〉，《南通職業大學學報》第 16 卷第 1 期，2002 年 3 月，頁 59。

四、根據後人的題跋識語鑒定版本

　　題跋的內容較廣，鑒定版本是其中一個方面。清代很多藏書家、校勘家精於版本鑒定，經驗豐富，見多識廣，在他們的藏書題跋、校勘題跋中常有鑒定版本的精闢之論，可供後人參考。如有一舊刻本《史記集解索隱》，黑口，四周雙欄，前有元中統二年（1261）董浦序。清海源閣楊紹和在該本的題跋中考證說：「錢曉徵詹事《養新錄》記所見《史記》舊槧，一宋乾道蔡傳卿本，一宋淳熙耿直之本，一元中統本，雲海寧吳槎客藏，計其時亦在南宋之季。嘉興錢警石丈校《史記雜識》中亦有中統本，稱假自拜經樓，蓋即倉事所見之本也。予於吳本未得目驗，錢校曾錄副藏之[11]」。此本首載中統二年校理董浦序，與吳本同，然核之錢丈《雜識》，殊歧異。《雜識》謂猶避宋諱，此本則否。又每葉末行外上角標題篇名，此本亦無之。至《回敬仲世家》標題後《齊世家》，尤錢丈所譏為臆造此本並不誤。且以校本勘對，合者固十九，而所謂譌者脫者，此本多不譌不脫，判然出於兩刻。予按中統三年，其時尚稱蒙古，殆至元八年十一月始改國號曰元。董浦序中統上署皇元二字，自是後人追改，必非段氏原刻之舊。顧追改者既稱皇元，則猶是元翻可知。由是推之，吳本與此皆元代從段刊重雕之本，故於《雜識》所云密行細字大致略同。特此本已填補宋諱，校讐之功復加審耳。詹事直以吳本刊於中統時，則非也。予又藏有建陽尹覆本，標題款式全經竄易，望而知為明人陋版，愈證此本的屬元槧無疑。蔡、耿兩本，詹事所見者俱歸餘齋，因並以此附之，俾相鼎峙雲。楊氏在鑒別時運用了幾種方法，一與吳騫拜經樓藏本對校，「判然出於兩刻」，二據董浦序以皇元加冠中統之上分析，「則猶是元翻可知」，三與明人陋版比較款式，「愈證此本的屬元槧無疑」。於是鑒定該本為元翻刻蒙古中統二年平陽道段成子刊本。後來該本為傅增湘所收藏，傅氏詳加考

---

[11] (漢)司馬遷撰，《史記》，蒙古中統二年(1261)平陽道段氏刊本，同版有中央研究院史語所藏本，凡三十二冊，係經明代修補，書前載有中統二年校理董浦序，云「平陽道參幕段君子成喜儲書，懇求到索隱善本，募工刊行」，可推知此本為平陽道段氏所刊，存卷二十三至卷三十。

證，又推倒了楊紹和的鑒定。該本有傅增湘題跋說：「余昔年曾收得中統本《史記》全帙，其字體方正，氣息樸厚，版式略為狹長，與此大不類。餘以為乃真中統本，故其體格尚與宋刊相近。若此本，字體散漫，刻工草率，決為明覆本無疑。余別藏有明正統時游明刻本，持與此本相較，其版式刊工正同，則決為游明本可知矣。楊氏未見真中統本，故其言遊移不決如此也[12]。」這兩篇跋文不僅提出了鑒定意見，還能啟迪後人的鑒定思維。從某種意義來說，名家題跋中關於鑒別版本的方法，要比鑒定的結論更有價值。

但凡古代藏書家遇到孤本珍本，常常會在書上添上幾篇題跋識語，有些是自己撰寫，也有請他人撰寫的，內容多為揭示書的內容體例，或為記錄校勘異同、卷數的分合變遷，或者是得書經過，幾乎都可以涉及書的刊刻時間地點、版本優劣等個人的看法。當年藏書家鑒定版本的過程和心得見諸題跋，可以成為我們今人鑒定版本的重要參考依據。如，中國國家圖書館藏《顏魯公集》就是根據翁同龢的一則跋文最終確定為錫山安國銅活字本。

五、根據刻工姓名鑒定版本

刻工是刻本製作者，作用至關重要，社會地位卻十分低下。刻本上記錄刻工姓名並不表示出版者對他們的重視，而只是為了便於考定他們的責任。古代早有「物勒工名，以考其誠[13]」的制度，意思就是，國家強制工匠將名字刻在器具上面，一旦發現產品的質量問題，負責產品質量的官員「大工尹」將對不合格產品「按名索驥」，追究處罰相關責任人。

刻工姓名一般記錄在書口下端或各卷卷末。有無刻工姓名可以用來鑒

---

[12] 嚴佐之著，《古籍版本學概論》，上海：華東師範大學出版社，1989 年 10 月，頁 137。

[13] （秦）呂不韋撰，《呂氏春秋》第十卷〈孟冬紀第十孟冬〉，明萬曆間(1573-1620)新安吳勉學刊二十子本。

定版本，但刻工姓名之所以是鑒定版本的重要依據，主要並不在於有沒有記錄，而在於記錄了哪些刻工。即根按所錄刻工的時代和地區來反證刊印的年代和地區。比如有一宋刻求《東觀餘論》，具體刊印時期不明，但它記錄的陳靖等刻工姓名卻另見於朱寧宗嘉泰四年（1204）刻本《東萊文集》，於起推算出這部《東觀餘論》也是寧宗時代刻印的。又如傳世的眉山《七史》，自然是因刻於四川眉山而命名的，自晁公武《郡齋讀書志》作此說後，歷來相承無疑。所謂井憲孟刊於眉山者。但眉山《七史》本記載的許多刻工姓名，如《宋書》中的王成、許茂、陳伸、章忠，《南齊書》中的王成、張春、陳伸，《梁書》中的余敏、滕慶，《陳書》中的余敏、李詢、孫春、滕慶，《魏書》中的李文、李憲、余敏、章宇、章忠、張富、陳伸、孫春等約六十餘人，又都各在南宋紹興間杭州所刻的《漢書》、《周易正義》、《周禮疏》、《尚書正義》、《儀禮》、《爾雅》、《禮記正義》、《春秋公羊疏》等書中出現。這說明現存的所謂眉山《七史》，並不是記載中的眉山《七史》，而是南宋紹興間浙江刻本。

利用刻工鑒定版本自然必讀先對刻工作考訂，歸納起來，才能演繹。日本漢學家長澤規矩也編的《宋元刊本刻工表初稿》一書，摘錄日藏漢籍一百三十種宋本、七十三種元本中的宋代刻工姓名計一千五百餘人，元代刻工姓名計七百五十餘名。是鑒定宋元刻本的一部很好的參考書，但甚不完備。魏隱儒著《古籍版本鑑定叢談》後附錄有「宋至清各代部分刻本所見刻工及寫畫人姓名簡表」。補充明清兩代刻工姓名頗多[14]。

古籍版心多鐫刻有刻工的姓名以及本葉的字數，有的還會加上刻工的籍貫，可以推斷為當時的責任制和計算薪金的意義。刻工生存或從事刻書的時間最多幾十年，所以我們今天可以根據不同書籍出現相同刻工的情況，互相參照，斷定版刻的大致時間、地點，這是非常客觀的依據。利用這一方法時需要注意，改朝換代時，刻工跨入新朝，繼續從事刻書的情況以及刻工流動各地從事刊刻工作的可能。另外我們還必須注意的是刻工的同名同姓現象、刊刻遞修的問題和影刻本的刻工問題，避免因觀察不細，

[14] 嚴佐之著，《古籍版本學概論》，上海：華東師範大學出版社，1989 年 10 月，頁 133。

而造成判斷不準的情況。

六、根據書中的避諱字鑒定版本

避諱是我國古代特有的一種現象，它規定臣民對當今君主、歷史上的君主為當昭所尊者以及其他一些被尊重的人，不得直呼其名，而須以其他方式避開。

避諱這一習俗，起源於周，成於秦，盛於唐宋，弛於元，復有言於清，廢於民國。陳垣《史諱舉例》序說：「民國以前，凡文字上不得直書當代君主或所尊之名，必須用其它方法以避之，是之謂避諱」。又說：「其流弊足以淆亂古文書，然反而利用之，則可以解釋古文書之疑滯，辨別古文書之真偽及時代，識者便焉。蓋諱字各朝不同，不啻為時代之標志，前乎此或後乎此，均不能有是，是與歐洲古代之紋章相類。偶有同者，亦可以法識之[15]。」 把依據諱字鑒定版本的道理說的非常清楚。

避諱是中國古代綿延的一種習俗，陳垣先生在《史諱舉例》中稱這種習俗的利用可以解釋古文書之凝滯，辨別古文書的真偽及時代。避諱字對於我們鑒定版本具有重要的參考作用。利用避諱字斷定版刻年代要熟練地查找皇帝、諸王、后妃等的名諱和他們的祖諱、家諱。熟悉歷代的諱法、諱例、諱字、諱類，不是一件容易的事，況且在一部部頭極大的書中找全所有的避諱字，判定哪個字是本書避諱的下限，也要花很大的功夫。而一旦能夠準確地找到避諱，判定版刻地時代應該是比較準確的。需要注意的是官刻一般避諱嚴謹，私刻就不敢完全依賴避諱來鑒定版刻年代，還有有時翻刻重刻時避諱字照刻，也容易造成錯誤判斷。影刻本、影印本就更是如此了。所以避諱判定版本年代一定要參照其他條件。

宋代刻書，特別是官刻，避諱字的使用比較嚴格，有的缺筆避諱，有的注出「今上御名」，避諱多也就成為宋版書特點之一，但是單憑避諱字

---

[15] 陳垣撰，《史諱舉例》序，北京市：中華書局，1962 年。

多就斷定為宋刻，也是不科學的，如一些影宋本，就幾乎與原刻一模一樣。宋代避諱最嚴格，不但要避皇帝本名的用字，連同音或同形的字也要避。如唐代顏師古撰寫的《匡謬正俗》，後來出現了《刊謬正俗》或《糾謬正俗》，依避諱字知道這是避宋太祖趙匡胤的諱即避「匡」字，據此《刊謬正俗》或《糾謬正俗》應為宋朝版本。還如朱熹的《晦庵先生文集》中「貞」字缺筆，這是避宋仁宗趙楨的諱即避「楨」的同音同形字，所以應為宋朝版本。

　　一般認為元代不避諱。元代人用的是蒙古名，元代皇帝沒有漢文姓名，他們的名字是把蒙古文音譯成漢文。採用音譯，就會有多種譯名，使得元人無法施行避諱制度。這在利用避諱鑒定版本時應注意。

　　清代起初沒有避諱，至康熙則常行缺筆避諱。明清避諱也較嚴格，如清代將揚雄的《太玄經》改為《太元經》，這是避康熙皇帝玄燁的諱，將南宋熊克的《中興小曆》改為《中興小紀》，這是避乾隆皇帝弘曆的諱等[16]。

七、根據藏書印鑒說明判斷版本時代

　　藏書印章是藏書家鈐印在藏本上以表示所有權或鑒賞意見的信物。有些藏書章的印文直接反映藏書家的鑒定意見。如汲古閣毛晉的藏書印章裏有一枚專用於宋版書的精圓形朱文印「宋本」，以及朱文印「神品」、朱文小方印「甲」等[17]。清季振宜藏本有「宋本」藏書印，宋犖藏本有「商邱宋犖學收藏善本」朱文印等。但這種印章很少，常見的藏書印章大都是藏家的姓名、字號和齋室堂名。藏家印章的作用在於能以此為線索，追根尋源，找出版本的藏棄流傳過。然後再到有關文獻中去尋找可供版本借鑒的

---

[16] 郭建華，〈試析古人避諱在古籍版本鑒定中的作用〉，《河北建築科技學院學報》(社科版)第 22 卷第 2 期，2005 年 6 月，頁 157。

[17] 吳芹芳、謝泉著，《中國古代的藏書印》，武昌：武漢大學出版社，2015 年 4 月，頁 158。

參考資料。因此藏書印章對版本鑑定的作用很小，是一種間接又間接的鑑定依據。

我國公私藏書的歷史非常悠久，無論是政府的公藏，還是私家珍藏，一般都會在藏書上鈐蓋印章。公藏的藏書印從傳世書籍上可見的從南宋緝熙殿到滿清末期的都有，私家藏書就更加豐富，不但有藏書樓印，還有名氏印和閒章雅印，一些非常珍貴的藏本上還有手校鑑賞印等。這些印章帶有時代的資訊，對我們推斷版刻的時代有一定幫助。如見到「緝熙殿書籍印」，我們就可以判斷書最晚會在南宋初期完成刊刻。有「翰林國史院」印，就可以判斷書的刊刻不會晚於元代。

經過大家收藏並鑑賞的書籍，一般情況下，他們鑑定的結果是比較可信的，可以作為我們今天鑑定版本的參考。另外還可以讓我們按圖索驥，找到名家是否有過著錄，從著錄中獲得名家的鑑定意見。從藏印中，我們還可以看出書的遞藏情況，藏品流傳有緒，可以增強版本的可信程度。但是後人也有偽造前代藏印的情況，辨別真偽是個難題。

八、根據目錄著錄鑑定版本

版本著錄是圖書目錄的一項主要內容，是版本特徵的縮影。因而歷代書目是鑑定版本的重要工具。書目著錄版本有詳有略，若著錄越詳細參考價值越高。這也是評價書目好壞的標準之一。《四庫全書總目提要》的主要缺點就是未列版本。書目著錄版本自宋尤袤《遂初堂書目》、陳振孫《直齋書錄解題》始。最初的著錄內容很簡單，隨著目錄學、版本學的發展，著錄內容漸漸詳細，著錄方式漸漸規範。著錄內容詳細的，一般包括版本的款式、字體、刻工姓名、紙張，以及序跋、牌記、題識·批校、藏書印章等，比較全面地反映出版本的各種特徵。如傅增湘《藏園群書經眼錄》，著錄每書都有一定之規，首先記書名卷數，其下小字記作者和存卷數，然後依次著錄版刻年代、地點、出版者、版式特徵、本書序跋、刻書牌記，以及後人題識、收藏印記，最後是傅氏的按語，發表自己的鑑定意

見和評論等[18]。這樣的書目著錄，實在太有用了。謝國楨《中國善本書提要》序說：「研究版本目錄之學，所以要明瞭書籍的頁數、行款，尺度的大小、刻書人的姓名、裝訂的形式，為的是給後人留下原書的本來面貌。」《提要》對於每書的行款，每頁每行的字數，以及刊刻書籍的逸事，記載得極為詳細。這種做法，不要看它是一樁細事；有人甚至諷刺為「書皮之學」，這是不對的。趙萬里先生曾說：顧（廣圻）批、黃（丕烈）校、鮑（延博）抄的書籍和他們所著的題識之所以可貴，因為書籍既經他們考定版刻的年代，評定真偽，和當時獲帶此書的情況，則此書的源流全部表現出來，給後人讀書或校刻書籍以不少的便利[19]。

我國的公藏、私藏、史志等多種類型的目錄記錄著浩如煙海的古代典籍。目錄，特別是一些詳細記載古籍資訊的提要式目錄，對於我們今天鑒定版本具有程度不同的參考價值。與前人著錄一致，我們作出結論就有一定的根據。若一部書不見前人任何目錄記載，判定起來多會心存疑慮。

九、依據書名冠詞稱謂鑒定版本

為了表示對當朝的尊重，古籍書名中的朝代名前，往往要冠以「皇」、「聖」、「大」等褒詞，如「聖宋」、「皇元」、「大明」、「皇清」、「國朝」、「昭代」等。書名冠詞具有較強的時代性，因而能利用來辨別刻本的時代。比如只有宋人書名才題「聖宋」，元人書名才題「皇元」，明人書名才題「大明」，清人書名才題「皇清」。比如元蘇天爵編集當朝人文集，名之《國朝文類》，元刻本作此書名，明清刻本就不稱「國朝」而改名《元文類》了。

中國古書有時帶有朝代名稱，本朝刊刻時在朝代前面還加上帶有褒揚色彩的文字，如皇宋、聖宋、大宋之類，而這個朝代滅亡消失的時候，這

---

18 傅增湘撰，《藏園群書經眼錄》，北京：中華書局，1983 年 9 月。

19 王重民撰，《中國善本書提要‧序》，臺北市：明文，民國 73 年，頁 11。

種詞便不會出現，這可以是我們判斷版本時代的一個參照。

十、根據卷端上下題名鑒定版本

卷端題名有時也能為版本鑒定提供一點線索。比如明萬曆間刻本《國朝列卿記》，卷端題名「柱國少傅兼太子太傅工部尚書豐城雷禮纂輯，提督應安等府學校監察御史同邑徐鑒校梓[20]」。知其為徐鑒校刻本。作者有官職的卷端題名一般都兼題官銜職名。由於歷史上職官制度一直在變動，所以也能用作版本鑒定的依據。清錢大昕《答盧學士書》說：「讀閣下所校《太玄經》云：向借得一舊本，似北宋刻，末署『右迪功郎充兩浙東路提舉茶鹽幹辦公事張寔校勘』。大昕案，宋時寄祿官分左右，唯東都元祐、南渡紹興至乾道為然，蓋以進士出身者為左，任子為右也。而建炎初避思陵嫌名，始改句當公事為幹辦企事。此結銜有『幹辦』字，則是南宋刻，非北宋刻矣[21]。」

不同的書或一部書的不同版本，其卷端的題名或有不同，這也是我們進行版本鑒定的一個要素。如《夢溪筆談》，題名多以《夢溪筆談》，而當題名為《古迁陳氏夢溪筆談》時，就可以幫助我們斷定為元代陳仁子的刻本或是其後據此覆刻翻刻的版本。卷端上、下題的變化就更可以幫助我們發現不同刻本及其版本之間的聯繫。

---

[20] 台北國家圖書館藏(明)雷禮撰，《國朝列卿記》一百六十五卷三十二冊，明萬曆間鞏城徐鑒刊本，02476.01。版匡高 22.1 公分，寬 15.6 公分。四周雙邊。每半葉十行，行二十五字，注文小字雙行，字數同。版心花口，單黑魚尾。

[21] (清)錢大昕著，《潛研堂文集》卷三十四〈答盧學士書〉，百家諸子中國哲學書電子化計劃 https://ctext.org/library.pl?if=gb&file=40277&page=65

十一、根據卷數的變化判斷版本

卷數是鑒定版本的重要依據之一。卷數差異往往是同書異本互相區別的一個重要標誌。卷數不同，也就意味著版本的不同。例如《聖宋名賢五百家播芳大全文粹》，宋刻本一百卷；《四庫全書》本和張金吾愛日精廬藏本一百一十卷；陸心源藏精抄本一百二十六卷。宋司馬光《涑水記聞》，陳振孫《直齋書錄解題》著錄本十卷；清武英殿聚珍本十六卷；明范氏天一閣藏舊抄本二卷。各種杜詩注本分卷也不同：九家集注、黃鶴補注本為三十六卷；《草堂詩箋》本為五十卷；集千家注分類本為三十五卷；劉須溪評點本為二十卷（外文集二卷、附錄一卷）。利用卷數鑒定版本一定要詳審卷數。詳審卷數，僅僅查看目錄是不行的，必須翻閱正文，因為目錄和正文不一致的情況還是有的。有時候，可能「有書無錄」。即正文卷數多，目錄卷數少。如明天一閣刻本《京氏易傳》目錄二卷，正文則有三卷。有時候，可能「有錄無書」，即目錄卷數多，正文卷數少。如宋羅從彥《豫章文集》目錄題十七卷，實則第一卷有錄無書。

同一部書在流傳過程中往往會有不同的分卷和卷數，成為不同刻本的標誌之一，從而成為我們鑒定版本的又一個依據。如朱熹的《詩集傳》，宋刻本為二十卷，元刻本成為十卷，明代吉澄刻本編為八卷，至嘉靖崇正堂刻本又恢復為二十卷，我們可以根據分卷，推斷是何時的刻本。

十二、根據原書內容鑒定版本

依據原書內容鑒定古書版本，在通常的情況下雖然做不出十分確切的鑒定結論，但卻可幫助我們推斷某書版刻不會早於哪一時代，哪一朝哪一年，或不會晚於哪一時代哪一朝哪一年。這樣就會大大縮小考定範圍。這裡所謂原書內容，只是就正文而言。透過書的內容，一般是能找出人、時、地、事的時代特點，會給版本鑒定提供堅實可靠的線索、啟示和證

據。

　　從原書內容鑒定古書版本，還有所謂內容增刪上的問題和事件時代問題。如宋朝人筆記性的著作《肯綮錄》。其作者到底是趙叔問還是趙叔向，歷來說法不一。《四庫全書總目提要》說此書作者為宋趙叔問。且稱：「叔問自號西隱老人，其始末未詳。以宋宗室聯名推之，蓋魏王廷美之裔也[22]。」然清乾隆時輯刻之《藝海珠塵》叢書本的《肯綮錄》，其作者卻題為趙叔向；鮑廷博校清抄本《肯綮錄》，作者亦題為趙叔向；《國家圖書館善本書目》著錄的清抄本《肯綮錄》，作者也題為宋趙叔向。這就產生了一個大矛盾，究竟是趙叔向還是趙叔問，總得是其中之一，不可能二者皆是。

　　《宋史》列傳中的宗室傳第四，有趙叔向的傳略。稱：「叔向，魏王之系也。方汴京破時，叔向潛出，之京西。金人退，引眾屯青城，入至都堂，叱王時雍等速歸政，置救駕義兵。其後為部將於渙上變，告叔向謀為亂，詔劉光世捕誅之[23]。」足見趙叔向是死於劉光世之手的。

　　劉光世《宋史》有傳[24]，是個赫赫有名的人物。他生於北宋哲宗元祐四年（1089），卒於南宋高宗紹興十二年（1142），年五十有四歲。可證劉光世奉詔捕殺趙叔向，絕不會晚於紹興十二年。晚於這一年劉光世都已作古了，還何談捕殺趙叔向！實際趙叔向之被捕殺，當在南北宋之際。

　　可是《肯綮錄》中有「紫姑神獄」一節內容稱，「常州酒官鄭思永為餘言，岳飛死之明年，因元夕會飲，士失器皿庫數事，相與請紫姑神卜之。方焚香，箕已重不可舉。忽大書曰：『辛苦提兵十二秋，功多過少未為仇。主恩未報遭讒謗，幽壤含悲暗點頭。』其後乃書飛押字也。……又

---

[22] (清)永瑢等奉敕撰，《四庫全書總目提要》卷一百二十六、子部三十六、雜家類存目三《肯綮錄》一卷編修程晉芳家藏本，百家諸子中國哲學書電子化計劃 https://ctext.org/wiki.pl?if=gb&chapter=141224

[23] (元)脫脫撰，《宋史》卷二百四十七、列傳卷第六〈宗室四〉，明成化十六年(1480)兩廣巡撫朱英刊嘉靖間南監修補本。

[24] (元)脫脫撰，《宋史》卷三百六十九、列傳第一百二十八，明成化十六年(1480)兩廣巡撫朱英刊嘉靖間南監修補本。

明年，軍人有來臨安請衣糧者，茶肆中偶與人言，遂為邏事者所捕，以送棘寺。窮究奇獄，庫官并吏輩數人皆追逮流竄焉，恩永時為棘寺推官[25]。」這樁「紫姑神獄」之事，是常州酒官鄭思永告訴《肯綮錄》作者的，而且是事後若干年追記性質的文字，「思永時為棘寺推官」的口氣可證。這裡的「時為」當指岳飛遇害後的第三年，因為有「岳飛死之明年」及「又明年」可證。

岳飛遇害是在南宋紹興十一年（1141）的臘月二十九，元宵節顯聖題詩，是在他死後的第二年元夕，實際只死了十六天。「又明年」，則已是岳飛遇害的第三個年頭，實際是一年多一點，即紹興十三年（1143）。紹興十二年以前就被劉光世捕殺了的趙叔向，怎麼會在若干年後來寫書追記紹興十二、三年的事呢？顯然絕無可能。所以《肯綮錄》的作者，也絕不可能是趙叔向。那麼既不是趙叔向，又是不是趙叔問呢？看來應該是這位趙叔問。前邊說過了，鮑延博校本、《藝海珠塵》叢書本的《肯綮錄》，前邊都有作者小序。自序云：「《肯綮錄》者，西隱野人所著之書也。野人閒居多暇，飲酒讀書，足以自娛。有疑誤者，隨即記之。初無第也，昔蒯生自名其書曰《雋永》，取肉肥而昧長。我則異於是，殆是眉山先生《羊骨帖》，所謂終日摘剔，僅銖兩於肯綮之間者，因以名錄[26]。」這段自序表明了作者的身世，也與《四庫全書總目》推論相合，故《肯綮錄》作者應為趙叔問，而絕非趙叔向。這個例子雖然說的是作者，與版本鑒定關係不大。但內容在古籍的全面考定中，其作用是十分明顯的。而且有時版本的鑒定，也需要通過對作者的考訂，得出正確的版本鑒定結論。

至於從原書內容的增刪上鑒定版本，那例子就更多了。美國哈佛燕京圖書館藏一部楊士奇奉敕編纂的《歷代名臣奏議》三百五卷。據明鄭曉《今言》第一百七十四條稱：「《歷代名臣奏議》，成祖敕纂之書也。永樂丙申十二月成，進覽刊佈。先是，上以璽書諭皇太子，令翰林儒臣採古名臣，如張良對漢高、鄧禹對光武、諸葛孔明對昭烈，董、賈、劉向、谷

---

[25] (宋)趙叔向撰，《肯綮錄》〈紫姑神獄〉，藍格舊鈔本。

[26] (宋)趙叔向撰，《肯綮錄》序，清乾隆間(1736-1795)鮑氏困學齋烏絲欄鈔本。

永、陸贄奏疏之類匯錄，以便觀覽云。今此書無序，亦無監纂、編纂官職名。是時西楊在南京佐太子監，國正危疑之際也[27]。」今以此書與這段記載核對，情況正相符合。且此書字大行疏，粗黑口，左右雙邊，印紙潔白，墨色烏黑，亦完全是明代內府刻書的風格。因定此書為明永樂丙申（十四年，1416）內府刻本。到了明崇禎間，太倉張溥又將此書刪節了一些內容，卷目依舊，付之梨棗，刊板印行。《四庫全書總目》說《歷代名臣奏議》「明永樂十四年黃淮楊士奇等奉敕編，自商、周以迄宋、元，分六十四門。名目未免太繁，區分往往失當。又如文王、周公、太公、孔子、管仲、晏嬰、鮑叔、慶鄭、宮之奇、師曠、麥丘邑人諸言，皆一時答問之語，悉目之為奏議，則《尚書》颺言，何一不可採入，亦殊踳駁失倫。然自漢以後，收羅大備。凡歷代典制沿革之由、政治得失之故，實可與《通鑒》、『三通』互相考證。當時書成刊印僅數百部，頒諸學宮而藏板禁中，世頗稀有」。又說到了「明崇禎間，太倉張溥始刻一節錄之本。其序自言生長三十年，未嘗一見其書。最後乃得太原藏本，為刪節重刊，卷目均依其舊[28]」。足見此書在明代崇禎間又有一個節本行世。若是我們瞭解上述書林掌故，再遇到此書，則一看內容是否刪節，便知其到底是什麼時候的刻本。可見從原書內容入手鑒定古書版本，是比較可靠比較科學的方法。

　　依據原書內容我們不一定可以確切地鑒定版本，但是根據書裡面涉及的人和事，我們可以推斷出成書的大致時代，可以縮小考定的範圍。

---

[27] (明)鄭曉撰，《今言》卷二、一百七十四條《歷代名臣奏議》，明萬曆甲寅(四十二年，1614)彭宗孟西安刊本。

[28] (清)永瑢等奉敕撰，《四庫全書總目提要》卷五十五、子部、詔令奏議類《歷代名臣奏議》三百五十卷，兩淮鹽鄭採進本，百家諸子中國哲學書電子化計劃 https://ctext.org/library.pl?if=gb&file=76361&page=94

十三、根據銜名、尊稱、諡號鑒定版本

　　銜名、尊稱、諡號，都是對人而言的。銜名，是指書中某人名出現時，其名前所冠的職銜。尊稱是對德高望重老人的敬稱。諡號是指在人死之後對其生前某方面長處優點而加以概括所給的尊號。

　　銜名在古書中經常出現，特別是敕撰的官修書，有時會出現很多人的銜名。如北宋慶曆三年國子監刻本《集韻》，卷十後有寶元二年九月十一日延和殿奉旨鏤板施行牒文。牒文後列有趙師民、孫錫、王洙、宋祁、賈昌朝、鄭戩、李淑、丁度等纂修官銜名八人十八行文字；而於慶曆三年八月十七日雕印成延和殿進呈奉聖旨送國子監施行牒文後又有賈昌朝、晏殊、章得象等銜名三人八行文字。

　　利用這些銜名，便可以幫助我們鑒定大致的版刻年份。就以其中的賈昌朝為例說明，寶元二年（1037）九月，《集韻》成書進呈後奉旨鏤板施行時的銜頭是：「刊修朝奉郎尚書司封員外郎直集賢院兼天章閣侍講判大府寺同管勾國子監事輕車都尉賜緋魚袋臣賈昌朝」；四年後，即慶曆三年（1043）當《集韻》雕板印刷竣事，再次進呈，又奉旨送國子監施行時，賈昌朝的銜頭已經起了變化，稱為「朝散大夫右諫議大夫參知政事輕車都尉河內郡開國侯食邑一千戶食實封二百戶賜紫金魚袋」了。假定我們以慶曆三年這個銜頭為準，說慶曆三年以前《集韻》就有刻本，那就錯了，因為慶曆三年以前，賈昌朝尚無這樣的銜頭。又如南宋紹熙兩浙東路茶鹽司所刻《毛詩》、《禮記》正義，其《禮記正義》卷末黃唐跋文後有：進士傅伯膚，進士陳克己，應賢良方正直言極諫科莊冶，修職郎紹興府會稽縣主簿高似孫，迪功郎充紹興府學教授陳自強等參校官銜名八行。又有宣教郎兩浙東路提舉常平司幹辦公事李深，通直郎兩浙東路提舉茶鹽司幹辦公事王汾，朝請郎提舉兩浙東路常平茶鹽司公事黃唐等校正官銜名三行。這裡以黃唐為例，他任提舉兩浙東路茶鹽司在哪一年呢？考康熙《紹興府志》，知他於紹熙二年（1191）任提兩浙東路茶鹽司的，故此書之刊印，不可能早於是年。因為是年以前黃唐還未到任，根本不會有這個銜名。且

黃唐於《禮記正義》所撰寫的刻書跋文，也證實了他是在紹熙二年十一月才來兩浙東路茶鹽司「備員司庾」的。因此，《毛詩》、《禮記》疏義之刻，不可能早於這一年。可是過去由於日本山井鼎氏誤紹熙為紹興之後，阮元、楊守敬、葉德輝、傅增湘等，也就跟著致誤。除了誤解黃唐跋文原意，於黃唐其人失於考證外，就是沒有注意黃唐兩浙東路茶鹽司這個銜名。因為只要注意這個銜名，就會考出這個官職是什麼時候授受的。這就是銜名在古書版本鑒定中的價值。

尊號，有人稱，有自稱，有時與晚號、別號很難分。例如張居正的《書經直解》，明刻本中就有稱為張閣老《書經直解》的。既稱張閣老，那刻本一定是他入閣參予機務以後的事情了。張居正是嘉靖二十六年（1547）的進士，官至太師、吏部尚書、中極殿大學士。此書是萬曆繼位之後，時值幼沖，張居正進講《書經》時，為使沖齡皇帝易於理解和接受，故取元吳澄《草廬集》中所載《經建講義》體，將《書經》譯為通俗語言。所以此書之成書已是萬曆初年的事了。三朝元老，又日講皇帝左右，故稱閣老。所以此書不可能有萬曆以前的刻本。

諡號是中國封建社會特有的產物，即在人死之後按其生平事跡評定褒貶時所給予的稱號。在中國封建社會諡有諡法，通常是帝王之諡由禮官議上；臣下之諡由朝廷賜予。《逸周書‧諡法解》說：「諡者，行之跡也；號者，功之表也；車服者，位之章也。是以大行受大名，細行受細名。行出於己，名生於人[29]。」足見諡號是古人死後別人所給予的蓋棺論定的評價。例如明太祖朱元璋洪武二十二年（1389）魯王卒，其諡號就大費周折。魯王名朱檀，十八歲封為魯王。之國之後，盛年便想長生不老，通道服丹，二十多歲便夭折了，甚是荒唐。死後加諡，禮官頗感為難。朱元璋得知後，便諭禮部尚書李原名說：「父子天性，諡法公義，朕不得以私恩廢公義，可諡曰荒[30]」。自此，朱檀便稱為魯荒王了。這個諡號比較公允。但是，有的也不那麼公道，例如明武宗莊肅皇后諡號就沒有依諡法加諡。

---

[29] (清)盧文弨校注，《逸周書》卷六，〈諡法解〉第五十四，清盧氏抱經堂刊本。

[30] (明)鄭曉撰，《今言》卷一、四十八條，明萬曆甲寅(四十二年，1614)彭宗孟西安刊本。

武宗正德崩後，入繼大統的嘉靖皇帝並不是武宗的子侄輩，而是兄弟輩。按諡法只宜加二字或四字諡。但嘉靖皇帝強調事嫂如事母，諭用六字諡。沒過幾個月，又諭用十二字全諡。足見諡號也未必能如實反映死者生前的行跡。

當然，在我們利用古人諡號來鑒定古書版本時，還應該注意一種情況，這就是古人還有追諡的習慣。如果某人諡號是死後若干年追加的，那麼與卒年就不一致了。如宋朝的蘇軾卒於宋徽宗趙佶登基的那一年，即1101 年，可是「文忠」的諡號卻是以後追加的。明朝的鄭曉卒於嘉靖四十五年，可「端簡」的諡號卻是在隆慶改元之後才追加的。

除此之外，因為中國歷史久遠，早期人的作品，特別是早期名人的作品，歷代都不只一次地刊行。後世翻刻、重刻、影刻前世書籍，依樣畫瓢，連舊有諡號同樣復刻者，例不暇舉，審別版本時也要特別注意。銜名、尊稱、諡號的獲得都是有時間和地點的，運用得法，對鑒定版本時代頗有幫助。但是同樣需要分辨翻刻、覆刻等情況。

十四、根據地理建置沿革來判斷版本

中國的歷史源遠流長，中國的疆域幅員遼闊，中國的朝代更迭連綿，使中國歷史地理的沿革極為複雜。以北京而言，春秋戰國時，北京稱燕稱薊。唐時又改稱幽州。遼、金時又稱中都。後以此地分野為析木之津，故又稱析津。元滅金之後，揮師南下，忽必烈定駐蹕金行宮（今北海白塔山舊址），指揮攻宋，一舉成功。後便以此為中心興建城垣宮殿，定都於此，又改名為大都。明滅元後，定都南京，改大都為北平府。到明成祖朱棣以燕王身份從北平府起兵，揮師南下靖難，一舉成功，又改北平府為順天府，蓋取順天應人之意。遷都之後，又改順天府為北京。清朝定鼎之後，繼都於此，雖仍稱北京，但順天府治亦在這裡，故亦有直隸順天府之

名[31]。所有這些地名的變遷，都有其歷史原因和鮮明的時代特色。掌握古代地名的沿革，對考定版刻的時代，會有很大幫助。台北國家圖書館所藏宋刻本《五臣注文選》、北京故宮博物院所藏《唐寫本王仁昫刊謬補缺切韻》，都是從考證地名的變遷，確定其寫刻年代的。

　　總之，關於地理沿革和地名變遷方面的知識越多，掌握得越純熟，於古書版本鑒定也就價值越大。但也要注意，地理沿革與地名變遷情況很複雜，有時變來變去，反覆無常。特別是那些因避諱而改名的地方，情況更為複雜。例如恒山，初為漢高祖所置，可是沒過多久，漢文帝劉恒入繼大統之後，便改恒山為常山。但到隋朝大業初年，又復置恒山郡。可是到了唐天寶元年又改稱常山郡，沒過十八年，到唐肅宗乾元元年，便又改稱恒州[32]。像這種情況，在地名變遷中可謂司空見慣。若是抓住一點，不及其餘，就難免犯錯誤。加之有時禁諱漸疏，有避有不避。如清宣宗諱旻寧，但故宮宮殿、門廳之名中帶有「寧」字並未全改。若見有「寧」字就認為一定在宣宗之前，那也未必。特別是古書影刻、覆刻、重刻，常常照刻原書地名。在這種情況下，仍以地名變遷作鑒定版本的主要依據，也不可能得出正確的結論。必須具體問題具體分析，再結合其他各方面條件，才能做出正確判斷。

　　中國歷史上朝代的更迭帶來行政建置沿革、名稱改變頻繁，掌握古地名的變化，對於鑒定版本非常有幫助。所以應該儘量多地掌握地理沿革和地名變遷方面的知識。同時在使用這個方法時也要注意影刻覆刻等情況對判定的影響，所以要綜合其他因素進行判斷。

十五、根據歷代職官沿革鑒定版本

　　中國歷代所設置的行政、軍事、文化、經濟、教育、司法等機構，以

---

[31] 參見原文網址 https://kknews.cc/history/8e8v55g.html，2017-08-25 由 BeijingCom 發表於歷史。

[32] (元)納新撰，《河朔訪古記》卷上，清光緒元年(1875)南海伍氏刊本。

及歷代機構中所設置的各種職官，不但內容、權限、性質在不斷變化，其名稱也在不斷變化。例如尚書省，東漢時就有了這種性質的機構，但那時稱為尚書台或中台。南北朝時始稱尚書省，下分各曹，為中央執行政務的總機構。唐代曾改稱為文昌台、都台、中台，旋復稱尚書省。元代於尚書省時置時廢。明、清兩代均廢置尚書省，使吏、戶、禮、兵、刑、工六部直接對皇帝負責。與尚書省相適應，其長官名尚書令，此名自西漢一直到唐初，沿用了八百餘年。但入唐以後，因秦王李世民曾做過尚書令，故待他登基做皇帝以後，便廢置此官，只設尚書左右僕射。宋代雖復設尚書令，且班次在太師之上，然均由親王及使相兼官此職，故形同虛設。明、清兩代由於連尚書省這個機構均予廢除，故尚書令之官也就無從設起了[33]。

　　中書省始設於魏、晉，係秉承皇帝意旨掌管機要、發佈政令的機構。到隋代改稱為內史省、內書省；唐代又改稱為西台、鳳閣、紫微省。隨之將中書令也改稱為右相、鳳閣令、紫微令。元代則以中書省總領百官。明清則廢置中書省[34]。

　　翰林院這套機構職官，歷代稱呼也有大小變化。清代稱為翰林院掌院學士，明代則稱為翰林院學士，元代則稱翰林國史院承旨，宋代則稱翰林學士承旨。清代的翰林院修撰一職，明代亦稱修撰，元代則稱翰林國史院修撰，宋代則分稱史館修撰、實錄院修撰、集賢殿修撰[35]。又如清代的文淵閣領閣事，明代則無此官，元代則稱秘書監卿，宋代則分稱集賢院大學士、昭文館大學士、秘閣領閣事、秘書監。清代的校理，明代無此官，元代則稱為秘書郎、校書郎，宋代則分稱集賢校理、秘閣校理、崇文院校勘、秘書郎、校書郎[36]。又如清代的陵寢內務府總管，明代無此官，元代則稱提點山陵使，宋代則稱請陵使。清代的陵寢總兵官，明、元、宋均無此

[33] 參見網址 https://m2.allhistory.com/detail/5924175c55b54278ac003b02

[34] 參見網址 https://m2.allhistory.com/detail/5924175b55b54278ac003af6?seeMore=true

[35] 方志華〈翰林院制〉，《教育大辭書》2000 年 12 月，https://terms.naer.edu.tw/detail/1314672/

[36] 吳哲夫〈文淵閣〉，《圖書館學與資訊科學大辭典》1995 年 12 月，https://terms.naer.edu.tw/detail/1683573/

官。又如清代的八旗都統，明、元、宋也無此官。又如清代的提督學政，明代則稱為提學御史、提學副使、提學僉事，元代則稱儒學提舉司提舉、副提舉，宋代則稱提舉學事司等。不勝枚舉[37]。

還有就是歷代因避諱而改官名，為數也不少。如遼太宗名耶律德光，於是便改光祿大夫為崇祿大夫。宋太祖名趙匡胤，匡國軍便改稱定國軍。宋英宗名趙曙，都部署便改稱為都總管。宋高宗名趙構，於是勾當便稱幹當，管勾便改稱管幹。凡此等等，也是舉不勝舉。

從上述這些例子中，不難看出它們是有明顯的時代特點的。我們若能掌握這種特點，科學運用，於古書版本鑒定是會大有幫助的。特別是在幫助我們劃分版刻的大致時代上，更會顯出它的價值。例如，中國國家圖書館還收藏一部明嘉靖元年書林鄭伯剛宗文書堂刻本的《重刊儀禮考注》十七卷，是元代吳澄的作品，歷來被推為研究《儀禮》的重要著作。此書元代即有刻本，但到明朝中葉已不經見，故書林鄭伯剛宗文書堂才予重刊。該書每半葉十一行，行二十四字，上下粗黑口，四周雙邊，字體還略帶趙松雪韻味。整個風格頗有元刊遺韻，這在明嘉靖時期的刻本中，是僅見的特例，故被書賈看中，百般造偽，企圖冒充元刊。遼寧省圖書館也藏有此書，其行款字數、版式字體，乃至於斷板殘字，與中國國圖此書完全一致，可證兩書純係相同版本。但遼寧一部序後有「嘉靖元年孟冬月吉旦鄉進士莆田林昇序」題款；目錄後有「宗文書堂謹依京本繡梓刊行」牌記；卷末又有「嘉靖元年孟秋宗文堂刊行」條記。中國國圖所藏的一部，則於序後題款中挖去了「嘉靖」二字，目錄後的刻書牌記、卷末的刻書條記，全部剜補。

此書卷端不僅明題「重刊儀禮考注」，且於卷端之下還鐫有「元翰林學士臨川吳澄考定」；「翰林修撰吉豐羅倫校正」；「後學滄溪周華校點」等字樣。首先，既稱「元翰林學士臨川吳澄考定」，顯然已是明朝人的口吻了。若是元朝人稱吳澄，當稱「皇元」或「國朝」等。而且「翰林學士」一官，也是明朝人的稱謂，元朝稱翰林國史院承旨或翰林國史院學

---

[37] 參見《清代職官》https://baike.sogou.com/v7650590.htm

士。至於「翰林修撰吉豐羅倫」之稱呼，其翰林修撰一官，也是明以後才有的。元則稱為翰林國史院修撰。元以前，除金朝稱翰林修撰外，歷朝無此官名。只就這兩處的官職稱謂，就足以令人生疑。考羅倫，字彝正，吉安永豐人。明成化二年（1466）廷試，對策萬餘言，直斥時弊，名震都下，擢進士第一，授翰林修撰，正德十四年（1519）卒。嘉靖初，由於御史唐龍的請求，追贈為左春坊諭德，諡文毅[38]。成化中中進士，正德年間才死的羅倫，既能校正此書，那麼，此書怎麼會有元刊本呢？推此書之刻，一定在嘉靖初追贈追諡羅倫的氣氛中進行的。事實也證明此書之刻是在嘉靖元年。

　　還有一部小說，名《金雲翹傳》。過去曾有人說是明代蜚聲一時的大戲劇家徐渭的作品，並推斷此書亦有明代刻本。這裡無須多加考辨，只就其中的「中軍」官職，就可幫助我們推斷此書的成書和刻印，似都不可能完成在明朝。因為「中軍」這個官職和名稱，明朝沒有，清朝才有。

　　《金雲翹傳》中，關於羅龍文這個人的官職，說是「中軍」。而「中軍」則是清代的官職。按《皇朝文獻通考‧職官考‧八旗駐防》稱：「副將為提鎮，分守險要者曰協標，參遊以下胥隸焉。為總督職司關防統理軍務者，曰督標；中軍為總河督理河員，並稽核工汛者曰河標中軍；為總漕催船督率官弁者曰漕標中軍[39]。」足見中軍一職，是清八旗軍中特有的官名。清代才有的職官，怎麼會在明朝人的著作中和明代刻印的書籍裡出現呢？這只能說明《金雲翹傳》之成書和刻印，已經入清了。

　　古書中像這類例子多得很，只要我們細心，並且盡可能多掌握一些歷代職官的知識，再去鑒定古書版本，就會方便得多，準確得多。但是也不能生硬地運用，還要注意古書重刻、翻刻、影刻等情況。

　　中國歷代機構設置的官職，不但內容許可權性質不斷變化，名稱也在

---

[38] (清)張廷玉等撰，《明史》卷一百七十九、列傳第六十七〈羅倫〉，清乾隆四年(1739)武英殿刻本。

[39] (清)嵇璜奉敕纂，《皇朝文獻通考》卷八十七、〈職官考十一八旗駐防〉，百家諸子中國哲學書電子化計劃 https://ctext.org/library.pl?if=gb&file=55419&page=66

不斷變化，就是因為避諱的關係改變官名的也不在少數。抓住這些時代特徵，運用到版本鑒定上很有裨益。特別可以幫助我們斷定成書的時代和刊刻的時間。

第五章　活字印書的鑒別

　　雕版印製的書籍與活字印製的書籍，在技術上本來是有區別的。例如，雕版印製不管選用什麼樣的木材，都要把文字按照一定的行款字數固定地刻在一塊一塊的木板上。活字印刷則不同，無論是什麼材料的活字，諸如泥活字、木活字、銅活字、錫活字、鉛活字等，都要事先製造出一個一個的彼此毫無內容聯繫的單字，然後根據書的內容和事先規定好的行款字數，再把這些單字依照內容要求按照一定順序揀排起來，四周加圍邊框，每兩行文字間加屑板片，作為欄線。所以就過程和技術而言，雕版印刷與活字印刷本來是有很大的不同的。但由於雕版印刷發明並盛行於先，活字印刷則是針對雕版印刷自身固有的弱點，而力圖改進、創新試行於後的技術，因此在版面的印製形式上就不免要模仿雕版印書，這樣就出現了兩者鑒別的問題。好的活字印刷品幾與雕版印刷品無差，如不掌握一定的知識和技能，並細心加以審別，很難說出它們的異同。例如清雍正三年（1725）武水陳唐重訂並用木活字排印的《後山居士詩集》六卷、《正集目錄》一卷、《後山先生逸詩》五卷、《逸詩目錄》一卷、《詩餘》一卷，字用清初流行並為世人所珍重的軟體字，排版整齊勻平，墨色濃淡一致，行直字正，無歪扭之感。如不細審，很容易誤認為就是雕版印製的書籍。那麼怎樣鑒別呢？現就前人、別人的經驗，結合個人的實踐，將鑒別雕版印製書雕與活字印製書雕的方法和途徑提供於下。

一、據序、跋、牌記鑒別

　　古人印書，常常要請人作序，或由編、撰人自己寫序。而印書的經手人或因地位低下，或因輩份晚出，不能躋身作序行列，則常採取寫跋的辦

法附於書後，有點類乎現代書的後記。古代印製的書籍雖無現代書籍那樣
明確的版權頁，但也常印有牌記，以交待印製的年月和印製的書坊、堂
號。若能從這些地方下手，往往能夠找出一些借鑒和判斷的證據。例如道
光十二年（1832）蘇州李瑤在杭州用泥活字排印的《校補金石例四種》，
書前就有封面牌記。中間長方框內題「七寶轉輪藏定本，仿宋泥版印
法」。這已能夠說明它是李瑤仿照宋代畢昇泥活字的遺意，用自己創制的
泥活字排印的。如果再讀一讀李瑤的自序，則就會更進一步得到證明。序
文對於瞭解《校補金石例四種》的成書經過頗有裨益。其中的「余迺慨然
思廣其傳，即以自治膠泥板統作平自掉之[1]」一句。這句話的意思是說他針
對以前此書的板刻或因夾注叢列而顯得眉目不清；或因坊本粗疏，失於校
讎，致使錯字連篇，魚豕混淆。故用自製的膠泥活字重新加以排印。一部
書，如果牌記已說「七寶轉輪藏定本，仿宋泥版印法」，再有序文中如此
明確的記述，鑒定它究竟是什麼版本應該是沒有問題了。

又如道光二十四年（1844）安徽涇縣翟金生用泥活字排印的自製詩集
《泥版試印初編》，其中不但有造泥字、檢字、校字、歸字等人姓名的記
載，還有翟金生詠自刊、自檢、自著、自編五言絕句詩四首。其中「一生
籌活版」，「先將字備齊」，以及「為試澄泥版」等詩句，都明確無誤地
表明了此書是用泥活字排印而成的[2]。可見從序、跋、牌記著手，是審別一
書是雕版印刷還是活字印刷的途徑。

二、據邊欄界行銜接處的跡象鑒別

邊欄界行，在中國古書中，無論是雕版印刷的書，還是活字排版印刷
的書，一般的說都有。尤其是活字排版印刷的書更得有。因為活字排版印
刷的書，不但模仿雕版印刷書籍的版式風貌，更重要的是它要靠四周的邊

---

[1] (清)李瑤著，《校補金石例四種》序，清道光十二年(1832)七寶轉輪仿宋膠泥活字本。

[2] (清)翟金生著，《泥版試印初編》，清道光二十四年(1844)翟金生泥活字印本。

欄將版中排好的活字圈緊，靠界行的竹木片將每行文字卡緊屑緊。所以活字版的邊欄界行，不僅僅起邊欄界行的作用，同時也有圍緊屑緊活字以使之成為一版的作用。但同為邊欄界行，雕版與活字印出來的書是有不同特點的。雕版是在事先預備好的一塊一塊的木板上鑴字雕欄刻線，表現出來的特點是邊欄在四角的銜接處，條條界行與上下邊欄的銜接處都渾然一體，毫無縫隙。這主要是因為本來是一塊木板，其中所有的文字、邊欄界行等都是雕刻出來的。凡屬未施刀雕刻處，都仍與木板相連，故不可能有縫隙。當然現存的古書中，有時也可見到邊欄界行繼續的痕跡，那是書版雕好之後，或因刷印太多，或因年久斷裂而造成的，絕不是固有的。可是活字印刷就不同了。任何材料的活字，要想用它來印書，都只能根據書的內容把一個個的單字撿排在事先預備好的各種材料的板上。一版字排好了，四周加圍彼此不相聯結的邊框，行行文字之間屑加各種材料的板片。這樣在邊欄的四角銜接處，界行與上下邊欄的銜接處，都會出現大小不等的縫隙。於是印出來的書葉就會在縫隙處表現出未著墨蹟的空白。這種現象幾乎所有的活字印書全都避免不了。掌握住雕版印書和活字印書的各自特點，再去審別古書是採用什麼技術印製的，也是不難做到的。

三、據有無斷極跡象鑒別

雕版刷印的書籍，常有粗細不同、方向不同等不規則的未著墨的白道子出現，這是雕版印書所特有的現象。古人將文字鑴刻在木板上印書，一般都要選擇比較硬的木料，如梨木、杜木、棗木等，原因是硬木刻出來的筆劃剔透，刀法清晰，而且耐磨損，經得起多次刷印。但硬木烈性較大，受潮著水之後容易斷裂或走形。而書板每次印刷都必須敷墨，刷印一多，由於木板吃水而字的筆道就會發胖，失去原來的精神。每次刷印完了，收起來多年不動，就會因潮到乾而發生斷裂現象。這種書板再拿來印書，其裂紋處由於成了深裂的口子而無法著墨，所以印出來的書葉就出現沒墨的白道。這種白道，行話就稱為斷板。依靠這些斷板現象，非但可以用來判

斷一書是初印還是後印，可以用來判斷兩部書、三部書是否為同版，還可以用它來判斷一書是為雕版印刷還是活字印刷。

活字排版，不管是什麼活字，都是在印書之前剛剛撿排起來的版面。這種版面，即使是木活字排成的版面，也不是整塊的木板，一書印完版即拆除，不可發生斷板現象。因此，我們在審別一書是雕版印刷還是活字印刷時，這種有無斷板的現象，就成了我們用以判斷的根據了。凡有斷板現象者，絕不是活字印刷的書。反過來說，凡活字印刷的書，絕不應該有斷板的現象。當然，初印的雕版書，通常也沒有，或很少有斷板現象，但結合其他因素加以悉心審別，還是可以鑒別得出什麼是雕版印書，什麼是活字印書的。例如泰安徐志定於清康熙年間印的《周易說略》和《蒿庵閒話》，由於書中界行有的歪斜不整，甚至成彎曲的弓形；又由於清人金植《不下帶編·巾箱說》中的記載：「康熙五十六、七年，泰安州有士人，忘其姓名，能鍛泥成字，為活字板。予初聞之，矜為創造之奇，而不知其有本也[3]。」因推斷此兩種書為磁活字印成。而且這種說法還風行了相當長的一段時間。後來中國國家圖書館先後獲藏了這兩種書。《周易說略》前有封面，欄線上題「泰山磁板」，封面後有徐志定序文，略云，「……戊戌冬，偶創磁刊，堅致勝木，因亟為次第校正，逾己亥春而《易》先成[4]」。這裡的「泰山磁板」及「偶創磁刊，堅致勝木」，都透露出它是磁板，而不是磁活字。但這兩種書究竟是磁板印刷還是磁活字印刷，最後的鑒別依據就是抓到了斷板跡象。《周易說略》卷一第四十八葉，卷七第十葉；《蒿庵閒話》卷一第二十二、二十三葉，均有顯著的書板斷裂跡象。若是磁活字，不會有這種斷板現象，行線也不應該發生彎曲現象。有這種現象，表明它是製泥版雕字，而後上釉入窯燒造成磁板的。在燒造過程中，可能因火候不均，或泥性未熟，而發生裂痕和行線彎曲。所以鑒定這兩種書是磁板印成，而不是磁活字印成。

---

[3] (清)金植撰，《不下帶編·巾箱說》，百家諸子中國哲學書電子化計劃 https://ctext.org/wiki.pl?if=gb&chapter=222243&searchu

[4] (清)張爾岐撰，《周易說略》徐志定序，百家諸子中國哲學書電子化計劃 https://ctext.org/library.pl?if=gb&res=1120

且磁板印書非只山東一地。清初王士禎在其《池北偶談》卷二十三《瓷易經》條稱：「益都翟進士某，為饒州府推官，甚暴橫。一日，集窯戶造青瓷《易經》一部，楷法精妙，如西安石刻十三經。式凡數易，然後成。蒲城王孝齋綜官益都令，曾見之[5]」。這裡所說的青瓷《易經》當然未必是能夠印刷的磁板，也許就是燒造的青瓷質料的經書，但它畢竟在技術上很接近磁板印書，或者說在技術上會給磁板印書以直接的啟迪。我們把所有這些都綜合在一起，突出有斷板這種根據，最後確定這兩種書是磁板印刷而不是磁活字印刷，應該是可信的。

四、據行字疏密、歪斜、橫置、倒置鑒別

活字排印的書，在每行中文字與文字之間疏密程度與雕版印書不盡相同。雕版印書每張書葉在上板雕印前都是先要寫好書樣的。中國的漢字是方塊文字，書寫時，特別是豎行書寫時，很講究整個文字的佈局。也就是說上下文字之間，常常出現上一字下部筆劃之間的空白處，由下一字上部高出的筆劃所填補，形成文字與文字之間有筆走龍蛇、首尾相連之感。看起來緊湊而又不擁擠，疏朗而又不覺斷續。這種文字與文字之間的彼此交插，是雕版印書所特有的，活字則不然。活字印書，每版文字都是由一個一個的單字撿排而成的，因此字與字之間絕無彼此下上筆劃交插的現象。所以看起來字與字之間顯得疏落、鬆散，無筆走龍蛇，一氣呵成之感。掌握這種特點，也是鑒別一書究竟是雕版印刷，還是活字印刷的方法之一。

與此同時，活字印刷的書籍由於是一個字一個字撿排起來的，一行文字中常常出現字與字之間對得不整齊，乃至歪斜的現象，甚而出現單字橫置、倒置的現象。這些現象的發生，可能出現在撿排時，而試刷時未經嚴格校正；或因活版不緊，刷印過程中越發鬆動，致使單字打橫，乃至於倒

---

[5]　(清)王士禎撰，《池北偶談》卷二十三《瓷易經》，百家諸子中國哲學書電子化計劃 https://ctext.org/wiki.pl?if=gb&chapter=550372

置。這些現象，在雕版印書中是絕不會出現的。因此，古代印本書中只要有文字歪斜、橫置、倒置的現象，就一定是活字印本。例如，清雍正三年（1725）用木活字排印的武水陳唐重訂本《後山居士詩集》六卷、《正集目錄》一卷、《後山先生逸詩》五卷、《逸詩目錄》一卷、《詩餘》一卷，初印本卷二第三葉第三行「次韻蘇公兩湖徙魚三首」中的末首「缾懸堂間終一碎」的「碎」字；卷六第九葉右面末行的「天」字，二字均被排倒。據此便可斷定此書是雍正三年活字印本。然此書後來再行刷印時糾正了這兩個字，將倒置正了過來，所以便極難鑒別。

五、據印紙墨色的濃淡是否均勻鑒別

活字印書與雕版印書在墨色濃淡的均勻程度上也有區別。雕版印書，由於是在刮削平整的木板上施刀鐫字。所以每版文字的表面也是非常平整的。因此，在敷墨時各個文字及各個文字中的每一筆劃，著墨輕重也就基本一致，刷印出來的書葉其墨色濃淡也就顯得很勻稱。活字印書則不行。原因是活字版是由一個個的單字撿排組成的。這種活字版非但邊欄界行往往高出版面中的文字，就是文字與文字之間也有高下不平的現象。即使是開始刷印前再怎麼樣用平板壓平字面，而在刷印過程中由於活版卡屑不緊，仍會出現高低不平的現象。這種版面上邊欄界行與文字之間，以及文字與文字之間凹凸不平的現象，致使凸出來的地方著墨就濃重，凹下去的地方著墨就輕淡。即使是敷墨時有意識地使高下之處全都著墨，印出來的書葉也會不同。因為活字版面著墨濃淡不勻，印出來的書葉便會呈現墨色輕重不同甚至筆劃斷續的現象。例如，清代乾嘉間省園以仿宋本字體製成活字所擺印的范祖禹的《帝學》八卷，為每半葉十行，每行十九字，左右雙邊，白口，雙魚尾。版心上方鐫字數，下刻「省園藏板」四字。因據宋嘉定本此書字體仿製，故宋本字體的神韻宛然紙上。加上擺字嚴緊，平整正齊，刷印精良，所以看去幾與雕版無異。但因排版時正文字畫高於欄線，故刷印出來的書葉，欄線多未著墨，顯露出了活字版的特點。加之邊

欄四角銜接處縫隙過大，亦是活版特徵。所以儘管此書擺印精絕，但還是可以審別出來。

　　上面臚列了五種鑒別雕版印書與活字印書的方法。但在實踐中既不可生吞活剝，企圖用這五種方法去呆板地衡量一種書；也不可膠柱鼓瑟，抓住一點，不顧其他，妄下結論。要掌握這些方法的精神實質，靈活地，相互印證地運用它，就不會犯武斷的錯誤而得出正確的結論。

第六章　抄本的鑒定

　　抄本與刻印本的形式差別比較明顯，所以抄本的鑒定，是指鑒定抄本的抄寫年代、地點和抄寫單位等，鑒定的方法與雕版印本的鑒定法基本相同，一看抄本的形式特徵，二看抄本中的文字記載，三看抄本之外的文獻資料。

一、紙張

　　抄本用紙除紙質有別外，還有無格、有格的區別，格紙中又有黑格、藍格、紅格、綠格的差別。明清藏書家大都備有專用的稿紙抄書，且多在抄稿紙的版心書口處印上自己的齋室堂名。凡用這種專用稿紙抄寫的抄本，幾乎能立刻鑒定出抄本的時代、地點和抄書者來。不出名的藏家抄本，則可通過查考《室名別號索引》等工具書來作鑒定。抄稿紙上沒有齋室堂名的抄本，則可通過鑒別紙質及其新舊程度來作判斷。比如明代抄本多用棉紙，明末抄本多竹紙，私家多藍格抄本，內府多紅格抄木。清抄本常用開化紙、連史紙、毛太紙等，紙色紙質較新，墨格和無格抄本較多。

二、書體

　　抄本的字體是鑒別抄本時代的重要依據之一。雖然絕大多數抄本都是普通人的手筆，不特別講究書法性，但某個時代，某個時期的流行書體多多少少會影響到一般人的字體。鑒定抄本主要是鑒別明抄還是清抄，清初抄還是乾嘉抄，舊抄還是新抄。宋元抄本因罕見而無所謂鑒別，晚近抄本

容易辨別也無所謂鑒定。明抄本的字體灑脫自由，無一定之規，無約定之束。清初抄本字體落落大方，沒有拘泥作態的感覺，仍保留著明人的遺風。康乾抄本流行比較規則的正楷體字，工正秀麗，卻少自然神韻，稱之為「館閣體」（圖45）。

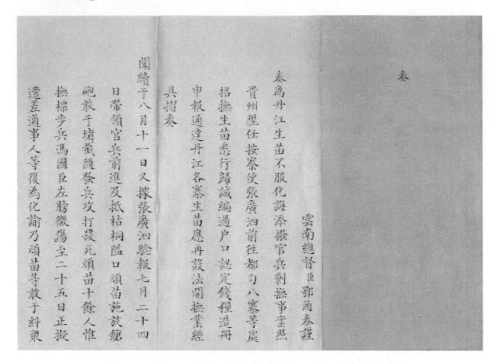

圖45：國立故宮博物院典藏精選——宮中檔奏摺

三、墨色

明抄本時代稍遠，墨色稍舊。清抄本時代較近，墨色較新。分辨墨色新舊需積累經驗方能掌握。

四、避諱

諱字多用以鑒別清康熙、雍正、乾隆抄本。因為明鈔本避諱不嚴，清末抄本亦多不避諱。

五、落款題識

有些抄本的卷末有抄書者的落款題識，記錄抄寫年月、地點，抄寫者姓名以及來源等。這是鑒定抄本最直接可靠的依據。如清抄本《蘆浦筆記》卷末識語曰：「戊戌中元，借陸孟莊家西賓本勺張興宗令弟鈔，惜多誤脫。古懽堂主人吳翌鳳[1]。」有些傳抄本抄錄原本落款題識而不寫傳抄年月很容易搞錯。如一舊抄本《封氏聞見錄》卷末題識曰：「隆慶戊辰借梁溪吳氏抄本錄此，並記[2]。」但該抄本的各種特徵都夠不上明代，可以肯定是明隆慶抄本的傳抄本。

六、題跋

如清吳翌鳳抄本《蘆浦筆記》上有黃丕烈題跋說：「郡中吳枚庵先生多古書善本，皆手自抄錄或校勘者。久客楚中，歸囊尚留數十種，此《蘆浦筆記》，其一也[3]。」黃丕烈與吳翌鳳同時、同鄉，根據他的題跋鑒定為吳翌鳳抄本可無疑義。又如一舊抄本《錢考功詩集》上有何焯跋曰：「此冊乃明景泰以上鈔本，雖字跡不工，猶有元人氣脈，其優於新刻處亦復不

1　(宋)劉昌詩撰，《蘆浦筆記》十卷 2 冊，9 行，行 20 字，舊鈔本。近人鄧邦述手校並跋又過錄清吳翌鳳、黃丕烈、陳鱣等跋。

2　嚴佐之著，《古籍版本學概論》，上海：華東師範大學出版社，1989 年 10 月，頁 143-144。

3　(宋)劉昌詩撰，《蘆浦筆記》十卷 2 冊，9 行，行 20 字，舊鈔本。近人鄧邦述手校並跋又過錄清吳翌鳳、黃丕烈、陳鱣等跋。

少，後太所當珍惜[4]。」何焯是清初名家，見識的明抄本畢竟多於今人，故其題跋稱之明景泰以上抄本是可以取信的。再如一清抄本《袁氏通鑑紀事本末撮要》有書跋說：「此書簡而有要，可與袁氏書各自單行。恬裕主人從郡中汪氏所藏宋本影鈔，裝甫竟，出以見示，披讀一過，為校正若干字，惜未得原本一覆也。咸豐丙辰七月五日，菘耘居士記[5]。」根據跋文知道這是他親眼所見的常熟瞿氏恬裕齋〈鐵琴銅劍樓前身〉影宋抄本。又如一清抄本元徐東《運使復齊郭公言行錄》、《敏行錄》，書後有道光十年單學傅跋曰：「元運使郭鬱，字文卿，號復齋。《言行錄》一冊，《敏行錄》三冊，芙川張兄得當時元刻本，選工影寫，而略改徐東所編書例，實自來藏書家所未經著錄本也[6]。」經查考「芙川張兄」即張蓉鏡，於是抄書的年代和抄書者姓名就都清楚了。

抄本的鑒定難度比較大，一般有以下幾個辦法可以參考：依據書的字體風格特點來鑒定。中國漢字的演變是刪繁就簡，逐漸統一。所以，不同時代有不同時代的字體風格，不同的人之間也有不同的書法特點。需要我們長期積累，總結歸納。依據原書的題跋識語、室名齋號及稿紙特徵也是鑒定抄本的途徑。

---

[4]　嚴佐之著，《古籍版本學概論》，上海：華東師範大學出版社，1989 年 10 月，頁 144。

[5]　同上註。

[6]　同註 4。

第七章 結論

　　古籍版本學是研究我國民國前書籍版本的特徵和差異，鑒別真偽和優劣，探索其規律的一門綜合性輔助科學。它既不是古董鑒賞，也不是純理論的學問，歸根結底，是一門治用之學。版本學、目錄學、校勘學既同是在書多而亂的情況下，需要整理、鑒別、研究產生的，也同時在多而亂的情況下，為整理、鑒別、研究所用的。

　　清末張之洞任四川督學時，為回答學生的讀書問題，寫了一部《書目答問》，其中有說：「讀書不知要領，勞而無功，知某書宜讀而不得精校精注本，事倍功半」。這兩句話包含著目錄學、版本學、校勘學三個方面要求：知要領，就是知門徑，指的是目錄學，得精校精注本，指的是版本學和校勘學，這些部給讀書致用的基本功。

　　古人讀書治學重視書籍版本由來已久，張之洞在《輶軒語・語學》，中專門有一節談《讀書宜求善本》。反之不講版本的歷史笑話，在史籍中屢見不鮮，例如大家熟知的陸游《老學庵筆記》裡記戴的考官據麻沙本《周易》出「乾為金，坤亦為金，何也」的考題，以及陸深《儼山外集》裡記載的庸醫教人煎藥下「錫」的故事，時至今日，笑似這種讀書不講版本而造成的錯誤〈乃直笑話〉並未絕跡。

　　古籍在流播過程中，大都經過輾轉傳抄或反覆刊刻，產生出各種不同的版本。同一部書的各種版本，因其嬗遞淵源不同，形成不同的版本系統。不同系統的各種版本之間，由於所據祖本不同，在文字內容等方面往往存在較大差異，優劣不等；同一系統的版本，也會由於傳抄刻印方式、品質的不同，導致各本之間的某些差異。如唐段成式《酉陽雜俎》，世傳主要版本有三十卷本、二十卷本、四卷本三大系統，其中三十卷本包括前集二十卷、續集十卷，收羅最為齊備，二十卷本僅收前集二十卷而無續集，四卷本為選輯本，編次錯亂，無甚價值。而三十卷本又分別以趙琦美

脉望館本、毛晉《津逮秘書》本與張海鵬《學津討源》本為代表,形成三個版本系統。其中脉館本源出宋本,又經反覆勘校,內容亦較為完備,公認為諸本之翹楚。

　　由此可見,研讀古籍而欲擇善本,或得一版本而欲斷其優劣,還需對此書版本源流做一番考證,摸清各本的淵源嬗遞關係,方可做到心中有數,不致大誤。

　　從事古籍整理,必須瞭解版本目錄,瞭解每本書都有哪些版本,哪本最好。一本書經過多次傳抄和印刷,形成不同的本子,就是不同的版本。從書的物質形態和表面特徵來研究版本的學問稱版本學。版本學又稱版目學,研究物件為書之年代、誰勘、誰校、誰藏、版次及書的紙墨、裝幀、題跋等。

　　版本與版本學的概念,隨時代發展也有不同的內涵。古代以雕版印刷的書為版,手抄的書為本。自雕版通行,泛指不同的刻本為版本。近代稱研究藏書書目及古籍刊印源流的學說為版本學。中國古籍演變史,經過竹書、帛書、卷子本,到木刻印刷術發明以後的木刻本。木刻本分原刻本(包括翻刻本、影刻本)、舊刻本、精刻本、寫刻本、修補本、配本(甲版與乙版拼湊而成)、百衲本、三朝遞修本和邋塌本等。木刻本從刻製的主人來分,有坊刻本(商人刻)、官刻本和私家刻本。私家刻本名目繁多:明代有閔刻本(閔齊刻)、毛刻本(汲古閣毛氏刻),宋代還有指名道姓「某某刻本」。木刻按地域分有浙刻本、閩刻本(又稱建本)和蜀刻本。木刻本從字體上可以辨別其地域和年代:一般來說,浙江為歐體字,福建為柳體字,四川為顏體字,元代印書用趙體(趙孟頫體)。據史料記載,早在唐代就有雕刻本書籍。穆宗長慶年間(821-824),白居易的朋友元稹「繕寫模勒,炫賣于井市」。《柳氏家訓》記載:僖宗中和三年(883),四川成都市面上賣雕版印書。

　　宋初刻書不多,南宋刻本很多。元代四川眉山刻書業衰敗,代之以山西平陽(臨汾)。明代刻本多于宋、元兩朝,以萬曆年刻本為最。蘇、常二州最盛,金陵次之,杭州再次之。杭州刻本最好。福建建陽刻書多,但

刻工粗放，其數目為蘇州的四倍。明末安徽的大商刻書也很多。明代書有些是藩刻本，很精。當時還有種套版印刷，用二至五種顏色，著名的有閔、凌兩家，眉批也刻上。還有木版浮水印，拱花、餖版。

現在的藏書，絕大部分是清代刻本。乾嘉年間影刻盛行，經過精校、批校，用紙好，繪圖精。分為官刻本、局刻本、寫刻本等。

古籍整理要選最好的本子，因此，版本的識別與鑒定顯得特別重要。識別版本，要有一定的知識和方法。一般要看版本的時代風格，如紙的新舊，字的風格等。紙分皮紙、棉宣紙、江南紙、白皮紙、白棉紙、竹紙、毛邊紙等。竹紙發黃，無光亮，性脆。宣紙很細，平展；皮紙有纖維痕跡。明朝內府有白棉紙。

鑒定版本應注意以下幾點：

1. 從書本身尋找線索。

2. 根據間接的記錄加以判斷。明版書多為藍色。

3. 刻書者的題款。

4. 刻書的序文。一般把最新的序放在第一篇。

5. 書名中的冠詞。清代刻本冠以「國朝」，明代書用「皇明」。

6. 藏書的印章和收藏者的題跋。

7. 題跋有的是手寫，要認識某作者的筆跡。

8. 諱字。宋版、清版避諱較多，多換字或缺筆。

9. 刻工姓名。一般在版心下面。

10. 各家書目。

在古籍整理過程中，選擇好本子後，還必須精心校勘。好的版本也難免存在這樣那樣的錯誤，古籍整理的主要任務就是經過校勘，校正錯誤，補充佚缺，刪削衍文。根據需要還應加上標點，適當注釋。古籍不僅品種繁多，且版本繁雜，即使一種書，根據社會需要，也有重刻、翻刻、初印、後印的區別。在刻印過程中，由於具體條件的不同，寫刻、印工、校勘精劣，亦產生差異，有些書籍的內容與當時的帝王利益有抵觸，因而被他們刪改，對於原刻增刪改動或者不認真校勘，草率從事，導致錯誤百出，

因此，正確鑒定版本，不但可以準確說明書籍產生的時代背景，而且能反映出圖書的價值。

鑒定古籍版本所涉及的範圍很廣，它需要人們掌握歷代書籍的牌記、封面和序跋，後代名人題識語和名家藏章、印記、版式、行格、批校、字體、諱字、刻工姓名、紙墨、印章等方面的特點。古籍版本的種類很多，在古籍版本的歷史發展過程中，各種版本共同構成了一個完整的體系，可依據不同的標準進行分類：

1. 依刻書時代不同分唐卷子本、宋本、元本、明本。

2. 根據刻書地方的不同分為蜀本、建本、浙本等。

3. 據刻書單位性質不同而分，官刻本、私刻本、坊刻本，其中官刻本又可分為監本（國子監刻印的）、經廠本（明司禮監所屬經廠刻印的）、殿本（清武英殿刻印的）等，私刻本和坊刻本也分為若干種。

4. 根據雕刻時間的先後而分，如原刊本、重刊本等。

5. 根據印刷的顏色而分有朱印本、藍印本、套色本等。

6. 根據雕印的品質分為精刻本、寫刻本、翻刻本、百衲本等。

7. 根據字體大小和形狀而分，有大字本、小字本、仿宋本、聚珍仿宋本。

8. 根據裝訂的情況而分，巾箱本、袖珍本等。

9. 根據增減和批註情況而分，如校本、批點本、節本、殘本等。

10. 根據流傳情況還可分為孤本、秘本。

11. 根據非雕版印刷也可分為抄本、手稿本、進呈本、拓本、影印本等。

宋版書，有浙本、蜀本、閩本之分。浙本，經國子監校勘的書，多數在浙江杭州雕印，是宋版中最好的本子，大都用歐體，字體結構長方形，上下較長，左右較短，書寫字畫認真不苟，無懈怠處，挺拔秀麗。婺州本，為浙江金華縣所刻之書，字體瘦勁。蜀本是在四川所刻的書，字體稍大，又稱蜀大字體，多似顏體，字畫肥勁樸厚，字形肥胖，架勢宏偉壯麗。閩本（建本、麻沙本），指福建的建寧府（今建甌縣）和建陽縣，麻

沙指的建陽縣的麻沙鎮，因此地產榕樹，木質軟，時人取之雕印書籍。字體多似柳體，有的似徽宗瘦金書體。筆劃挺拔有勁，起落頓筆結構方正，過筆略細，橫輕豎重。宋版最普通的版式是白口、單邊，通常書頁折疊的地方，稱版口，也稱版式心。版式口上下兩端的界格為象鼻，用於折疊時的標記。象鼻中空的叫做白口。單邊是指在書版四邊界格只畫一道粗墨線。宋版書版心多有刻工姓名和字數，每行字數相同，橫排字不整齊。蜀刻本中的唐人集子都是十一行和十二行，宋人集子一般都是十行，而史書大多都是九行。書中多諱字，宋本用墨精良，濃厚似漆，著潮水濕也無漂跡，刻工要求嚴格筆法認真細緻，字畫絲毫不苟，很少有點漆者。宋版書，竹紙印的其紋有兩指寬；羅紋紙印的更好；皮紙印的，紙厚實，兩面光滑，皆可印書，紙背印的最有可能是宋書。宋版書的卷末，或序文目錄後面，或封面後面，經常刻印一個墨色圖記或牌記。宋書的裝訂方式是蝴蝶裝，書口和書口相連，用漿糊粘結書背，版心向內，單邊向外。

元版書，字體都是趙體，趙體柔軟活潑，圓潤俊美。元版中簡體字較多，版心所刻字數和頁碼往往草書，起筆落筆，多帶回鋒，但墨色稍濁，刀法也顯軟弱無力。早期為白口，後黑口是最常見的形式即象鼻中有黑線，四周雙邊，行窄字密，花魚尾，書口上刻字數，下刻頁碼或刻工姓名。如《玉海》為四周雙邊，白口版心上有刻書年月及字數，下有刻工姓名；《山堂先生群書考索》為細黑口，四周雙邊；《類編標注文公先生經濟文衡》為粗黑口，四周雙邊。紙多用黃麻紙、白麻紙，竹紙次之，此時書的裝訂形式流行包背裝，即將書頁背對背正折，把版口作為書口，外加書衣繞背包裹。元書院刻本、坊刻本，多有牌記。牌記往往沒有年代。

明代時，官刻之書有經廠本、監本及各直省所刻本。明代執掌宮廷事務的機關，分十二監，其中司禮監下設經廠，專門負責內廷刻書印書工作，所印之書稱為經廠本。多是黑口、白紙、趙體字，形式較美，但校勘不精。在南北兩京國子監刻印的，稱為監本，有南監本和北監本之分。各直省所刻，以蘇州府刻的為多。明初洪武至正德刻的書多為黑口趙體，例《海瓊玉蟾先生文集》。明中期字體變為方體，僵硬呆滯，例《南豐先生

元豐類稿》。萬曆至崇禎時期字體，橫細豎粗，略顯拙笨，即所謂宋體，例《道鄉先生鄒忠公文集》。

另一種是行書體，字擬董香光手筆，圓潤流暢，特別是安徽、金陵、建陽所刻的民間通俗讀物，字多行書上板，婉轉秀麗。用紙，嘉靖以前多用江西永豐縣棉紙，萬曆以後多數用竹紙間用棉紙、毛邊、毛太紙，一般來說官刻本都用棉紙，例《續資治通鑒綱目》，坊刻本多用竹紙，如《水經注箋》、《帝京景物略》。明書用墨極為不佳，萬曆以後，書商因成本之故用煤和以麵粉代墨汁，今人望而生厭。唯有萬曆徽版書有墨色極佳者。在私刻本中，常熟汲古閣主人毛晉，自萬曆至清順治初年，刻書六百餘種，稱為毛刻本或汲古閣本，其原版初印本都被看做善本。明末吳興閔首創朱墨和五色的套版，與凌蒙初兩家合作，彙集諸明家的詩文標語，加以標點印行，也稱閔刻本和凌刻本。版式特點是周圍有版框，中間無行線，便於欄上錄批語，行隔之間加圈點，書的書頁雖然數版套印，但技術上掌握非常準確，絕少參差錯亂，套版的顏色由朱墨遞加到藍、紫、黃等五色，即「餖版」印刷，所選紙張潔白如玉，行疏幅寬，使人展卷精神為之振奮。所刻書籍種類經、史、子、集無所不包，計約 130 多種。

明書版式洪武至弘治一般都是四周雙邊，粗黑口，例如《中州集》。少數細黑口，經廠本行寬字大，開本也大。從正德起風氣逐漸改變，以宋本為模範，黑口變為白口，板心上刻字數，下刻刊工，如《南豐先生元豐類稿》為白口，四周單邊，卷末書尾或序目後邊，也多刻有牌記，《文獻通考》序有「皇明己卯發獨齋刊行」牌記。萬曆以後，白口為多，黑口較少，單欄雙欄兼而有之，例《刻漢唐宋名臣錄》為白口，左右雙邊；《潛確居類書》為白口，四周單邊。裝幀，嘉靖以前多包背裝，至萬曆時才逐步變為線裝，佛經大多用經折裝。

清版書字體仍有明末餘味，字體長方、橫細直粗。如順治刻本《甲申集》、《浮山文集》等，如不以序跋所記年月和文字內容識別，單憑字體是很難區分的。康熙至道光期間盛興硬體字，即仿宋體，字體秀麗美觀，筆劃橫輕豎重撇長而尖，捺拙而肥，右折橫筆粗肥，橫排字齊，例如《宋

丞相文山先生全集》就此風度。道光之後，字體變得呆板，稱之為「匠體」且字行特密閱讀起來使人有一片黑糊糊之感。如《暗室燈注解》，另一種字體是軟字體，也稱寫體，寫刻上板的書，多出名家手筆，較著名的是《堯峰文抄》、《漁洋山人精華錄》等，字體優美。紙張，清代印書品繁多，最好的是康、雍、乾時官刻本用的開化紙，潔白細薄，柔軟耐久，例如雍正銅活字本《古今圖書集成》和揚州山詩局印本多用開化紙。其它還有開化榜紙、太史連紙、棉連紙、連史紙、粉連紙、竹連紙、玉版宣紙、竹紙、毛邊紙、毛太紙。各省用棉紙印地方誌。

　　清書版式一般左右雙欄，也有四周雙欄或單欄的，白口居多，黑口為少數，字行排列整齊，書前刻封面一般刻三行字：中間一行是書名，字略大，右行刻編者，左行刻刻家或藏版者。也有在封面頁反面雕印刻板地址、牌記和刊版年月。如《玉楮集》、《竹軒雜著》等。

　　版本鑒定就是對一部圖書的出版時間、出版地、出版者、製作方式和流傳情況的檢查考證。因為它們的情況往往在圖書中沒有明確的說明，古籍中尤其是如此。只有透過認真的鑑別考證，全面細緻地瞭解掌握每一具體版本的上述各種情況，才能正確判斷其地位和價值，以便更好的利用它，發揮其應有的作用。

　　瞭解和研究中國古籍版本的演化發展歷史，不但是圖書典藏、保管、使用的需要，同時也是中國古籍辨偽和鑒別的有力工具，更重的是在繼承和發展中華民族優秀傳統文化方面有其重要意義。

參考書目

一、學位論文

於兆軍撰，《北宋汴梁刻書及其歷史貢獻》，河南大學碩士學位論文，
　　2008。

張璉撰，《明代中央政府刻書研究》，中國文化大學史學研究所碩士論
　　文，1989。

張世瑩撰，《明代藩府刻書及其流傳研究》。國立臺灣大學圖書資訊學研
　　究所碩士論文，2015。

莫嘉廉撰，《元代刻書研究》，中國文化大學史學研究所碩士論文，
　　1986。

黃明哲撰，《宋代福建書坊及私家刻書研究》，國立臺灣大學圖書館學研
　　究所碩士論文，1994。

董火民撰，《中國古代抄書研究》，山東大學博士學位論文，2011。

二、圖書

上海新四軍歷史研究會印刷印鈔分會編，《歷代刻書概況》，印刷工業出
　　版社，第一版，1991。

方彥壽著，《福建歷代刻書家考略》。中華書局，2020。

中國圖書館學會學術委員會古籍版本研究組著，《版本學研究論文選
　　集》，書目文獻出版社，第一版，1995。

田建平著，《宋代書籍出版史研究》，北京：人民出版社，2018。

田建平著，《元代出版史》，石家莊：河北人民出版社，2003。

江澄波著，《江蘇刻書》，江蘇人民出版社，第一版，1993。

江曦著，《清代版本學史》，中國社會科學出版社，第 1 版，2013。

朱學波著，《古籍版本》，山東科學技術出版社，第 1 版，1997。

李清志著，《古書版本鑑定研究》，文史哲，初版，1986。

李景文著，《版本研究專論》，中國社會科學出版社，2017。

李致忠著，《古書版本學概論》。北京圖書館出版社，1990 年 8 月。

李致忠著，《古書版本鑒定》。文物出版社，1997 年 2 月。

李致忠著，《歷代刻書考述》，巴蜀書社，第一版，1990。

李致忠著，《古籍版本知識 500 問》，北京圖書館出版社，第 1 版，2001。

李明傑著，《宋代版本學研究》，濟南：齊魯書社，2006。

李明傑撰，《中國古籍版本文化拾微》，社會科學文獻出版社，第 1 版，2012。

李明傑著，《宋代版本學研究：中國版本學的發源及形成》，齊魯書社，第 1 版，2006。

周彥文著，《毛晉汲古閣刻書考》，花木蘭文化，初版，2006。

屈萬里著，《圖書版本學要略》，中華文化出版事業委員會，1953。

昌彼得著，《版本目錄學論叢》，學海，初版，2016。

曹之著，《中國古籍版本學》。武漢大學出版社，第 3 版，2015。

曹紅軍著，《康雍乾三朝刻書機構研究》，花木蘭文化，初版，2013。

陳正宏著，《古籍印本鑑定概說》，長沙：湖南文藝出版社，2005。

陳心蓉著，《嘉興刻書史》，黃山書社，第 1 版，2013。

陳清慧著，《明代藩府刻書研究》。國家圖書館出版社，第 1 版，2013。

張秀民著，《中國印刷史》，杭州：浙江古籍出版社，2006。

姚伯岳著，《版本學》。北京大學出版社，1993 年 12 月。

姚伯岳著，《中國圖書版本學》，北京大學出版社，第 2 版，2004。

魏隱儒、王金雨編著，《古籍版本鑑定叢談》。印刷工業出版社，1984 年 4 月。

繆詠禾著，《明代出版史稿》，南京：江蘇人民出版社，2000。

魏隱儒著，《古籍版本鑑賞》。北京燕山出版社，第 2 版，2009。

劉國鈞著，《中國古代書籍史話》。中華書局出版，1962 年 12 月。

熊小明編著，《中國古籍版刻圖志》。湖北人民出版社，2007。

劉兆祐著，《認識古籍版刻與藏書家》。臺灣學生書局，2007。

黃裳著，《清代版刻一隅》。復旦大學出版社，增訂本，2005。

楊繩信編著，《中國版刻綜錄》。陝西人民出版社，第一版，1987。

顧志興著，《錢塘江藏書與刻書文化》。杭州出版社，第 1 版，2014。

尋霖著，《湖南刻書史略》。嶽麓書社，2013。

翁連溪著，《清代內府刻書研究》。故宮出版社，第 1 版，2013。

顧志興著，《南宋臨安書商陳起及其刻書研究》，浙江大學出版社，
　　2017。

葉樹聲著，《明清江南私人刻書史略》，安徽大學出版社，第 1 版，2000。

謝水順著，《福建古代刻書》，福建人民出版社，第 1 版，1997。

盧賢中著，《古代刻書與古籍版本》，安徽大學出版社，第一版，1995。

黃永年著，《古籍版本學》，江蘇教育出版社，第 1 版，2005。

黃燕生著，《版本古籍鑑賞與收藏》，吉林科學技術出版社，第 1 版，1996。

嚴佐之著，《古籍版本學概論》，華東師範大學出版社，第一版，1989。

施廷鏞著，《中國古籍版本概要》，天津古籍出版社，第 1 版，1987。

魏隱儒著，《古籍版本鑑定叢談》，印刷工業出版社，第一版，1984。

錢基博著，《版本通義》，國家圖書館出版社，第 1 版，2016。

翁長松編著，《清代版本敘錄》，上海世紀出版股份有限公司遠東出版社
　　出版，2015。

學海出版社編輯部編選，《中國圖書版本學論文選輯》，學海，初版，
　　1981。

三、期刊論文

王瑾〈歷代國子監刻書淺述〉，《故宮文物月刊》6:5=65，1988.08，頁
132-137。

王衛波〈元代刻書中心的南移過程與原因〉，《出版發行研究》2019 年第
8 期，頁 104-107。

林振興〈宋元兩代書院及其刻書研究〉，《問學集》3，1993.05，頁 93-
101。

林天人〈名山事業──武英殿刻書始末〉，《故宮文物月刊》293，2007.08，
頁 16-21。

周彥文〈宋代坊肆刻書與詩文集傳播的關係〉，《國立中央圖書館館刊》
28:1，1995.06，頁 67-77。

周駿富〈古代四川刻書考〉，《圖書館學刊》3 期，1976.06，頁 35-56。

高千惠〈明代私家刻書〉，《故宮文物月刊》15:8=176，1997.11，頁 68-
75。

吳栢青〈明毛晉汲古閣之刻書〉，《大陸雜誌》97:1，1998.07，頁 27-41。

侯印國〈南宋臨安府尹家書籍鋪所刻書及其流傳考〉，《國家圖書館館
刊》103:1，2014.06，頁 127-146。

徐昱東〈刊刻序跋在古籍版本鑒定中的重要作用〉，《邊疆經濟與文化》
2014 年第 2 期，頁 169-170。

張璉〈明代國子監刻書〉，《國立中央圖書館館刊》17:1，1984.06，頁 73-
83。

張延民〈論明代胡正言的木刻書畫〉，《嘉義師專學報》8 期，1978.05，
頁 365-392。

潘美月〈唐代的刻書〉，《故宮文物月刊》1:9=9，民 72.12，頁 71-74。

潘美月〈南宋最著名的出版家：談陳起刻書〉，《故宮文物月刊》2:5=17，
民 73.08，頁 113-117。

陳昱靜〈由明代藏書與刻書背景探討汲古閣〉《書府》37 期，2017 年 06
月，頁 29-33。

薛雅文〈清初蘇州私家藏書論考〉，《東吳中文學報》11，民 94.05，頁

257-294。

葉橘〈古籍版本鑒定淺談〉，《古今藝文》25 卷 4 期，1999 年 08 月，頁 72-81。

盧錦堂〈古籍版本鑑賞——古籍‧版本‧善本〉，《全國新書資訊月刊》 82，2005 年 10 月，頁 21-25。

駱秀文〈中國古籍版本演化舉要〉，《成都大學學報（社科版）》，2004 年第 2 期，頁 92-93。

鐘彥飛、楊亮〈元本在中國藏書與版刻中的重要價值〉，摘自《中國新聞 網》2019.06.07。

楊成凱〈元刻本的鑒賞和收藏〉（上），《典籍漫說》，頁 121-123。

楊成凱〈元刻本的鑒賞和收藏〉（下），《典籍漫說》，頁 116-121。

國家圖書館出版品預行編目(CIP)資料

古籍之美——古籍的版刻/張圍東著. -- 初
版. -- 新竹縣竹北市 : 方集出版社股份有
限公司, 2022.09
　　面； 　公分
　　ISBN 978-986-471-400-1 (平裝)
1.CST: 古籍 2.CST: 版本學
011.5　　　　　　　　　　　　111012546

古籍之美——古籍的版刻

張圍東　著

發 行 人：賴洋助
出 版 者：方集出版社股份有限公司
聯絡地址：100 臺北市中正區重慶南路二段 51 號 5 樓
公司地址：新竹縣竹北市台元一街 8 號 5 樓之 7
電　　話：(02) 2351-1607　　傳　　真：(02) 2351-1549
網　　址：www.eculture.com.tw
E - m a i l：service@eculture.com.tw
主　　編：李欣芳
責任編輯：立欣
行銷業務：林宜葶
出版年月：2022 年 9 月 初版
定　　價：新臺幣 390 元

ISBN：978-986-471-400-1 (平裝)

總經銷：聯合發行股份有限公司
地　　址：231 新北市新店區寶橋路 235 巷 6 弄 6 號 4F
電 話：(02)2917-8022　　　　　傳 真：(02)2915-6275